熟議の効用、熟慮の効果

政治哲学を実証する

田中愛治 [編]
Tanaka Aiji

勁草書房

# プロローグ

田中 愛治

　2012 年 8 月，日本政府は，今後の日本の原子力発電とエネルギーに関する政策のあり方に国民の声を反映させる試みとして，従来の意見聴取会，パブリックコメント，報道機関の各種世論調査結果を検討する手法以外に，初めて熟議に基づく討論型世論調査（Deliberative Poll：以後 DP と呼ぶ）の結果を比較検討して，政府の政策決定の参考にするという方式をとった（「国民的議論に関する検証会合」[1]）。このような政府の試みは，今後，市民のニーズを政府の政策形成や制度構築に反映させる新たな道を開いたと言え，意義深いものであったと評価できる。

　しかし，市民のニーズを政策決定過程にインプットするのは，容易なことではない。1 億人もの有権者を抱える日本のような大きな民主主義においては，市民のニーズといっても多種多様で，ある一つのものを意味するわけではない。したがってどのように市民のニーズを探るかも大きな課題だからである。

　現実に市民のニーズを探り，拾い上げるツールとしては，現状では従来からの面接型の世論調査，RDD 型電話調査，Web 調査に加えて，DP が注目を浴びている。本格的に市民のニーズを国や自治体の制度構築および政策形成に反映させるには，これらの「民意を探る」方法のどれがどのような機能を果たしているのかを学術的に，客観的に分析する必要がある。本書では，近年注目を

---

1　国家戦略担当大臣は，2012 年 8 月 22～28 日に 3 回にわたり「国民的議論に関する検証会合」を招集した（詳細は http://www.cas.go.jp/jp/seisaku/npu/policy09/archive12.html を参照されたい）。

i

浴びている DP を含む熟議を通して民意を測定するミニ・パブリックスと，われわれの研究チームが 2007 年に開発して以来継続して用いてきた CASI 世論調査（Computer Assisted Self-administered Interview——モバイル PC を用いて母集団から無作為抽出した対象者に世論調査を行う方式）とを比較して，それぞれがどのような特性を持ち，どのような機能を果たしうるのかを学術的に分析しようと試みた。本研究では，「民意を探る」際の民意の対象として「外国人労働者受け入れ政策」の是非を問う形で，ミニ・パブリックスと CASI の二つの調査を行った。

　ミニ・パブリックスは熟議を通して民意を探ろうとし，CASI 調査は熟慮を通して民意を探ろうとすることに特徴がある。ミニ・パブリックスと CASI 調査を選んだ理由は，前者は規範的政治理論の系譜をひく熟議民主主義理論から生まれ，後者は実証科学的な系譜から発達してきた世論調査の最先端の形であるので，この両者を比較可能な形で分析するということは，長年にわたって深い溝があり知的交流が盛んではなかった規範的政治理論と実証主義政治学の間の対話を開始し，可能ならば両者を架橋することが可能なのではないかと考えたからである。

　この野心的な試みがどのような結論を得たのかについては，本書をお読みいただきたい。

# 目　　次

プロローグ ———————————————————— i

田中　愛治

## 第 1 章　序　論 ———————————————————— 1

田中　愛治・齋藤　純一・古城　佳子・小須田　翔

1　本書の目的とその背景　1

2　ミニ・パブリックス登場の背景とその後の発展　6

3　世論調査の発展と限界，その後の CASI 調査による可能性　15

4　熟慮と熟議のテーマ設定の背景と経緯　19

5　本研究における CASI 調査とミニ・パブリックスの全体の設計　23

6　本書の構成　26

## 第 2 章　調査の概要 ———————————————————— 29

今井　亮佑

1　プロジェクトの全体像　29

2　1 月 CASI　30

3　ミニ・パブリックス：日本の将来に関する静岡県民による意見交換会　40

4　10 月 CASI　61

5　1 月 CASI／6 月 MP 追跡郵送調査　64

iii

# 第3章　ミニ・パブリックスにおける発話の分析 ———————— 67
千葉　涼・日野　愛郎

1　はじめに：ミニ・パブリックスにおける発話量と態度変化　67

2　発話内容の分析　75

3　コーディング結果と考察　84

4　おわりに　89

付録　ミニ・パブリックス（MP）文字起こしデータに関する内容分析の
　　　コーディングマニュアル　90


# 第4章　知識の獲得 ————————————————— 93
山﨑　新・横山　智哉

1　はじめに：熟慮と熟議がもたらすもの　93

2　熟慮・熟議による知識の獲得　94

3　熟慮による知識の変化（1月CASIデータ）　96

4　熟議による知識の変化（6月MPデータ）　99

5　熟議の指標としての知識増加　102

6　おわりに　104


# 第5章　意見変化 —————————————————— 107
遠藤　晶久・横山　智哉

1　はじめに　107

2　1月CASIにおける意見変化　108

3　6月MPにおける意見変化　113

4　おわりに　120


# 第6章　民主的態度の形成 ——————————————— 123
横山　智哉

1　はじめに　123

2　1月CASIにおける視点取得の変化　125

3　6月MPにおける視点取得の変化　127

4　1月CASIにおける排外意識の変化　128

5　6月MPにおける排外意識の変化　130

目　次

　　6　おわりに　131

# 第7章　熟議空間と公共圏をつなぐ ———————————135
　　　　　　　　　　　　　　　　　　　　　　　遠藤　晶久・山﨑　新

　　1　はじめに　135
　　2　実験デザイン　136
　　3　公共圏から熟議空間へ　139
　　4　熟議空間から公共圏へ　146
　　5　おわりに　151

# 第8章　熟慮と熟議：効果の比較検証 ———————————155
　　　　　　　　　　　　　　　　　　　　　　　　　　　　今井　亮佑

　　1　はじめに：本章の目的　155
　　2　ＲＱＩ　157
　　3　分　　析　163
　　4　おわりに　176

# 第9章　結　論 ————————————————————179
　　　　　　　　　　　田中　愛治・川出　良枝・井柳　美紀・西澤　由隆

　　1　実証分析の視点から本書を振り返る　179
　　2　規範理論の視点から本書を振り返る　188
　　3　規範的政治理論と実証政治分析の架橋を目指して　194

# エピローグ ————————————————————————197
　　　　　　　　　　　　　　　　　　　　　　　　　　　　田中　愛治

謝　　辞　199
参考文献　201
事項索引　209
人名索引　213
執筆者紹介　215

v

# 第1章 序 論

田中 愛治・齋藤 純一・古城 佳子・小須田 翔

## 1 本書の目的とその背景

　日本を含む今日の先進民主主義国はリベラル・デモクラシー（liberal democracy）の政治体制をとっている。リベラル・デモクラシーにおいてはその政治システムの構成員の民意が政策形成や制度構築に反映されることが期待されている。とすれば，当然のことながら，先進民主主義各国においては，その国の民意を測定する必要がある。それでは，各国の政治システムに影響力をインプットすべきその政治システムの構成員の意見・態度をどのように測定すれば，その国の民意を探ることができるだろうか。これが，本書の問いである。

　民意（もしくは当該の政治システムの構成員のニーズ）を探る方法としては，約80年前から確率統計理論に基づく世論調査（public opinion surveys/polls）が行われてきており，その技術的な発展はめざましいものがある。しかし，本章の第3節で触れるように，近年では従来の世論調査で十分に民意を探れるのかという懸念が[1]，一般の識者からのみならず世論調査の専門家からも時折示されるようになっている（たとえば，Traugott 2003など）。とはいえ，以下第3節で示すように，世論を十分に測定できない場合があるという事実をもって，

---

1　従来の世論調査への懸念は，面接調査での回収率の低下，電話調査やWeb（インターネット）調査でのサンプルの偏りがあることに起因している側面もある（田中2006）。

科学的に精緻な方法論の基に確立されてきた世論調査を，信頼に足らない民意測定の方法だと考えることは誤りである。

その一方で，過去20年あまりの期間に政治学に新たな潮流が現れた。民意もしくは市民のニーズを探る新たな手法として，市民が参加する熟議（deliberation）が近年日本でも注目されてきている。しかし，第2節で見るように熟議を重視する考え方は，世論調査を進化発展させてきた行動科学の積み重ねの上に現れたのではなく，長い歴史を持つ政治学の規範理論（normative theories）の中から生まれてきた熟議民主主義理論（deliberative democracy theories）に基づいている。熟議を重視する考え方は，熟議を通してより良い民主主義を実現しようと考える規範的政治理論から生まれてきており，そこでは従来の政治過程が政治システムを構成する個々人の選好の集計として理解されてきたことを批判的に見る視点から，熟議民主主義理論家たちは熟議を通して意見集約する政治過程をより重視している（田畑 2011: 254）。さらに，この熟議民主主義理論を基礎に，民意（もしくは国民世論）を測定する手段としても，政治システムの構成員個人が熟議をしてから意見を表明する場があれば，その政治システムを構成する人々の意見をより深くより正確に測定できるという学問的な主張が現れる。その中で，とくに日本でも注目を浴びてきたのが Fishkin（1995, 2009）が提唱する討論型世論調査（Deliberative Poll：以後 DP と略称）であろう。しかし，第2節で示されるようにフィシュキンが提唱している DP は数多く提唱されている熟議を行う形態の一つに過ぎず，数多くの政治理論家が同様の研究を行っている。

ここで注目すべき点は，規範的政治理論のアプローチをとる政治学者が，民意を測定することに研究上の関心を示し始めたことである。このことは，図1-1 に示した本研究プロジェクト全体の構想を述べることによって，より明確にできよう。20世紀初頭までの伝統的政治学では，政治史と法制度論に加えて，政治哲学および政治思想史等の規範的政治理論研究が中心であった（図1-1の左側の上の部分）。しかし，20世紀に入ると徐々に現代政治に関する政党研究や議会研究に並んで，選挙の結果を分析する政治社会学的な研究が現れてくる。その流れの中で大きな変化をもたらしたのは，1940年前後に心理学から始まり社会学に波及して政治学にも大きな影響を与えた行動科学革命（behav-

第1章 序 論

図 1-1 政治学の潮流の中における本研究プロジェクトの位置づけ

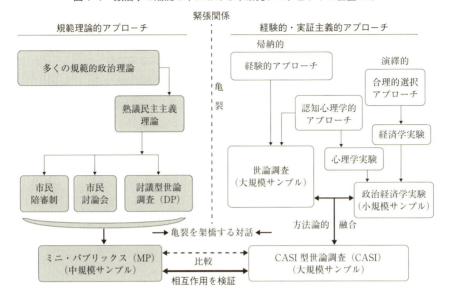

ioral revolution)[2]から発展した経験的アプローチである（図 1-1 の右側の上の部分）。それまで政治学の主流であった伝統的な政治哲学とその系譜を引く規範的アプローチ（normative approach）をとる政治理論研究に対し，経験的・実証的アプローチ（empirical approach）は現実政治において起きている政治現象に関して，何が原因で何がその帰結なのかという因果関係の特定に注力してきた。そのために，規範的政治学と経験的・実証的政治学の間に深い亀裂が走り，80 年近くにわたって相互のコミュニケーションが困難になるほどの緊張関係が存在したのである。しかし今日，規範的政治理論のアプローチをとる政治学者と，経験的・実証的アプローチをとる政治学者の双方が，民意もしくは世論を測定することに関して，学問的関心を共有するようになってきたといえる。

---

2　政治学，とくに投票行動論および政治意識研究における行動科学革命の端緒となったのは 1940 年のエリー調査（the Erie Study）であると考えられている。エリー調査とそれ以降の経験的・実証的政治学研究の発展系譜については本章の第 3 節を参照。

図1-1に示したように，政治学の経験的・実証主義的アプローチの研究は，最初は心理学の影響を受け，根拠となる社会科学現象の観察から始めて，統計学を用いてパターンを抽出して法則性を確認していくという帰納法的なアプローチ（inductive approach）による経験的な研究が主流となった。

この政治学の経験的アプローチ（図1-1の右側の上の部分）には，当初は心理学の影響が強かったが，その後経済学の影響により演繹的なアプローチ（deductive approach）の研究が現れる（図1-1の右側の右端の上の部分）。この演繹的アプローチの研究の端緒は，経済学者ダウンズの1957年の著作（Downs 1957）であったと考えられている（Niemi and Weisberg 1976: 2-31）。1970年代頃から演繹的アプローチをとる経済学（数理経済学やゲーム理論など）の影響を受けた研究が複数現れ，1980年代以降には経済学の影響が強くなった。これは実証主義政治学（positive political science）と呼ばれ，経験的政治学（empirical political science）とは区別して捉えられるようになる[3]（図1-1の右側における，中央よりの流れと右端の流れとの対立構図を参照）。

この構造の中に，1980年代の社会心理学の新しい潮流である認知心理学（cognitive psychology）が経験的・実証的政治学に影響を及ぼすようになり（たとえば，Lodge, McGraw and Stroh 1989など），さらに新たな実験的手法が開発されることになる。認知心理学実験においては，実験室における被験者の反応を測定するものや，コンピュータ・ルームでパソコンから被験者にランダムに異なる刺激を与えてその反応を記録するもの，疑似実験設計（quasi-experimental design）によるフィールド実験を行う場合など，さまざまな方式が考えられる。1980年代後半以降，これらの認知心理学理論に基づく実験的アプローチの影響が経験的政治学と心理学実験に明確に影響を与えるようになっていた（図1-1の右側の中央を参照）。

同時に，経済学においても1990年代からは新しい潮流として実験経済学と呼ばれる領域が現れてきた。実験経済学では，ゲーム理論に基づき演繹的に人々の経済行動を予測して仮説を立て，その仮説をコンピュータ・ルームにお

---

3　日本においてはempiricalもpositiveも「実証主義的」と訳されるので混乱しやすい。本書では前者を「経験的・実証的」，後者を「演繹的・実証主義的」と区別している。

ける実験によって検証する方法が 1990 年代から 2000 年代にかけて普及してき
た。さらに，早稲田大学の政治経済学術院の数名のチームは，経済学実験に認
知心理的アプローチを融合させ，政治経済学実験を開始した（清水・河野
2008）（図 1-1 の右側の右端，参照）[4]。

われわれの研究プロジェクトは，上記の認知心理学実験と経済学実験を融合
させた政治経済学実験を基礎に置く新たな世論調査の手法である CASI（Com-
puter Assisted Self-administered Interview）調査を駆使することになる。

ここで，本書の目的を明確に示しておきたい。本書は，民意を測定しようと
いう意図を持った規範的政治理論の研究者と，同じ意図を持った経験的実証的
政治学者が，熟議（deliberation with other people）を通して民意を測定するこ
とと，熟慮（deliberation within himself/herself）を通して民意を測定すること
（Goodin 2000）を比較しようとする研究成果の一端を示すものである。したが
って，熟議民主主義を達成するための運動（movement）の方法論としてのミ
ニ・パブリックス（mini-publics）の望ましい形を研究しているのではないこと
をお断りしておきたい。次節で見るように，熟議の場の一つであるミニ・パブ
リックスは単に民意を測定する方法論として捉えられているのではなく，民意
を政策形成や制度構築に反映させるための政治的な仕組みとして捉えられてい
る面があるが，それは本書の視野の外に置かれていることをあらかじめ述べて
おきたい。

---

4　早稲田大学の Global-COE「制度構築の政治経済学（GLOPEII）」拠点では，先に述べた
認知心理学の実験的アプローチを用いる渡部幹や清水和巳らの研究者が 2003 年頃から共
同研究を進めはじめた。時を同じくして船木由喜彦らのゲーム理論の専門家が実験経済学
の研究を 2003 年頃から進めていたので，認知心理学実験を用いた政治学実験とゲーム理
論を用いた実験経済学の実験とを融合して，政治経済学実験という名称の新しい実験的ア
プローチを開発した（清水・河野 2008；渡部・船木 2008）（図 1-1 の右側，右端の下部，
参照）。この政治経済学実験の考え方は，演繹的アプローチでゲーム理論から導かれた仮
説を，実験を通して経験的に検証していく EITM（Empirical Implications of Theoretical
Modeling）の考え方と共通している。

## 2　ミニ・パブリックス登場の背景とその後の発展

　過去 30 年にわたって，規範的研究と経験的研究は，異なる側面から，熟議民主主義論の研究に取り組んできた。二つのアプローチが接点を結んだのは，とりわけ，「ミニ・パブリックス」を対象とする研究においてである。ミニ・パブリックスは，熟議の理想的条件を近似的に実現するように設計された意見交換の場（熟議フォーラム）であり，フィシュキンが発案・実施し，世界中に広がった「討論型世論調査（DP）」は，その代表的な形態である（日本でも2012 年に「エネルギー・環境の選択肢」を主題として実施された）。ミニ・パブリックスにはさまざまな形態があるが，それらに共通する目的は，市民が何らかの争点を理解するのに必要な情報を取得し，主張を異にする他の市民と意見を交換する機会を得たら，彼らはどのような判断を形成するようになるかを明らかにすることにある。

　まずミニ・パブリックスに関する理論的な背景の紹介を行うことにしたい。規範的研究の観点から見れば，熟議民主主義に関する議論は，これまで三つの「転回」を辿ってきた。第 1 の転回は，コーエンやハーバーマスらが主導して，1990 年代に規範的研究の分野で生じた「熟議的転回（the deliberative turn）」である（Cohen 1989; Habermas 1992）。これは，熟議民主主義の急速な理論的発展をもたらすとともに，やがて世紀が変わる頃から，第 2 の転回となる「制度的転回（the institutional turn）」が，規範的研究の想定を現実の制度化された熟議において検証する実証的な研究を促していった。

　この「制度的転回」によって，熟議民主主義論の主要な関心は，抽象的な理論の提示・検討から，既存の公的な制度（議会や裁判所など）やミニ・パブリックスと総称される熟議フォーラムの実態の分析に移行した。この転回に伴い，既存の制度や熟議フォーラムに関する研究が数多く発表されてきたが，それらの研究のほとんどは，個々のフォーラムにおける熟議を研究対象として取り上げるものであった。

　こうした視点に立った研究は，現実の社会における熟議の実践や実験に関す

る研究を豊かにする点で有用である一方，研究対象をミクロなものに限定することによって，熟議民主主義論の当初の研究関心であった，全体としての民主的な政治過程が後景に退く恐れもないわけではない。言いかえれば，こうした研究は，熟議民主主義論の「熟議」の要素が「民主主義」の要素にどのように接続するかについては十分な注意を払ってきたとはいえない。

　こうした認識に立った第3の転回が，「システム的転回（the systemic turn）」と称される近年の新しい研究動向である（Mansbridge et al. 2012）。「熟議システム論」は，熟議的な政治過程を構成する諸要素の総体を「熟議システム」としてとらえる点で，ミクロなアプローチとは異なるマクロな視点に立つ。

　以下この節では，「熟議的転回」，「制度的転回」そして「システム的転回」が民主主義論にとってどのような意義を持つかを概観したい。

## 2.1　熟議的転回

「熟議（deliberation）」モデルは，民主主義論のメインストリームをなしてきた「集計（aggregation）」モデルと対比すれば次のような主要な特徴を持つ（Gutmann and Thompson 2004）。「集計」モデルが，民主的な政治過程を，市民が個々に表す意思を集計・集約する過程とみなすのに対して，「熟議」モデルは，それを市民が法や政策を正当化する理由を検討する，いわば協働した意見‐意思形成の過程と見る。「集計」モデルでは，各市民の意思は所与とされるのに対して，「熟議」モデルにおいては，それは他の市民との情報交換や意見・理由の交換を通じて形成されるものとみなされる。もちろん，「熟議」モデルにおいても，意思決定の局面では市民の意思は集計の対象となるが，その意思がどのように形成されるかが重視されるのである。

　意見・理由の交換・検討を重視する「熟議」モデルが1990年代に広く受容されるようになった背景にはいくつかの事情がある（齋藤 2012）。第1に，「利益対立（interest-conflict）」に加え「価値対立（value-conflict）」が，宗教の公共的領域への回帰にも見られるように，政治的に重要な争点とみなされるようになったということである（Hirschman 1994）。「利益対立」が同じ価値（利益）の取り分の多寡をめぐる抗争であるのに対して，「価値対立」は，相異なる価値（観）の間で生じる抗争であり，金銭的補償等の利害調整によってはそれを

沈静化することができない。価値観の多元性という条件のもとで法や政策を正当化するためには，相異なる価値観を抱く市民が共に受け入れることのできる正当化の理由を探求しなければならない。

　第2に挙げられるのは，市民社会というインフォーマルな政治空間で行われる公共の議論が活性化し，それがフォーマルな次元での政策課題の設定にも大きな影響を及ぼしてきたという事実が重視されるようになったという事情である。市民社会のさまざまな公共圏において形成された意見が，一定の時間を経て，議会等におけるアジェンダ設定をどのように導いていくかをとらえるためには，その時々に表される意思を集計するのとは違ったアプローチが必要になる。

　第3に，オイルショックを機に先進諸国が低成長の局面に入り，利益を広範に分配することが事実上困難になったという事情も挙げられる。財政が恒常的に逼迫し，利益の分配というよりもむしろ不利益の分配が避けられない条件のもとでは，政治的な意思決定にはそれを正当化する理由を挙げることがより強く求められるようになる。

　熟議モデルは，このように，何らかの政策が提起される際，それがどれだけの数の支持者を得ているかではなく，それにどのような正当な理由（根拠）があるかを問う。熟議は，一般に，他者の異論に対して理由を挙げて応答するコミュニケーションを指すが，民主主義論においては，とくに，集合的な拘束力を持つ意思決定に向けてそれを正当化しうる理由を探るコミュニケーションを意味する。この場合，理由の妥当性そのものが検討されるためには，理由以外の力——貨幣や行政権力等——はできるだけ排されなければならず，同時に，その理由は，価値観を異にするあらゆる市民にとって理解可能・受容可能なものでなくてはならない。

　民主的正統性に関して言えば，集計モデルと熟議モデルの決定的な違いは，その源泉が，前者においては諸個人の意思に求められるが，後者においては，市民の間で行われる熟議——公共的な理由の検討＝推論（public reasoning）——を通じて形成される意思に求められる，という点にある。熟議モデルによれば，熟議を通じて形成された意思こそが正統性の源泉であり，集計を通じて特定される現在の多数意思がただちにその源泉とみなされるわけではない。

第 1 章 序 論

熟議の意義はまず第 1 に，ハーバーマスの言葉を用いればそれが「認知的機能」を持ちうる，という点にある（Habermas 2008: 135）。相互の主張とその理由を検討する過程で，他者の提供する情報によって誤った事実認識が正されるだけではなく，他者の示す異なった観点から，自明なものと思い込まれていた自らの解釈枠組みにも反省が加えられる。つまり，熟議においては，諸個人の選好はそれ自体において合理的であるとはみなされず，むしろそうした合理性に——他者の力を借りて——批判と反省が加えられる。

第 2 に，熟議は，それに参加する諸個人のパースペクティブをより開かれたものにしていくことができる。熟議においては，（意思決定の影響をこうむる）他者の立場にたった場合にも自らの示す主張と理由がなおも受容可能であるかどうかを熟慮することが要請される。目下代表されていない将来世代の市民が，いまここで提起されている主張や理由を受容できるかどうかも，そうした「視点取得（perspective taking）」の過程を通じて検討される。熟議においては，現に存在する人々の意思だけではなく，時間的・空間的に不在の人々の観点も代表される。

第 3 に，他者の意見に耳を傾け，他者が受容しうる理由をもってその意見に応答しようとする熟議の実践は，それ自体，他者を自らの発言の名宛人として承認する営みでもあり，参加者の間に相互尊重（mutual respect）を醸成することができる（Gutmann and Thompson 2004: 21-22）。互いを対等な市民として承認する相互尊重は，個々の熟議が結果的に合意を導くかどうかに関わりなく，多元的な価値観を維持しながら，民主主義を通じて社会の統合を維持していくための貴重な資源となりうる。

最後に，熟議は，少数者が多数者に異論を提起し，多数者がこれまで依拠してきた（法や政策の）正当化理由を再検討する機会をひらく。熟議は，意思決定の修正を具体的に導かない場合にも，なおもそれに対する異論が存在するということを明るみに出し，少数意見とその理由に対して市民の注目を喚起することができる。その意味で，熟議は，抗争の契機を欠いた単純な合意形成の過程ではなく，むしろ，政治的交渉力の点で劣る少数者が多数者に対して異論を提起し，その異論に対する応答を求める機会を作り出す。

以上，「熟議的転回」を促したと見られる背景と，民主的な政治過程におい

て，「数の力」ではなく「理由の力」を重視する熟議モデルの意義を概観してきた。次いで，第2の転回である「制度的転回」が熟議民主主義論にどのような知見を導入したかについて考察する。

## 2.2　制度的転回

1990年代末から，熟議が実際にどのように行われ，どのような成果を生みだしているのかについて経験的（実証的）な研究が進められてきた。この研究の関心は，主に，個々のミクロな熟議フォーラムにおいて，熟議を通じた意見‐意思形成が規範的研究の想定を充たすものであるかどうか，充たさないのであれば，そこにどのような乖離があるのかを探ることにある。熟議フォーラムは，(1) 公式に制度化された議会等の審議，(2) 市民社会において制度化され，実施されている各種のミニ・パブリックス，(3) 研究者が実験として行うミニ・パブリックスに大別することができる。経験的研究は，実際に行われるミニ・パブリックスの実践を分析するとともに，熟議の理想的条件に近似する状況を実験的に作り出すことによって，先述の規範的な想定が充たされるかどうかを検証しようとしてきた。本書の関心に照らしてここでは (3) に絞って，経験的研究が実験としてのミニ・パブリックスにおいて何を明らかにしようとしてきたかを見ることにしたい。

経験的研究の関心は第1に，熟議の「手続き（procedure）」に向けられ，規範的研究が熟議の手続きとして描く公正な条件が，現実の熟議フォーラムにおいて充たされているかどうか，充たされていないとすればそれは何に起因するのかに注目してきた。Cohen (1989) を参照するなら，その条件は (a) 包摂性（inclusiveness），(b) 対等性（equality），(c) 理由を挙げる相互正当化（mutual justification）の三つに整理することができる。

まず (a) の「包摂性」は，「非排除性」とも言いかえることもできるが，特定の社会的属性や特定の意見を持つ人々が熟議から排除されないことを求める。ジェンダー，人種，エスニシティ，年齢，地域，所得・富，教育（学歴）などにおいて特定のカテゴリの人々が排除されるならば，あるいは，熟議のテーマについて特定の意見を持つ人々が排除されるならば，その熟議は，公正さという点で損なわれるだけではなく，社会に存在するさまざまな経験や知見（認知

第 1 章　序　論

的多様性）を活用することができなくなる（民主主義における認知的多様性については，Anderson 2006）。

　次いで (b) の「対等性」は，熟議フォーラムの参加者の間に優位-劣位の関係が生じないようにすることを求める。ジェンダー，年齢，学歴，所得，社会的地位などの違いが熟議において意見形成を左右する力として作用するならば，それは，社会に現に存在する権力関係を映しだすものとなり，公正なものとは言えなくなる。また，論証（argumentation）など特定の発話のモードが熟議において特権化されるなら，それに習熟していない参加者は熟議（討論過程）において周辺化される恐れがある（Young 2000）。

　(c) の「相互正当化」は，参加者がそれぞれの意見を述べるとき，それが何らかの理由によって支持され，共有されうるエビデンスを挙げたものになっていることを求める。熟議で行われるのは，法や政策あるいは何らかの公共の問題に対する賛否をめぐる意見の交換，言いかえればそれらを正当化する公共的理由を吟味することである。

　熟議の手続きについて付言すれば，経験的研究は，熟議過程が参加者の合意（全員一致）をめざすのか，多数決によって結論を出すのか，それとも，熟議を通じた個々の参加者の意見の変化のみをとらえるのかによって，どのように意見形成のあり方が異なってくるのかにも注目してきた（Karpowitz, Mendelberg, and Shaker 2012）。

　他方で，経験的研究の関心は，熟議の帰結（outcome）にも向けられてきた。熟議の帰結は，(d) 熟議が参加者に及ぼす効果，および，(e) 熟議を通じて形成された結論（意見内容）の正しさに分けることができる。

　(d) の「参加者に及ぼす効果」は，参加者の意見が熟議過程（情報過程および討論過程）を経ることによって，つまり，整理された正確な情報を取得し，意見を異にする他の参加者と自分の意見を付き合わせることにより，実際に意見が変化するのかどうか，その変化は一時的なものに終わらず持続するかどうか，そして，熟議に参加した経験は政治参加への意欲を喚起するかどうか，といった点にわたる。とりわけ，規範的研究では，熟議の意義の一つは，参加者における意見の変化（選好の変容）にあると想定されているため，そうした変化がはたして実際に生じるかどうか，生じるとしてその変化を促したのは何か

11

——情報過程と討論過程のいずれがより大きく関与したか——を分析すること
に，経験的研究の関心は向けられてきた。

　(e) の「結論の正しさ」は，意見形成が公正な手続き的条件のもとで行われ
るなら，その暫定的な結論の内容も，認知的な観点から見てより正しいものに
なるはずであるという想定に関わっている。言いかえれば，熟議は決定をより
正統（legitimate）にするだけではなく，その決定内容をより正しい（right/cor-
rect）ものにするという想定である。情報過程および討論過程を通じて，参加
者が当初持っていた情報／認知バイアスを修正し，異なった他者の意見に接す
ることによって偏っていた見方を相対化するならば，より合理的な判断を持つ
ようになると期待できるからである。経験的研究は，この点に関しては，主に，
熟議がバンドワゴン（優勢な意見への同調）や「集団極化」（意見分布上の当初の
バイアスが意見交換を経てより強化されていく傾向）などの効果により（Sunstein
2001），より偏向した——認知的観点から見れば正しいとはみなしがたい——
判断に向かうことがないかどうかを検証することに関心を寄せてきた。決定内
容が正しいかどうかを測るための，手続きから独立した基準は，それ自体論争
の余地があり，研究者はそうした基準を設けることを避けてきたからである。

　このような関心のもとに行われてきた経験的研究の成果はこの 20 年ほどの
間にかなり蓄積されてきた（Steiner 2012）。その研究成果の詳細に立ち入るこ
とはできないが，たとえば，(a) や (b) に関しては，男性が発言回数・発言
時間において占める割合がより多く，女性より優位に立つ傾向があること，
(c) に関しては，DQI（Discourse Quality Index）という指標を用いて（Steiner
et al. 2004），正当化のレベルや内容などを分析するアプローチも普及し，どの
ような発言が他者の意見の変化を促すのかについても分析が及ぶようになって
きた。(d) に関しては，参加者の意見がより極端な方向にむかう「集団極化」
は頻繁に観察される現象ではないことなどが指摘されている（小須田・齋藤
2017）。

　いずれの研究においても，規範的研究の想定と現実の熟議の間には，多かれ
少なかれ，一定のギャップが観察されるが，そうしたギャップがあることを実
証的に明示してきたこと自体がこの間の経験的研究の意義の一つである。熟議
の手続き的な条件（包摂性・対等性・相互正当化）は，そもそも抗事実的に設定

第1章　序　論

された基準であり，それは，現実の熟議がどのように制約された条件のもとで
なされたかに光を当て，再帰的にその問題を「検出する」という役割（たとえ
ば男性優位のジェンダー規範の影響などを明らかにするという役割）を果たす。

## 2.3　システム的転回

　ミニ・パブリックスは，あくまでも熟議民主主義がとりうる一つの制度的形
態である。また，かりにミニ・パブリックスをはじめとする個々の熟議フォー
ラムが望ましいパフォーマンスを示すとしても，そのことによって，社会全体
における政治過程がより熟議的になることが保証されるわけではない。個々の
熟議フォーラムが政策担当者に一定の影響を与えた事例については若干の報告
はあるものの，それが一般の市民の意見‐意思形成にどのような影響を及ぼす
かについての実証的な知見はまだ得られていない。くわえて，ミニ・パブリッ
クスは，もともとフォーマルな代表の制度ではなく，その結論（ないし意見の
変化）に民主的な正統性を求めることはできない。個々の熟議フォーラムを代
表の一形態と見ることはできるが，無作為抽出を用い，市民の多様性を最もよ
く反映するとされる DP にしても正確な「社会の縮図」となりうるわけではな
い。さらに，ミニ・パブリックスに関する研究は，個々の熟議フォーラムを対
象とするものであり，時間的な射程もおのずと限定されている。そのために，
熟議が社会において反復，継続されることによって，「理由のプール」（Haber-
mas 1992）からなる政治文化の質が，どう変化するかをとらえることにも適し
ていない。

　ドライゼク，マンスブリッジらは，個々の熟議フォーラムに見られるこのよ
うな難点も踏まえ，「熟議システム」の構想を示した（Dryzek 2010; Mans-
bridge et al. 2012; 田村 2017）。ミクロな熟議フォーラムから，マクロな熟議シ
ステムへの研究関心の移動は，「システム的転回」と称されている（Dryzek
2010）。

　熟議システム論の構想によれば，システムには，フォーマルな熟議の制度
（議会や裁判所など），ミニ・パブリックスなどの熟議フォーラムに加え，市民
による直接行動，社会運動，（党派性のある）メディアにおける論調，あるいは
議員に働きかけるロビー活動など，非熟議的であるとみなされる諸要素もシス

テム全体における「熟議的性質（deliberative quality）」を高める場合には評価される。たとえば，政策争点に一般市民の関心が向けられていない場合には，街頭公共圏を組織する直接行動はその争点について公共の議論を喚起していくことに資する。

マンスブリッジらの基本的なアイディアは，熟議民主主義の望ましい政治過程を適切に描くためには，熟議の手続き的条件を充たしうるような制度のみならず，それを充たさない諸要素にも眼を向ける必要がある，というものである。このような考えから彼女たちは，市民どうしの「日常会話（everyday talk）」から公的な意思決定機関にいたる多様な諸要素の複合体としての「熟議システム」という概念を提示した。熟議システム論は，熟議的に見れば必ずしも理想的ではない諸要素や，熟議を主目的とはしていないものの政治過程に重要な影響を及ぼす諸要素などの分業と相互作用を通じて，熟議システム全体が熟議的性質を向上させていくことを求める。

熟議システムにおける熟議的性質は，Mansbridge et al.（2012）によれば，「認知的機能」（適切な情報の取得や理由の検討を通じて，選好，意見，意思決定の認知的価値を高める機能），「倫理的機能」（市民間の相互尊重を促す機能），および「民主的機能」（平等かつ包摂的な政治過程を実現する機能）をどれだけ向上させるかによって評価される。彼女たちがこのようにマクロなシステムにおける評価基準を示したことには意義があるものの，具体的に，誰がどのように評価するのかについてはまだ議論が詰められているとはいえない。この点で，Dryzek（2010）が示す「メタ熟議」――熟議システムそれ自体がどのように組織されるべきかについての反省的検討を含む熟議――のアイディアは示唆的だが，これも，「メタ熟議」がどのように行われるかについては素描の域を出ていない。

とはいえ，熟議システム論は，熟議民主主義の規範的理想を政治システムのあらゆる構成要素に及ぼそうとするのではなく，非熟議的な要素をも含む現実の複雑な政治過程を改革しうる指針を提示しようとしている。それは，多様な諸要素間の分業と相互作用によってシステム全体のレベルにおいて熟議的性質が実現される状態を理想状態として描き，それに現実の制度や慣行を改革するための指針としての役割を与える。このように，熟議システム論は，未展開で

あるとはいえ，熟議民主主義の研究に新たなアプローチをひらく視点を提供していることは確かである。

上述のように，われわれはミニ・パブリックスの系譜を探り，その先行研究に関する研究会を続け，規範理論の研究者は経験的・実証的アプローチの研究者にその意義を伝え，ミニ・パブリックスの実施の準備を重ねた[5]。すでに述べたとおり，その過程を経て，本書では，民意を探る方法としてのミニ・パブリックスと CASI 調査とを比較することに主眼を置くこととした。したがって，ミニ・パブリックスが制度的転回やシステム的転回において占める位置と役割については，本書における経験的・実証的分析の章（第2章〜第8章）の議論には含めていないことをお断りしておきたい。

## 3　世論調査の発展と限界，その後の CASI 調査による可能性

この節では，実証的・経験的なアプローチをとる社会科学の研究者がどのように民意を探る方法としての世論調査を進化させてきたのかを振り返る[6]。その過程では，従来の世論調査が十分に民意を測定できていないのではないかという懸念が実証的アプローチをとる政治学者の間にも現れてきたことに対し，従来の世論調査の弱点を克服する方法も開発されてきたことを確認したい。

世論調査の歴史は長いが，科学的な確率統計論に基づく無作為抽出法によって母集団の縮図としてのサンプルを対象とするいわゆるサーベイ・リサーチ・

---

5　われわれは，ミニ・パブリックスの先行研究に関する研究会を 2013 年 6 月から 2015 年
　12 月まで継続した。その過程では，早稲田大学大学院政治学研究科において，規範的政治
　理論研究に従事する博士後期課程の大学院生たちと，早稲田大学 Global-COE 拠点の GLO-
　PEII で CASI 調査の実施を行ってきた経験的・実証的研究者の双方が，共同で研究会を複
　数回にわたって開催し，ミニ・パブリックスに関する理解を深め，ミニ・パブリックスの
　具体的な実施に向けて取り組んだ。
6　科学的な世論調査の幕開けは政治学者によるのではなく，社会学者，社会心理学者の手
　によるものであったが，本節ではごく初期を除いては政治学者による民意測定の方法に絞
　って，その研究系譜を述べることにしたい。

メソッド（survey research method）を確立したのは，1940 年のコロンビア大学の研究者によるエリー調査である[7]。1948 年には，米国ミシガン大学の研究者たちがエリー調査と同じ方法論を用いて全米で大統領選挙調査（後の ANES：American National Election Studies）を開始し（Campbell, Converse, Miller and Stokes 1960），今日まで継続されている（田中 1990）。その後，このミシガン大学流の全国世論調査は世界中に普及し，世論調査の方法論上の精度は先進民主主義各国において 21 世紀初頭までに非常に高度に発展してきた（Dalton 2008; Niemi, Weisberg, and Kimball 2011: Chapter 1；日野・田中 2013: 第 1 章）。

　ただし，世論調査が方法論的に精緻化すると同時に，アメリカ合衆国をはじめとする先進民主主義各国において一般の有権者が正確に政治情報を把握していないという実証的な研究結果が広く共有され，それに関する論争が展開された（Converse 1964; Niemi and Weisberg 1976, 1984, 1993, 2001）。この問題を最初に指摘したのはミシガン大学のコンヴァースであるが，コンヴァースらミシガン学派の研究を批判する実証研究が RePass（1971）以降に無数に現れ，その後 10 年間にわたりアメリカ投票行動研究史上で最大の論争となった「争点投票論争（issue voting controversy）」に発展した[8]。この論争は，言いかえればアメリカの有権者に合理性が欠如しているか否かを問うものであり，アメリカン・デモクラシーが衆愚政治か否かを問う大論争になったのである。

---

7　科学的な世論調査の端緒は，1936 年のジョージ・ギャラップによる割り当て法サンプリング（Quota Sampling）の世論調査ではなく，ポール・ラザーズフェルドら（Lazarsfeld, Berelson, and Gaudet 1944, 1948）が開発したサーベイ・リサーチ・メソッドであり，その最初の世論調査がエリー調査であったと学術的には考えられている（Niemi, and Weisberg 1976: Chapter 1）。エリー調査はラザーズフェルドらコロンビア大学の研究者によって，オハイオ州エリー郡で 1940 年に実施された。無作為抽出法（random sampling）の他に，同一の調査対象者（sample）に対して複数回の追跡面接調査を行うというパネル調査（panel study）の方式を世界で初めて開発し，科学的世論調査研究の端緒となったのである。

8　この「争点投票論争」は，1950 年代から 1980 年代初頭までを通してアメリカ政治学における最大の論争であった。有権者は政策争点を理解する合理性を持っているのか，それとも合理性を欠いているのかの論争を巡っては数百本の論文が発表され，その中でコンヴァースの論文は最も高い頻度で引用された。

第1章 序 論

　この争点投票論争の副産物として生まれた学問的疑問が，ミシガン大学流の
サーベイ・リサーチ・メソッドによる質問の仕方では，一般の有権者は世論調
査の各種の質問にその意味を理解して回答しているとは言えないのではないか
というものであった (Sullivan et al. 1978)[9]。そのような実証的アプローチをと
る世論研究者の間での懸念が，規範的政治理論など他の分野の研究者の間にも
広がった可能性はある（たとえば，Fishkin 1995: chapter 3）。しかし，争点投票
論争の最大の焦点は，有権者が合理的な判断をしているか否かを，どのように
すれば確認できるのかであり，サーベイ・リサーチ・メソッドが怪しげなもの
であるかどうかという論争ではなかったことは，正確に理解しておく必要があ
る。

　この「争点投票論争」は，Fiorina (1981) が政権担当政党の中長期的な業績
によって有権者が投票先を決めているという業績評価仮説に対し実証的な根拠
を示したことにより，中長期的に政治を総体として見ると有権者は合理的に判
断しているという結論が確認されたことにより，終焉したと考えられる。

　それでは，有権者はマクロレベルでは合理的な判断をしているように見える
(Page and Shapiro 1992) のに，なぜミクロレベルで有権者が個々の世論調査の
質問に政治的一貫性を持たない回答をしているのか。このメカニズムは，直ち
に解明されたわけではなかった。このメカニズムを解明するために，数多くの
新たな研究が現れてきた（たとえば Delli Carpini and Keeter 1996; Bartels 1996;
Althaus 1998 など）が，とくに注目すべきは，ロッジら (Lodge, McGraw, and
Stroh 1989; Lodge and Stroh 1993; Lodge and Steenbergen with Brau 1995 など）
のグループによる研究である[10]。彼らは 1980 年代後半以降，実験を用いる認
知心理学的アプローチを駆使して，ユニークかつ新しい知見を示した。ロッジ

---

9　たとえば，シンシナティ大学の研究者やミネソタ大学の研究者は，ミシガン大学の世論
　調査とは異なる質問の言葉遣い（question wording）による世論調査を実験的に行ってき
　た。その意味では，サーベイ・リサーチ・メソッドには信頼を置きながら，言葉遣いなど
　質問の仕方において，ミシガン大学のやり方と差別化しようという努力をしていたのであ
　る。
10　ロッジらは，ニューヨーク州立大学ストーニーブルック校（State University of New
　York, Stony Brook）を中心として，認知心理学的な研究を牽引した研究者集団である。

らの「印象駆動モデル（impression-driven model）」によれば，ある有権者が自分の政策上の好みに合った候補者に投票しているのに，本人はなぜその候補者を支持するようになったのかの理由を忘れている場合が多いという[11]。ということは，多くの有権者は世論調査に回答する際には，政治情報を正確に覚えていないにもかかわらず，ある候補者への支持を決めた時には合理的に判断して投票意図を決めていたことになる（Lodge, McGraw and Stroh 1989：山田・飯田2009：第6章）。

　ロッジらの研究とは別に，それと並行して展開していったのがZaller（1992）の研究である。ザラーによれば，有権者は政策争点について相矛盾する（アンビバレントな）意見を持っており，世論調査の面接（または電話）を受けた時に「頭の表層にある（the top of the head）」意見を表明する傾向があるが，必ずしもデタラメに（randomly）回答しているわけではないことを示唆した。

　さらに，Lau and Redlawsk（1997, 2006）は，実験手法と世論調査データ分析を組み合わせたアプローチを用いて，選挙キャンペーンに関して候補者の情報を回答者に十分に与えた後の投票選択と，情報を与える前の投票選択とを比較すると，両者に大差はなかったことを示した。このことは，有権者は多くの政治情報を持っていなくてもヒューリスティックス（heuristics）を用いることによって合理的な判断ができるということを示唆している。

　上述のロッジのグループや，ザラー，またはラウとレッドロウスクらの研究から示唆されることは，方法論として実験的手法を用いることによって，実験の被験者（または調査の回答者）に熟慮を促し，彼らの政治的洗練度を高める場合がありうるという点である。とすると，民意を測定する手段としての世論調査において，一般市民の思考や意見・態度を深く掘り下げて測定しようとする場合には，上述のような認知心理学に基づく実験手法を用いる方法が有効であることがわかってきたのである。

---

11　このロッジらの理論モデルは，有権者は長期的記憶の中から特定の候補者の情報を引き出してその情報によって対象を評価するという「記憶に基づくモデル（memory-based model）」（Kelley and Mirer 1974）を批判し，有権者の短期的な記憶装置（running tally または on-line tally）は，次々に新しい情報が入るたびに更新されて，長期的な記憶に残るものもあれば消えていくものもあると主張する。

第 1 章 序 論

　早稲田大学の研究者を中心とする CASI 調査のチームは，2007 年から全国
の有権者から無作為抽出したサンプルを対象に CASI 調査を実施してきたが，
CASI 調査はコンピュータ画面上で調査を行うので，ランダムに刺激を与える
実験の世論調査への導入を可能にしてきた。その経験をもとに，われわれは本
書の研究プロジェクトにおいて実験的要素を CASI 調査に導入すれば，回答者
に独りでじっくりと考える熟慮を促すことが可能になると考えたのである。
　その結果，本研究プロジェクトでは，CASI 調査によって熟慮を促し，ミ
ニ・パブリックスによって熟議を促す環境を提供し，その効果を比較すること
にした。この研究デザインにより，深い意味で民意が何を示しているのかを測
定する際に，熟議が必要なのか，熟慮があれば良いのか，それともどちらも必
要がないのかを，実証的に検討できることになる。

## 4　熟慮と熟議のテーマ設定の背景と経緯[12]

　以上のように，熟議と熟慮の結果を比較するにあたり，われわれの研究プロ
ジェクトでは，CASI 調査とミニ・パブリックスを比較的近い時期に実施し，
その効果を比較分析するためには，CASI 調査とミニ・パブリックスの両者に
共通のテーマを設定する必要があった。実は，熟慮と熟議のテーマを決めるこ
とは，CACI 調査とミニ・パブリックスの設計に大きな影響をもたらすので，
慎重に時間をかけてどのようなテーマが最適であるかを考えると同時に，テー
マを 5 年間の研究期間の中では比較的早めに決める必要もあった[13]。われわれ
の研究プロジェクトは 2013 年度から 2017 年度末までの 5 年間のプロジェクト
であったので，最初の 2 年間は理論と実証の準備に費やし，2015 年度の後半
と 2016 年度に大きな調査を実施する計画で，最後の 2017 年度はその調査研究

---

12　本節には村上剛氏（立命館大学）のコメントが有効であった。記して謝意を表したい。
13　テーマが決まってから，熟慮と熟議の際に提示する資料を用意しなければならず，とく
　に CASI 調査における熟慮を促すためには，資料をデジタル化して，使用するタブレット
　型 PC に CASI 調査のコンピュータプログラムとして組み込む必要があり，その準備をす
　る時間も考慮して，早めにテーマを決める必要があった。

の成果をまとめて公表していく計画であった。したがって，熟慮と熟議の対象となるテーマは遅くとも 2015 年 1 月には決める必要があった。

上記の点を考慮しつつ，われわれは熟慮と熟議のテーマを選定する際に，次の三つの基準を重視した。第 1 に，熟慮や熟議のテーマは，日本社会にとって社会的・政治経済的に重要な意味を持つテーマであり，日本社会に住む人々にとってある程度関心の高いテーマが望ましいと考えた。第 2 に，日本社会に住む人々にとって関心の高いテーマであっても，すでに日本国内で議論がし尽くされているようなテーマ，すなわち熟慮や熟議を通しても CASI 調査の回答者およびミニ・パブリックスの参加者が自分たちの意見や考えを深める余地がないテーマは避けたいと考えた。第 3 に，国際的な他の研究と比較可能なテーマのほうが，今後の研究の進展の意義が高くなるので，特殊日本的なテーマよりも，海外各国においても意味を持つテーマが望ましいと考えた。

このような視点から熟慮と熟議のテーマを選ぶことを考え，われわれは最終的に，日本における「外国人労働者の受け入れ」に関する人々の意見・態度を探ることを決めた。外国人労働者の受け入れに関しては，日本が正式には移民政策をとっていないために[14]，2015 年 1 月の段階では日本で大きな政策上の争点にはなっていなかったが，社会的な問題としては，少子高齢化による労働力の減少をどのように補うかという問題関心は，一部の専門家の間には共有されており，潜在的には，日本社会の将来にとって重要な問題であることは明らかであった（中村他 2009）。同時に，「外国人労働者の受け入れ」は，上記のような状況であったために，国民を二分するような大問題には発展しておらず，一般の人々が熟慮もしくは熟議すれば，彼らの意見や考えがさらに深まる可能性は十分にあると考えられた。以上の理由から，「外国人労働者の受け入れ」は本研究のテーマとして，第 1 と第 2 の基準は満たしていると考えられた。

さらに第 3 の基準も視野に入れて検討した。欧米のすでに移民を受け入れて

---

14　ここでは，日本政府が定住を目的とした外国人の受け入れを推奨・支援・管理する制度や政策をとらないという立場をとってきたことを意味しているが，「入国管理政策」という名において，定住を前提とした労働力の受け入れ（いわゆる「バックドアからの入国」）をしばしば認める政策をとってきたことはよく知られている。

いる国々では，外国人の受け入れは賛否の対立が起こりやすい問題であり，グローバル化時代において「多文化共生社会」の実現が困難であることを示す事例となっている。したがって，日本における外国人労働者の受け入れに関する人々の意見・態度の分析は，欧米における移民の受け入れに関する欧米諸国の人々の意見や考えを分析している研究と比較可能なテーマであり，かつ国際的に重要なテーマであると考えられた。

　アメリカにおいては，トランプ大統領が2016年の大統選選挙期間中にメキシコとの国境に壁を作ることを公約にしたが，その背景には，1980年代からアメリカにおける白人の貧困層は，増加する移民に自分たちの職を奪われるという危惧を持ち，移民の受け入れは彼らには死活問題となっていることがあった。アメリカにおいて，移民の受け入れと外国人労働者増加の問題は大きな社会的争点になっているのである。これらの問題については学術的にも実証研究が2000年代に増えてきており，たとえば *Annual Review of Political Science* (Hainmueller and Hopkins 2014) における移民研究の特集でとり上げられている，移民増加に伴う税金の使われ方や，労働力の供給などに対する影響をマクロレベルで分析した実証研究が多くなされている。

　ヨーロッパでも，とくに EU 加盟国においては物や資本のみならず，シェンゲン協定を締結している国々では，人の移動も完全に自由化されていたのだが，1990年代に移民排斥を主張する極右政党が登場して以来，移民を受け入れるか排斥するかは大きな社会問題になっていた。とくに，ドイツは早くから積極的に移民を受け入れる政策をとり，労働力不足を解消しようとしてきた経緯がある。このような状況を背景にしてヨーロッパでも移民を受け入れることに対する各国の人々の態度の比較研究が2000年頃からすでに行われていた（Betz and Immerfall 1998; Van der Brug, Fennema, and Tillie 2000; Lubbers, Gijsberts, and Scheepers 2002 など）。

　外国人の受け入れについて2015年前後に新たに発生した問題が難民である。難民と移民は定義が異なり，難民は一時的避難を求めてその国に入ってくるのに対し，移民はその国・社会に定住する意図を持って入ってくる。しかしながら，2015年夏からシリア難民がヨーロッパで急増すると，難民と移民を区別することがきわめて困難になり，国外からの大量の人の流入に直面したヨーロ

ッパ諸国では移民の受け入れが社会問題化した。このような状況の中で生じたのが，イギリスのEU離脱（Brexit）という国民投票の結果であり，その背景には移民排斥の強い主張が存在していたと考えられる。

このような状況下で，外国人労働者や移民の受け入れに関する実証研究は，北米ならびにヨーロッパで1990年代から2000年代にかけて増加し（たとえば，Fetzer 2000），国際的な比較研究の重要な研究テーマになっている。日本においても外国人労働者の受け入れの問題は，少子高齢化が進む日本がいずれ直面する重要な課題であるという認識が多くの人々に共有され始めている（濱田2010；永吉2012）。その意味では，外国人労働者受け入れ問題をテーマに熟慮ならびに熟議を行うことは意義が高いとわれわれは考えた。

これらの経緯を経て，われわれは「外国人労働者の受け入れ」をテーマに2016年1月から2017年1月にかけて，熟慮を経て意見・態度の測定を行うCASI調査と，熟議を経て意見・態度の測定を行うミニ・パブリックスの双方を実施することにしたのである[15]。

なお，外国人労働者の受け入れをテーマにCASI調査とミニ・パブリックスを実施する場合に，日本全国を対象とすべきか，もしくは外国人労働者の受け入れの経験のある地方自治体を持つ県を対象とすべきかを慎重に検討した結果，静岡県全県を対象とすることにした。その理由は以下の通りである。対象を全

---

15　上述のような熟慮（CASI）と熟議（ミニ・パブリックス）のテーマ決定の過程では，真剣に検討しながら採用に至らなかったテーマもある。たとえば，原子力発電所の存続か廃止かを巡るテーマで熟慮と熟議を行うことを検討した。原子力発電を継続することのメリットとデメリットを客観的に提示できる「エネルギー政策に関する資料」を作成し，それを組み込んだWebによる全国世論調査（以降，Web調査と略称する）を2014年6月から12月にかけて複数回実施した。その結果の分析から，日本では多くの回答者が原子力発電の存続か廃止かについてかなり考えが固まっており，Web上で資料を読んで熟慮しても，個々の回答者の意見や考えが，それ以上深まることはほとんどないことが判明したため，われわれは原子力発電を熟慮と熟議のテーマとして採用することを避けた。

また，TPP（環太平洋パートナーシップ）協定への参加の是非も，熟慮と熟議のテーマとして検討した。しかし，日本政府は，2013年3月にはTPP参加を表明しており，CASI調査やミニ・パブリックスの実施予定の2016年までに交渉が決着した場合，一般の人々は，熟慮や熟議をすることを無意味に思うのではないか，と考えたため，採用しなかった。

第 1 章 序 論

国規模にしてしまうと，イメージする外国人労働者の民族的背景や国籍は地域
によって異なり（ある地域では日系ブラジル人，またある地域では中国人など），
それによって受け入れの態度も異なってくる可能性がある。これらを統制する
という方法論上の意図からも，静岡県（日系ブラジル人が多く住んでいる）に限
定した。静岡県は西部（浜松市を中心とする地域）においては外国人労働者とそ
の家族が数多く居住する地域があり，実際に外国人労働者やその家族と生活を
共有している市町村を含んでいる一方で，中部（静岡市を中心とする地域）と東
部（富士市，三島市，沼津市，伊豆半島などを含む地域）ではそのような外国人
の方と生活を共有する機会はあまりないだろう。したがって，居住地域によっ
て静岡県民を実験群と統制群に分けて分析することも可能になり，自然実験の
形をとることが可能になる。その意味でも，無作為に全国から CASI 調査の回
答者とミニ・パブリックスの参加者を選ぶよりも，静岡県全県を対象とするほ
うが効果的な研究が可能になると考えたのである。

## 5 本研究における CASI 調査とミニ・パブリックスの全体の設計

　ここでは，本書の分析が基礎にしている本研究プロジェクトの調査研究デザ
イン全体の構図を示しておきたい。図 1-2 では，本研究プロジェクトの三つの
構成要素（コンポーネント）を示している。個々の構成要素の精密なデザイン
とそれらの調査の実施・運営および有効回答者数等については，第 2 章で詳述
するので，ここでは本研究の全体像を述べるにとどめる。
　第 1 に，2016 年 1 月〜3 月に静岡県全県の全有権者を対象に実施した CASI
調査であり，図 1-2 では左上に 2016 年 1 月〜3 月 CASI 調査（1）（以後「1 月
CASI」[16] と略称する）として示されている。この調査は，静岡県に住民登録を
しているすべての有権者から無作為に抽出された回答者を対象にした，タブレ
ット PC を用いた CASI 方式の面接世論調査であった。1 月 CASI では，「外国

---

16　本書では，CASI 調査に一般的な概念として言及するときは「CASI 調査」と記すが，
　本研究の具体的な調査に言及する場合は「1 月 CASI」または「10 月 CASI」と略称する。

人労働者受け入れ政策に関する資料」[17] を読むグループ（実験群）と，「エネルギー政策に関する資料」[18] を読むグループ（統制群）を分けており，前者は外国人労働者受け入れに関する熟慮を行っており，後者はその熟慮は行っていない。また，1月CASIの回答者には，調査終了時から約半年後の2017年9月に追跡郵送調査を行って，1月CASIの調査時からの意見の変化を測定している。

　第2には，2016年6月下旬に静岡大学静岡キャンパスで実施したミニ・パブリックスである（以後「6月MP」[19] と略称する）。図1-2では2016年6月MPは中央に位置している。この6月MP参加者をリクルートする目的で，2016年1月〜3月に静岡県全県の全有権者から無作為抽出した1万人に郵送調査を実施した。また，6月MP終了後約6ヵ月経った2017年1月に，MP参加者全員に対し追跡郵送調査を実施し，MP参加者の意見・態度が時間を経て変わったかどうかを検証できるように設計した。

　なお，図1-2の中で注目すべき点は，6月MP参加者のうち無作為に抽出した半数の参加者（split sample）には，1月CASIの調査結果を伝え，公共圏において熟慮した回答者の意見分布を知らせた上で熟議を行ってもらい，MP参加者の意見を聞いた（実験群）（この流れは，図1-2では曲線①が示している）。残りの半数の参加者は1月CASIの結果を見ずに資料を見て熟議した（統制群）。

---

17　本書では，「外国人労働者受け入れ政策」と「外国人労働者受け入れ」の二つの表現を交えて使用する。その理由は以下の通りである。CASI調査およびミニ・パブリックスにおいて，回答者や参加者に「外国人労働者受け入れ政策に関する資料」として紹介しており，政策を付ける名称が本研究プロジェクトで提示した資料の正式名称になっている。だが，資料は「労働・雇用」「社会保障」「言語」「文化」「治安」と多岐にわたり，「文化」と「治安」は政府の政策でなく事実を述べた資料であるため，各章の分析対象のテーマによっては「外国人労働者受け入れ政策に関する資料」とすると不適切な場合があるからである。
18　「エネルギー政策に関する資料」は，具体的には原子力発電の存続の是非に関する客観的な資料であった。
19　本書では，ミニ・パブリックスに一般的な概念として言及するときは「ミニ・パブリックス」と記すが，本研究の具体的な調査に言及する場合は「6月MP」または単に「MP」と略称する。

第 1 章 序 論

図 1-2 本研究のリサーチ・デザイン全体像（CASI→MP→CASI の相互作用）

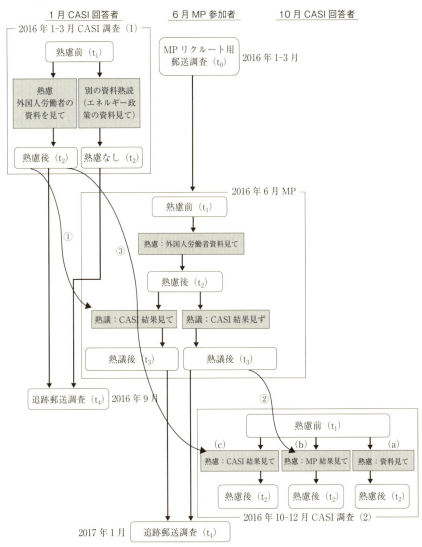

第3には，2016年10月〜12月に静岡全県の全有権者を対象にCASI調査(2)（以後「10月CASI」と略称する）を実施した（図1-2の右下，参照）。この10月CASIにおいては，回答者を無作為に三つのグループに分けて実験群と統制群を作った。詳細は第2章に譲るが，図1-2における右下の網掛けの四角の右端のグループ(a)「熟慮：資料見て」は，外国人労働者受け入れに関する資料を見るだけで6月MPや1月CASI調査などの結果を知らずに熟慮のみをしたグループである（統制群）。これに対し，グループ(b)「熟慮：MP結果見て」は，6月MPの参加者の熟議後の意見分布を知った上で熟慮をして調査に回答しており（実験群），図1-2の右下の枠の中で曲線の矢印②がそれを示している。さらに，グループ(c)「熟慮：CASI結果見て」は，1月CASIで熟慮して調査に答えた回答者の意見分布を知ってから調査に答えており（実験群），公共圏の有権者の意見分布を知った上で熟慮をしている。(c)は，図1-2の右下の三つの網掛けの四角のうちの左端で，図1-2の曲線③がそれを指している。

　以上述べてきたのが，本書の根拠となる5年間にわたるわれわれの調査研究プロジェクトのデザインの全体像である。これを一言で表せば，民意を測定するより良い方法が何であるかを探るためには，人々の意見をシンプルに世論調査で聞くだけで良いのか，人々がじっくりと一人で熟慮する機会を持ってから調査に答えるほうが良いのか，人々が他の人々と熟議を行ってから調査に答えるほうが良いのか，この3種類の方法を科学的かつ客観的に比較して分析する必要があるということである。


## 6　本書の構成

　最後に，本書の構成を簡単に述べておこう。第2章「調査の概要」では，実際にわれわれがどのように，CASI調査とMPを設計し，組み立てて実施したかを，各ステップを追って解説する。

　第3章「ミニ・パブリックスにおける発話の分析」は，静岡大学における熟議（6月MP）の結果を，われわれがどのように分析していくのかを示す。6月

第1章 序 論

MP には合計で 331 名の参加者を得たが，その録音記録を 9 カ月かけてテキストデータに起こし，現在もその内容分析は進行中である。この第 3 章では現時点でのテキストデータの分析の進捗の報告になるが，熟議の深さの程度の測定に DQI を構築して分析していることなどを述べる。

第 4 章から第 6 章までは，外国人労働者受け入れに関する CASI 回答者（熟慮）と MP 参加者（熟議）の態度の変化を比較して，記述的に分析しているが，それぞれの章が異なる側面に焦点を当てている。第 4 章「知識の獲得」では，1 月 CASI と 6 月 MP のデータを用いて，外国人労働者受け入れに関する知識について，熟慮または熟議の前と後の変化を比較している。第 5 章「意見変化」は，「外国人労働者受け入れ」の賛否に関して，熟慮（1 月 CASI）もしくは熟議（6 月 MP）の前後で個々の意見がどのように変化したかを示し，両者を比較分析する。第 6 章「民主的態度の形成」は，熟慮（1 月 CASI）もしくは熟議（6 月 MP）を通して，各調査の回答者が「よりよい市民」（Fishkin 2009）になるという変化（「視点取得」と「排外意識」に関する意見変容）が見られるかを実証的に検証する。また，第 5 章と第 6 章とも 1 月 CASI と 6 月 MP それぞれの追跡調査のデータを用いて 6 カ月後の態度変容も分析する。

第 7 章「熟議空間と公共圏をつなぐ」では，公共圏で無作為に選ばれた 1 月 CASI の回答者の意見分布を，熟議空間で他者と意見交換をしている 6 月 MP の参加者に周知した場合（図 1-2 の曲線①），また同じ意見分布を 9 カ月後の 10 月 CASI 回答者に周知した場合（図 1-2 の曲線③）にどのように，MP 参加者や CASI 回答者の意見が変わるのかを実験し，分析する。同時に，熟議空間で意見交換した 6 月 MP 参加者の意見分布を 10 月 CASI 回答者に周知する場合（図 1-2 の曲線②）と，そのような他者の意見分布の周知を全く行わない場合（統制群）との比較分析の結果も示す。

第 8 章「熟慮と熟議：効果の比較検証」では，CASI 調査の回答者が一人で熟慮した度合ならびに MP の参加者が熟議を通して熟慮した度合を表す共通の尺度として今井が考案した，RQI（Reasoning Quality Index）を紹介する。これは，回答者自身がある立場をとることについてどの程度一貫した理由付けができているか，自分自身とは異なる立場をとる人がそのような立場をとる理由についてどの程度正しく理解できているかを，アンケート調査の回答をもとに

尺度化したものである。この RQI の値が大きい人と小さい人とで，調査のさまざまな質問に対する回答にどのような違いが見られるのか分析する。それにより，一人で熟慮してから意見表明することと，熟議を通した上で意見表明することの間に差異があるのかを科学的に検証する。

　第9章「結論」では，本書のそれまでの章で示してきたデータ分析の結果を踏まえ，熟議と熟慮を通すことによって，民意をより良く探ることが可能になるのかという命題に関して，データの解釈を振り返り，規範的政治理論の視点と経験的・実証的政治学の視点から，本研究プロジェクトの調査結果が示唆する含意について論じたい。

# 第2章　調査の概要

今井　亮佑

## 1　プロジェクトの全体像

　本研究プロジェクトでは，2016年1月から2017年1月までの約1年1カ月をかけて，一連の調査を実施した。それを時系列に沿ってまとめたのが図2-1である。この図の実線の矢印は，調査がパネル形式で行われたことを，破線の矢印は，ある調査の結果を別の調査の回答者に情報として提示したことを表している。

　実施した調査は，二重線で囲った四つに大きく分けられる。2016年1月から3月にかけて実施した，タブレットを用いたCASI形式による訪問面接調査（「日本の将来に関する静岡県民の意識調査」，以下「1月CASI」と略称する）。静岡県の有権者331名の参加を得て2016年6月に静岡大学静岡キャンパスで実施したミニ・パブリックス（「日本の将来に関する静岡県民による意見交換会」，以下「6月MP」と略称する）。1月の調査とは別に抽出した人々を対象に2016年10月から12月にかけて再度実施した，タブレットを用いたCASI形式による訪問面接調査（1月CASIと同じく調査名は「日本の将来に関する静岡県民の意識調査」，以下「10月CASI」と略称する）。そして，2016年9月と2017年1月に，1月CASIの回答者及び6月MPへの参加意向を示した人々を対象としてそれぞれ行った追跡郵送調査（1月CASI追跡郵送調査・6月MP追跡郵送調査）の四つである。

29

図 2-1 一連の調査

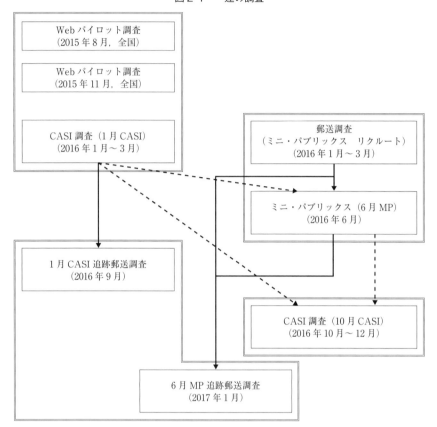

本章では,それぞれの調査の目的や設計,質問項目等の概要を説明していく。

## 2 1月 CASI

### 2.1 調査の設計

2016 年 1 月 9 日から 3 月 14 日にかけて,静岡県在住の満 20 歳以上の男女[1]を対象に,タブレットを用いた CASI 形式による訪問面接調査(1月 CASI)を

第 2 章　調査の概要

実施した。層化二段無作為（系統）抽出法[2]により，静岡県内に設定した 125 の地点[3]から，1 地点あたり 15〜17，合計 2000 の計画標本を抽出した[4]。外国人労働者受け入れ政策を調査の主要テーマとすることから，当事者である外国人住民が調査対象者に含まれることを避けるため，抽出名簿として住民基本台帳は使わず，選挙人名簿のみを用いた。

　この調査の目的は，次の 2 点にあった。

　一つ目は，本調査の約半年後に実施するミニ・パブリックスで情報として提示する，「公共圏における世論の分布」を測定することである。第 1 章で述べたように，本プロジェクトの研究目的の一つは，公共圏と熟議空間を相互作用させた場合に，人々の意識に何が生じるかを検証することにある。より具体的に言えば，世論の分布を知ることが，ミニ・パブリックスにおける熟議の内容や，それを経て表明される意見にどのような影響を及ぼすのか，逆に，ミニ・パブリックスにおける熟議を経て表明された意見の分布を知ることが，世論調査における回答にいかに作用するのかを解明するということである。このうち前者の解明を試みるには，公共圏における世論の分布をミニ・パブリックスよりも前に測定しておくことが不可欠である[5]。そこで，1 月から 3 月にかけてこの CASI 調査を行い，外国人労働者受け入れ政策に関する世論の分布を測定

---

1　年齢の上限は設定しなかった。

2　平成 27 年度住民基本台帳データの人口数を用いて，「静岡市」「浜松市」「人口 20 万人以上の市」「人口 10 万人以上 20 万人未満の市」「人口 10 万人未満の市」「郡部」の六つの層にまず層化した。その上で，静岡県選挙管理委員会 HP（http://www.pref.shizuoka.jp/senkan/index.html）掲載の「選挙人名簿登録者総数一覧表」にある各市区町村の有権者数により，各層の調査サンプル数を割り当て，その後調査地点数を確定した。

3　一つの地点の対象者がすべて，ある企業の社宅在住の方というケースがあった。その地点に調査員が訪問したところ，管理人から社宅内に入ることへの許可を得られなかった。そこで，企業の総務室に調査会社が電話を入れ，調査への協力を依頼した。ところが，社宅への訪問，対象者への接触を拒否されてしまった。このため，この地点に関しては，やむを得ず同一市町村内で別の地点を設定し，サンプリングをやり直し，その新しい地点について調査を行うこととなった。

4　この他，1 地点あたり 4 件の予備サンプルも同時に抽出した。そして，「死亡」「転居」等，母集団に含まれないことが確実なサンプルについては，この予備サンプルへの差し替えを認めた。

することにした。

　二つ目は，CASI 調査の回答者に，政策に関して熟慮するよう促すことの効果を測定することである。これも第 1 章で述べたように，本プロジェクトでは，世論調査の回答者が政策に関する客観的情報を読んで一人で熟慮する——"deliberation within"——ことの効果と，ミニ・パブリックスの参加者が複数人で政策に関して熟議する——"deliberation with"——ことの効果を比較することを，もう一つの研究の柱としている。このうち前者について，政策に関する情報を提示し，それに基づいて一人で熟慮するよう促すことが，その政策に対する回答者の意識に及ぼす効果を厳密に測るには，比較の対象として，政策に関する情報を提示せず，一人で熟慮する機会を設けない「統制群」を置くことが必要となる。このため 1 月 CASI では，回答者を無作為に二つのグループのいずれかに割り振るというデザインを組み込んだ。すなわち，われわれ研究グループが専門家[6]の助言を受けながら客観的資料に基づいて作成した，本プロジェクトで取り上げる政策課題である「外国人労働者受け入れ政策」に関する情報を提示するグループ（実験群）と，「エネルギー政策」に関する情報を提示するグループ（統制群）とに，回答者を無作為に割り振ったのである。後者のグループは，外国人労働者受け入れ政策に関する情報の提示を受けていないことから，同政策について情報に基づいて熟慮することはない。このようにして，情報提示後の質問に対する回答を二つのグループ間で比較することで，外国人労働者受け入れ政策に関して熟慮するよう促すことがいかなる効果を生むのか検証することにしたのである。

---

5　もちろん，実験社会科学の観点から本プロジェクトを捉えるならば，わざわざ世論調査を行う必要は必ずしもない。世論の分布として架空の数字を熟議の場で示し，後にデブリーフィングするということでも，研究目的を果たすことはできるからである。しかし，われわれは実験研究というよりもむしろ純粋な世論研究として本プロジェクトを捉えていることから，架空の分布ではなく，実際に世論調査を行って測定した分布を用いて，公共圏と熟議空間の相互作用がもたらす効果の解明を目指すことにした。

6　外国人労働者受け入れ政策については村上剛先生（立命館大学）から，エネルギー政策については中村理先生（早稲田大学）から貴重な助言を賜った。記して謝意を表する。

第 2 章　調査の概要

## 2.2　調査の準備

　調査の実施に向けてまず取り掛かったのが，タブレットに搭載する CASI 調査アプリの開発である。本プロジェクトの連携研究者である吉川徹・大阪大学教授が，タブレットを用いた CAPI（Computer Assisted Personal Interview）方式の調査をすでに実施されていた[7]。そこで，その CAPI 調査で用いられたアプリをベースに，本プロジェクトの CASI 調査用にカスタマイズしたものの開発を業者に依頼し，それをタブレットに搭載することにした[8]。

　本プロジェクト用にカスタマイズした点の一つとして，政策に関する客観的情報の見せ方に工夫を凝らしたということが挙げられる。われわれ調査の実施主体側としては，情報を見せさえすれば，回答者はその情報をもとに熟慮してくれるものと期待する。だが残念ながら，この期待は裏切られることが多い。情報を単に画面に表示するだけでは，内容に目を通すことなく適当に読み飛ばしてどんどん進んでいくような回答者が少なからず出てくるというのが現実である。そこで，図 2-2 に例示したように，一つの画面に示す内容をいっきに表示するのではなく，「このボタンを押して続きを読んでください」というボタンをタッチするごとに，少しずつ表示するようにしたのである[9]。もちろん，こうした工夫を凝らしたところで，調査に答える意欲の低い回答者は，情報画面を読み飛ばす（つまり，政策に関する熟慮をしない）だろう。ただ，その数を一定程度減らす効果はあったものと考えている。

　こうした CASI 調査アプリの開発と並行して，調査項目の選定も進めた。そのために行ったのが，パイロット調査とプレテストである。パイロット調査に関しては，言葉の表現や質問項目の妥当性を確認することを目的として，2015

---

7　吉川先生を研究代表者とするプロジェクト（SSP プロジェクト）が 2015 年 1 月から 6 月
　にかけて実施した，「第 1 回 SSP 調査」がそれである。調査の概要についてはプロジェク
　トの HP（http://ssp.hus.osaka-u.ac.jp/index.html）を参照されたい。
8　このアプリは，後に述べる 6 月 MP の際に行った調査，及び 10 月 CASI でも用いた。
9　すべての情報が画面に表示されると，薄く「全て表示されたので『次に進む』ボタンを
　押してください」という文字が出るとともに，画面右下の「次に進む」ボタンが青くなる
　（図 2-2 の左下の画面）。こうなって初めて，「次に進む」ボタンをタッチした場合に反応し，
　次の画面に進める。

## 図 2-2　タブレット上で情報を見せる際の工夫（イメージ）

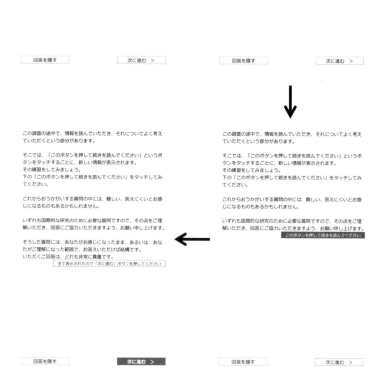

年 8 月上旬・11 月上旬に，2 度にわたってそれぞれ Web パネル調査の形式で実施した。

　一方プレテストに関しては，実査を委託する調査会社の協力のもと，調査員となる方を対象とした研修を行った上で，11 月末から 12 月頭にかけて実施した。このプレテストは，さまざまな社会的背景を持つ人々から，タブレットを用いた CASI 形式による面接調査自体に対する意見，調査内容・質問項目に対する意見を聴取することを目的としていた。そこで，機縁法によって回答者を集める際，性別・年代が偏ることのないよう配慮してもらった。また，一部のプレテスト協力者に関しては，調査委託会社まで来てもらい，マジックミラーの貼られた部屋で調査に回答してもらうことで，われわれも回答過程を観察した。回答者がタブレットのどのような操作に戸惑うのか，どの問題について回答しにくいと感じるか等を，この目で確かめるためである[10]。12 月上旬に行われたプレテスト報告会で，プレテストの過程で調査員が感じたこと・気づいたことについてざっくばらんに話してもらった。その場で寄せられたプレテストの調査員・回答者からの貴重な意見を，本調査に向けての改良に反映させるよう努め，本調査実施の準備を整えた[11]。

## 2.3　調査の構成

　1 月 CASI は，大きく分けて 3 部から成る（図 2-3 をあわせて参照）。

　第 1 部では，政策に関する情報を提示し，熟慮を促す前の時点での意識を測定した。まず，政治関心度，来る参院選での投票参加意図，保革自己定位，政党支持，政治的知識，価値観といった，政治意識調査で一般に尋ねられること

---

10　マジックミラー越しに，回答者がどのような姿勢で回答するかを観察したことで，タブレットを立て掛ける簡易スタンドがあると回答しやすいことに気づいた。そこで，そうしたスタンドを急ぎ購入し，実査の際，調査員に携行してもらった。

11　この他，調査の準備として，研究代表者の所属機関である早稲田大学において，「人を対象とする研究に関する倫理審査」を受けるということも行っている。1 月 CASI については 2015 年 11 月 11 日，次節で述べる 6 月 MP に関連する一連の調査については 2015 年 11 月 11 日（郵送調査），2016 年 6 月 1 日（意見交換会），第 4 節で説明する 10 月 CASI については 2016 年 10 月 5 日に，それぞれ審査の承認を受けた。

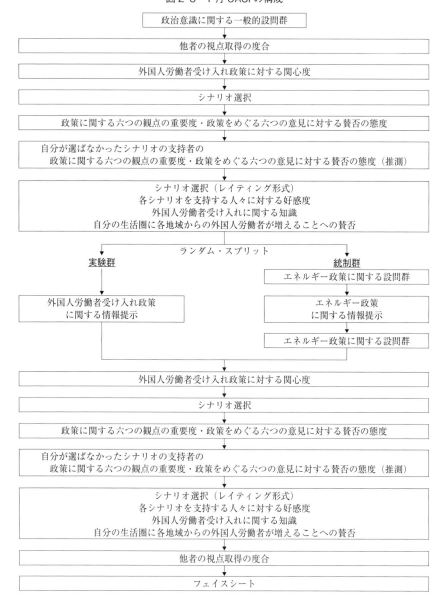

図 2-3 1月 CASI の構成

第2章　調査の概要

の多い質問を行った。次に，海外における先行研究を参考に作成した，他者の
視点取得（perspective taking）[12] の度合を測定する質問に対する回答を求めた。
それに続いて尋ねたのが，外国人労働者受け入れ政策に関する一連の質問群で
ある。外国人労働者受け入れ政策にどの程度関心があるか。「Ａ：労働力とし
て外国人を積極的に受け入れる」「Ｂ：労働力として外国人を積極的には受け
入れない」という二つのシナリオのうち，どちらの考えに近いか。シナリオを
選択した際，経済成長，労働・雇用，社会保障，言語，文化，治安といった各
側面[13] における影響をどの程度重視したか[14]。各側面に関連する意見に賛成か
反対か[15]。自分が選ばなかったシナリオを選択した人は，各側面における影響
をどの程度重視したと思うか[16]。自分が選ばなかったシナリオを選択した人は，

---

12　"perspective taking" という用語に対し，一般的には「視点取得」という訳があてられ
　　ることが多い。だが本書では「他者の視点取得」と，あえて「他者の」という語を加えて
　　表記する場合がある。本プロジェクトが実施した各調査においてこの概念を測定する際に
　　用いた質問が，「人を批判する前に，自分自身がその人の立場だったらどうだろうかと想
　　像することは大事である」，「どの問題にも賛否両論があるはずなので，両方の立場につい
　　て考えるように心がけることは大事である」，「何かものごとを決める前に，反対の立場に
　　いる人の意見に注意を向けることは大事である」という意見への賛否を問うもので，「他
　　者の」視点を取得するという側面に焦点を当てているためである。
13　この六つの側面は，客観的情報に基づく資料を作成する際，村上先生から挙げていただ
　　いた。
14　具体的には，「あなたがシナリオ＊を選んだ際，以下の事柄について，それぞれどの程
　　度重視しましたか。『全く重視しなかった』を 0，『非常に重視した』を 10 として，0 から
　　10 の数字からお選びください」という質問で，六つの側面の重要度を尋ねた。
15　具体的には，「今後の日本における外国人労働者受け入れ政策に関して，次にあげる意
　　見に対するあなたのお立場をおうかがいします。それぞれについて，『反対』を 0，『賛成』
　　を 10 として，あなたのお立場に最も近い数字を 0 から 10 の中からお選びください」とい
　　う質問で，「労働力として外国人を受け入れることは，今後も日本の経済成長を持続させ
　　るために不可欠である」（経済成長の側面），「労働力として外国人を受け入れると，日本
　　人の雇用が奪われる」（労働・雇用），「労働力として外国人を受け入れると，公的社会保
　　障制度の財政状況の悪化を食い止められる」（社会保障），「労働力として外国人を受け入
　　れると，国際的な感覚を身に付けたグローバルな人材が育成される」（言語），「労働力と
　　して受け入れた外国人が居住する地域では，受け入れた外国人と日本人住民との間でトラ
　　ブルが発生する」（文化），「労働力として外国人を受け入れると，犯罪が増加する」（治
　　安）という，各側面に関連する意見に対する賛否を問うた。

各側面に関連する意見に賛成だと思うか反対だと思うか[17]。前述の A・B というシナリオを両極とする 11 点尺度ではどこに位置するか。それぞれのシナリオを支持する人々に対して好感を抱くか。外国人労働者受け入れ政策に関する知識がどの程度あるか。自分の生活圏に，各地域からの外国人労働者が増えることに賛成か反対かを問うたのである。

　続く第 2 部では，われわれ研究グループが専門家の助言を受けながら客観的資料に基づいて作成した政策に関する情報を提示し，それをよく読んでもらった。その際，先述のとおり，外国人労働者受け入れ政策に関する情報をもとによく考えてもらうグループと，エネルギー政策に関する情報をもとによく考えてもらうグループ[18] とに，無作為に回答者を割り振った。このように第 2 部では，約半数の回答者には，外国人労働者受け入れ政策に関する客観的情報[19]を見せて，同政策に関する熟慮を促し，残りの約半数の回答者には，外国人労働者受け入れ政策に関する客観的情報を見せず，同政策に関する熟慮を促さなかったのである[20]。

　そして第 3 部では，第 1 部で尋ねたのと全く同じ，外国人労働者受け入れ政

---

16　具体的には，「あなたが選ばなかったシナリオ＊を支持する人の立場に立って考えてみてください。シナリオ＊を支持する人は，そのシナリオを選んだ際，以下の事柄について，それぞれどの程度重視したと思いますか。『全く重視しなかったと思う』を 0，『非常に重視したと思う』を 10 として，0 から 10 の数字からお選びください」と尋ねた。

17　具体的には，「あなたが選ばなかったシナリオ＊を支持する人の立場に立って考えてみてください。今後の日本における外国人労働者受け入れ政策に関する，次にあげる意見に対して，シナリオ＊を支持する人はどのような立場をとっていると思いますか。それぞれについて，『「反対」だと思う』を 0，『「賛成」だと思う』を 10 として，あなたのお考えに最も近い数字を 0 から 10 の中からお選びください」と質問した。

18　第 1 部では，外国人労働者受け入れ政策に関連する質問を多くした一方で，エネルギー政策については全く尋ねていない。このため，第 2 部でいきなりエネルギー政策に関する情報を提示して熟慮を促すと，回答者が違和感を持つ恐れがあった。そこで，エネルギー政策に関する情報をもとによく考えてもらうグループのみ，情報提示の前後に，エネルギー政策にどの程度関心があるか，「A：安全性が確認された原子力発電所の再稼働を進める」「B：安全性が確認されても原子力発電所の再稼働はしない」という二つのシナリオのうちどちらの考えに近いか，エネルギー政策に関連する意見に賛成か反対かを尋ねる質問を置いた。

19　これと同じ情報を，後に詳述する 6 月 MP での調査と 10 月 CASI の回答者にも提示した。

38

第 2 章　調査の概要

策に関する一連の質問群と，他者の視点取得の度合を測定する質問に再度答え
てもらった。以上の説明をフローチャートの形でまとめたのが図 2-3 である[21]。
　こうした，被調査者に答えてもらう調査が終わった直後に，調査員に答えて
もらう調査も行っている。CASI 調査がどのような環境で行われたか，具体的
には調査がどこで，どのような形で行われたか，回答の入力は回答者自身が行
ったのか調査員が補助して行ったのか，補助が必要であったのはなぜか等を，
調査終了後調査員に，「調査環境記録表」に書き留めてもらったのである。

## 2.4　調査の実施

　2016 年 1 月 7 日・9 日に浜松市で，8 日に静岡市で，調査員研修を実施した。
研修では，調査の概要やタブレットを用いた調査の意義等について説明した上
で，実際に「練習用画面」を用いてタブレットを操作してもらい，操作が簡単
であることを調査員に体感してもらった。調査員自身が，タブレットを用いた
CASI 形式の調査に不安を持って調査に臨むと，その不安が被調査者に伝染し，
回答拒否につながる恐れがある。そこで，実際に調査員の立場，被調査者の立
場に立ってタブレットの操作を練習してもらうことで，無用な不安を解消し，
自信を持って被調査者宅を訪問してもらおうと考えたのである。

---

20　外国人労働者受け入れ政策に関する情報は，背景，労働・雇用，社会保障，言語，文化，
　　治安，まとめの七つの部分から，エネルギー政策に関する情報は，背景，発電に必要とな
　　る燃料の特性，発電にかかる費用，原子力発電の使用済み燃料の取扱い，放射性物質と原
　　子力発電の安全性，まとめの六つの部分から，それぞれ構成されている。いずれの情報に
　　ついても，一通り読み終わった後，最大 7 回まで，どれか一つの部分について繰り返し見
　　ることができるようにした。もっとも，外国人労働者受け入れ政策に関する情報について
　　は，この情報を読むよう割り振られた 447 名中 412 名が，エネルギー政策に関する情報に
　　ついては，423 名中 365 名が，繰り返し見ることなく次の第 3 部の質問へと進んだ。

21　なお，調査の構成について 1 点付言しておくべきことがある。政策に関して熟慮するよ
　　う促すことの効果を測定するという本調査の目的に照らすと，第 1 部の質問を第 1 波で行
　　い，第 2 部の政策に関する情報提示と第 3 部の質問を第 2 波で行うという，1 週間程度の
　　間隔を空けるパネル調査形式を採用するのが本来であれば望ましい。ただ，普段あまり考
　　えることのない外国人労働者受け入れ政策に関する質問が並ぶ本調査の場合，パネル調査
　　形式にすると，サンプルからの脱落（attrition）の問題が生じやすくなると懸念された。
　　そこで 1 月 CASI（及び 10 月 CASI）は 1 波で行うこととした。

調査は 3 期に分けて行った。第 1 期は，1 月 7 日に調査会社が依頼状を投函，9 日に調査員の訪問を開始し，2 月 2 日を終了予定とした。第 2 期は，依頼状の投函が 1 月 26 日，調査開始が 28 日，終了予定が 2 月 22 日であった。そして第 3 期は，2 月 16 日の依頼状投函を受けて翌々日に調査を開始し，3 月 10 日に調査を終える予定とした[22]。

　このうち第 2 期・第 3 期については，事前に送付する依頼状を工夫した。地元紙の静岡新聞が，1 月 8 日の静岡市での調査員研修を取材し，翌日の朝刊に本調査を紹介する記事を掲載した。そこで，第 2 期・第 3 期の被調査者には，依頼状とともにこの記事のコピーを（静岡新聞社の了承を得た上で）送付した。調査の信頼性が高まり，回収率が向上することが期待されたためである。

　調査員が懸命に取り組んでくれたこと[23]，この種の調査としては高額と言える謝礼（QUO カード 2000 円分）を出したことの甲斐もあってか，普段見慣れない政策に関して情報に基づいて熟慮した上で答えるという「難しい」調査であったにもかかわらず，有効回収数は 870 件（計画サンプル数に対する回収率は 43.50％）に上った。

## 3　ミニ・パブリックス
　　：日本の将来に関する静岡県民による意見交換会

### 3.1　参加者のリクルート

　まずは，2016 年 6 月に静岡大学静岡キャンパスで実施したミニ・パブリックス「日本の将来に関する静岡県民による意見交換会」（6 月 MP）の参加者を

---

22　各期の調査開始日は，依頼状送付の関係からその二日後に明確に統一した。これに対し調査終了日は，あくまで当初の予定として設定しただけであり，たとえば終了日とされている日以降に被調査者宅訪問の予約が取れている等，終了予定日を過ぎても回収できる見込みがある場合は，調査期間を延長した。このため，調査の最終終了日は予定日の 4 日後の 3 月 14 日となった。

23　回収率向上のため，調査員に対し，平日／週末，昼間／夜間等，訪問するタイミングを変えた上で，1 サンプルあたり最低 5 回は訪問するよう求めた。こうした要求に対し，多くの調査員が真摯に対応してくれた。

いかに集めたかについて，時系列に沿って述べていく。

　2016年1月，静岡県の有権者10000名[24]を対象とした郵送調査を実施した。この郵送調査の目的は次の2点にあった。一つは，6月MPの参加者をリクルートする第1段階とするということである。もう一つは，6月MPに参加することになる人々の，2016年1月〜2月時点における，外国人労働者受け入れ政策に対する意識を把握するための，いわば「第0波」の調査とするということである。

　この調査の質問項目にはある工夫を加えた。それは，外国人労働者受け入れ政策以外の政策も取り上げ，数ある政策の一つとして外国人労働者受け入れ政策に対する意識を尋ねたということである。ある特定の政策に関する質問ばかりを行うと，その政策をテーマとした研究プロジェクトであるということを，郵送調査の対象者（6月MPに参加する可能性が潜在的にある人）に勘付かれてしまう。仮に勘付かれてしまうと，その政策に対して強い関心を持つ人，極端な立場をとる人がこぞって6月MPに参加するということになりかねない。しかしミニ・パブリックスは，ある母集団を代表する人々が集まって母集団の縮図となる空間を作り出し，熟議を行うのが理想とされていることから，こうした事態が生じるのは避けねばならない。そこでこの郵送調査では，複数の政策（沖縄米軍基地問題，参議院改革の問題，日本国憲法第九条の改正，年金制度改革，外国人労働者受け入れ政策，エネルギー政策）の一つとして外国人労働者受け入れ政策を取り上げ，関心度や意見を尋ねた。そうすることで，外国人労働者受け入れ政策を主題とする研究の一環として行っている調査であることをカムフラージュしようとしたのである。

　1月18日に調査票を発送し，2月29日を回答の期限としたこの郵送調査に有効回答を寄せたのは4282名であった[25]。このうち3名は，以後の接触を拒否する旨の記載があったため，以降のプロセスからは除外した。3月24日に，

---

24　静岡県在住の，満20歳以上の男女個人（年齢の上限なし）を対象とする調査で，計画サンプル数10000，調査地点数500，1地点あたりの標本数20である。標本の抽出は，1月CASIと同じ層化二段無作為（系統）抽出の形で行った（詳細については脚注2参照）。

25　この他，住所不明による返送が72件，対象者死去との返信が3件，回答未記入のままでの返信が11件，受取拒否が7件あった。

郵送調査への有効回答のあった 4279 名に対し，謝礼（QUO カード 1000 円分）とともに，6 月 MP へのご協力のお願いの文書を送り，あわせて 6 月 MP への参加意向を問う 1 回目のアンケートを行った。具体的には，開催日時，会場，謝金（1 万円＋交通費），意見交換会の概要，当日の流れ，よくある質問（Q＆A）を提示した。その上で，「『日本の将来に関する静岡県民による意見交換会』への参加を希望されますか」と尋ね，「参加したい」「予定が合えば参加したい」「興味はあるが，参加するかどうかもう少し検討したい」の三つの選択肢の中から，その時点での気持ちを選んでもらった。4 月 15 日を回答期限として，謝礼に同封した調査票に記入の上返送するか，われわれが用意した Web サイト上のフォームに入力するか，いずれかの形での回答を求めたこのアンケートの結果は，「参加したい」が 279 名，「予定が合えば参加したい」が 117 名，「興味はあるが，参加するかどうかもう少し検討したい」が 327 名であった[26]。

　6 月 MP の実施まで約 1 カ月に迫った 5 月 11 日に，第 1 回参加意向アンケートで示した三つの選択肢のいずれかを選んだ 723 名に対して，第 2 回の参加意向アンケートの調査票を送付した（回答期限は 5 月 23 日）。この第 2 回のアンケートでは，「『日本の将来に関する静岡県民による意見交換会』の，どの回への参加を希望されるかおうかがいします。参加できる回には，希望される順に①，②，……と番号を振ってください。また，絶対に参加できない回には×をつけてください」という質問で，6 月 18 日・19 日・25 日・26 日の，第 1 回（9 時 30 分～15 時 00 分）・第 2 回（12 時 30 分～17 時 45 分）のどれに参加することを希望するか尋ねた[27]。この第 2 回のアンケートにおいて参加の意向を表明した 338 名[28]を，6 月 MP の参加予定者とすることにし，6 月 2 日に参加日時確定のご連絡を郵送した。

　参加予定者として選ばれた人が実際には参加しなかったとしても，何らかの

---

26　アンケートの選択肢にはなかったが，不参加の意思をわざわざ示してくれた人も 139 名いた。

27　第 1 回参加意向アンケートと同様，この第 2 回参加意向アンケートも，依頼状に同封した調査票に記入の上返送するか，われわれが用意した Web サイト上のフォームに入力するか，いずれかの形で答えてもらった。

第 2 章　調査の概要

罰則を受けるわけでは当然ない。このため，軽い気持ちで参加の意向を示し，直前（当日）になって急に参加を取りやめるような人が中には含まれるのではないかということを懸念した。そこで，1 週目（6 月 18 日・19 日）の参加予定者には 6 月 9 日に，2 週目（25 日・26 日）の参加予定者には 16 日に，参加日時・交通手段・会場・緊急連絡先等を記した文書をリマインダーとして郵送した。さらに，実施日直前（16 日・17 日，23 日・24 日）には，電話によるリマインドも行った。その甲斐もあってか，当日欠席した人は，338 名中わずか 7 名のみであった（つまり，実際に 6 月 MP に参加したのは 331 名であった）。

## 3.2　参加者のグループ分け

ミニ・パブリックスの主要部分である少人数での意見交換について，討論型世論調査（Deliberative Poll）では，15 名程度を 1 グループとして行っている。これに対し本プロジェクトの 6 月 MP では，各日の各回に，8 名程度から成る五つのグループを作り，この小グループで意見交換してもらうこととした。一般的に，またモデレータを依頼した方々の実際の経験上も，発言内容等を把握してモデレータの役割を十分に果たすには，1 グループ 8 名程度が望ましいとされているとのことであったためである。

ミニ・パブリックスを行う目的や意義に照らして考えると，特定の属性を持った人々が意見を交わすよりも，多様な背景を持つ人が集まって熟議するほうが望ましい[29]。このため，グループ分けに際しては，性別や年代，学歴といった社会的属性を考慮に入れるべきであると考えた。加えて，意見交換会を 1 回で行うという通例とは異なり，本プロジェクトでは 4 日間にわたって各日 2 回，計 8 回に分けて行うことから，参加予定者の希望日時をも考慮に入れなければ

---

28　実際には，343 名から参加希望日時を記した返信があった。ただし，このうち 3 名は，自由記述欄の記載事項等から，6 月 MP への参加者として不適格と判断したため，対象から除外することとし，その旨本人に通知した。また 2 名については，後述の参加グループ割り振り前に不参加の連絡があったため，対象から除外した。その結果残ったのが 338 名である。

29　この点については，日本における討論型世論調査の第一人者である曽根泰教・慶應義塾大学教授からアドバイスをいただいた。

ならなかった。

　そこで本プロジェクトでは，参加予定者の社会的属性（年代・性別・学歴）と，参加予定者が示した希望日時をもとに，まずどの日のどの回に誰を割り振るかを決めた。その手続きは次のとおりである。

(1) まず，参加予定者 338 名を，年代（40 歳未満，40 歳代，50 歳代，60 歳以上）×性別×学歴（高校以下，高専／短大／専門学校以上）で作った 16 のセルに割り付けた[30]。

(2) そして，このセルごとに，各日・回になるべく均等に参加予定者を割り振った。その際，可能な限り第 1 もしくは第 2 希望の日・回に割り振るようにした[31]。たとえば，あるセルに該当する参加予定者が 16 名いたというような場合には，参加希望の日・回を勘案した上で，各日・回に 2 名ずつ割り振った。

(3) (2) の割り振りを行う際，あるセルで，ある日のある回に割り当てられた数以上の人がその日・回を第 1 希望としていたような場合は，その人々の間で無作為に選んだ。

　続いて，次のような手続きに従って，各回の五つのグループに誰を割り振るかを決めた。

(4) 五つのグループへの割り振りについては，同じセルに該当する人が一つのグループに固まることがないようにした。とくに年代と性別に関して，高齢者ばかり，女性ばかりといった偏りが生じないよう配慮する形で割り振りを行った。たとえばある日・回に割り振られた，あるセルの人が 5 名いたとする。その場合，この 5 名は五つのグループに 1 名ずつ割り振った。ただし，具体的に誰をどのグループに割り振るかは，無作為に決めた。

　このように，本プロジェクトの 6 月 MP では，社会的属性と参加希望日時を考慮に入れて，8 回のうちどの回に参加してもらうか，五つのグループのど

---

30　郵送調査で学歴が NA であった参加予定者（8 名）は，年代×性別で作った別のセルに割り付けた。このセルの該当者に関しては，参加希望日時を勘案しながら，その年代・性別の人が割り当て数より少ない日・回に割り振るようにした。

31　338 名中 312 名を，第 1 もしくは第 2 希望の日・回に割り振ることができた。

れに割り振るかを決めた。言い換えれば、完全に無作為にグループ分けを行ったわけではない。その一方で、外国人労働者受け入れ政策に対する（「第0波」として行った郵送調査の時点での）立場については、グループ分けに際して全く考慮に入れなかった。このため、グループ内での意見分布は、グループごとに多様性を持っていた。

### 3.3　モデレータの訓練

ミニ・パブリックスの成否は、モデレータの質にかかっていると言っても決して過言ではない。このため6月MPでは、モデレータの経験を有する人にその役を委託した。そして、「ミニ・パブリックスにおける」モデレータの役割を理解し、実践してもらうために、モデレータをお願いする方々も参加する「模擬MP」（プレテスト）を2度にわたって実施した。

1度目は、2016年5月14日に、日本における討論型世論調査の第一人者である曽根泰教・慶應義塾大学教授を招聘して実施した。本番での担当者1名にモデレータの役を務めてもらい、早稲田大学の学部学生・大学院生、及びモデレータ候補の中で今回の模擬MPではモデレータを務めなかった方に参加者の役になってもらう形で行った[32]。この1度目の模擬MPを行ったことで、本番で注意すべき点、具体的には、各グループ間でモデレータの対応を統一しておかなければならない点や、適切な意見交換の進め方（先に個別の観点ごとの意見交換を行い、その後自由に議論する）及び時間配分のあり方等が見えてきた。また、曽根先生から、ミニ・パブリックスの実施に際して注意すべき点等について貴重なアドバイスを頂戴することができた。

この1度目の模擬MPを踏まえて、時間配分やモデレータの役割、議論への関与のあり方等について再検討した。それとともに、意見交換会の目的、ミニ・パブリックスとは何か、意見交換会の設計、モデレータの役割、当日の流れと注意点等をまとめた、6月MP用の「モデレータガイド」を完成させた。このモデレータガイドの後半には、モデレータが意見交換会中に話す「セリ

---

32　モデレータ候補者のうち、モデレータ役も参加者役も務めなかった人には、見学に回ってもらった。

フ」を盛り込み，それを（極力）そのまま読み上げてもらうことにした。グループごと（モデレータごと）に話す内容が異なると，それが意見交換の中身・様態に影響してしまう恐れがあるためである。

こうして，学生を対象とした1度目の模擬MPを通じて改善した意見交換の進め方や時間配分，モデレータガイドに基づいて，今度は一般市民（モデレータの派遣を委託した業者が募集・手配した人々）を参加者とする2度目の模擬MPを，5月28日に実施した。1度目を踏まえて大きく改善できていたことから，この2度目の模擬MPでは，さほど問題点は上がってこなかった。

このように，2度にわたってプレテストとして模擬MPを実施したことは，次の二つの点で大きな意義があったと考えている。

第1に，本番の6月MPで参加者から投げ掛けられる可能性のある疑問や，モデレータが対処しなければならない問題が，ある程度明確になったということである。これにより，そうした疑問・問題への対処法を，あらかじめ用意しておくことができた。その結果，グループごと（モデレータごと）に同じ疑問・問題に対する対応が異なるという事態が生じるのを，一定程度未然に防ぐことができた。

第2に，モデレータをお願いする方々に，「ミニ・パブリックスにおけるモデレータとはいかなるものか」を体感してもらうことができたということである。モデレータをお願いする方々は，経験を有するとは言っても，ミニ・パブリックスにおけるモデレータの経験があるわけではない。しかし，1度目の際に曽根先生からのアドバイスを受けたこと，2度目の際に本番と同じ手順に従ってリハーサルできたことで，ミニ・パブリックスにおいてモデレータが果たすべき役割に関する理解が深まったと考えられる。

以上，第1項から本項まで，6月MPの実施に向けた準備段階に関する説明をしてきた。次項以降，本プロジェクトが実施した6月MPの中身に関する説明に入る。


## 3.4　当日の流れ

6月MPの当日の流れは次のとおりである。

第 2 章　調査の概要

## （1）　意見交換会前調査（最大 70 分）

集合時間である 9 時 30 分（第 2 回は 12 時 30 分）から 15 分ほどかけて，個人情報の扱いや，意見交換会で収集・録音するデータの扱い等について，文書を配布して丁寧に説明した。それを踏まえて，意見交換会に参加することへの同意書を，署名の上提出してもらった。

その後，参加者にまず取り組んでもらったのが，タブレットを使用した意見交換会前の調査である[33]。この調査の構成は，第 2 節で紹介した 1 月 CASI と基本的には同じである。すなわち，第 1 部で，一般的な設問群（政治関心度，保革自己定位，政党支持，政治的知識，価値観），他者の視点取得の度合を問う質問に続いて，外国人労働者受け入れ政策に関する質問群[34] に答えてもらった。次に第 2 部で，われわれ研究グループが専門家の助言を受けながら客観的資料に基づいて作成した，外国人労働者受け入れ政策をめぐる，①背景，②労働・雇用，③社会保障，④言語，⑤文化，⑥治安という各観点についての情報を読み，情報に基づいてよく考えてもらった[35]。そして最後に第 3 部で，第 1 部で尋ねたのと同じ，外国人労働者受け入れ政策に関する一連の質問群と，他者の視点取得の度合を測定する質問に再度回答してもらったのである。つまり，参加者各自で外国人労働者受け入れ政策に関する情報を読んで熟慮するという部分を調査の途中に設けることで，熟慮前の同政策に対する態度と，熟慮後の態度を測定できるような構成にしたのである[36]。

---

33　調査には，早稲田大学が購入したタブレットに加えて，吉川先生が大阪大学で保管されていた，SSP プロジェクトで用いられたタブレットも使用した。連携研究者としてタブレットを快くお貸しくださった吉川先生に，記して謝意を表する。

34　ただし，この調査では次のような設問を加えている。一つは，外国人労働者受け入れ政策に関する A・B 二つのシナリオのうちどちらの考えに近いかを選んでもらった直後に尋ねた，どちらのシナリオを支持する人が世の中では多数派だと思うかを問う項目である（第 3 部でも同様）。もう一つは，それぞれのシナリオを支持する人々に対する好感度を問う質問の次に置いた，配偶者等と外国人労働者受け入れに関する会話をする頻度や，会話の際に自分とは異なる意見を言われる頻度を尋ねる質問である（第 1 部のみ）。

35　念のため付言しておくと，1 月 CASI とは異なり，エネルギー政策に関する情報を読み，熟慮してもらうというグループは設けていない。

（2）　情報熟読（15分）

　調査終了後，意見交換を行うグループごとに各教室に移動してもらった。各教室では，参加者とモデレータとで車座を作るような形で机と椅子を配置した。そして，机上にたとえば「a-1　たなか様」というような苗字のみを示した名札を置き，参加者の座席を指定した。この車座に配置した机の外側の少し離れたところには，当該教室担当の係の者1名が着席し，意見交換会中に発言した参加者のIDを順に記録していった。

　全員が指定された席に着いた後，机上に配布しておいた，外国人労働者受け入れ政策に関する情報をまとめた紙媒体の資料を，15分間で再度熟読してもらった。この紙媒体の資料は，意見交換会中も手元に置き，適宜参照しながら意見交換してもらった。

　この配布資料の内容に，本プロジェクトが実施した6月MPの一つの特徴がある。テーマとする外国人労働者受け入れ政策に関する情報を参加者に提示するにあたり，実験的要素を盛り込んだのである。全体の半分にあたる20のグループには，意見交換会前調査の際にタブレット上で見せたのと同じ情報を紙媒体にして示した。これに対し残りの20のグループには，その同じ情報に加えて，1月CASIの結果（静岡県の有権者における調査の回答の分布）も示したのである。

　それを例示したのが図2-4である。この図にあるように，1月CASIの結果として示したのは次の分布である。一つ目は，情報を読んで熟慮するよう促した後の時点で（つまり，調査の第3部において），A・Bの二つのシナリオのうちどちらが自分の考えに近いかを選んだ際，経済成長，労働・雇用，社会保障，言語，文化，治安の各側面での影響についてどの程度重視したかの分布。二つ目は，六つの側面それぞれに関連する意見[37]に対する賛否の分布。そして三

---

36　なお，一つ想定外の事態が生じた。1月CASIの経験を踏まえて，調査の時間として70分程度とっていた。ところが，調査の後に意見交換会が控えているということもあってか，時間をかけて情報を読み，回答した結果，時間切れで調査が終わらないという参加者が続出したのである（331名中51名）。ただし，第1部の質問についてはすべての参加者が回答していることから，熟慮前の意識と熟議後の意識とを比較することは可能である。

37　脚注15参照。

第2章 調査の概要

## 図2-4　1月CASIの結果を示した資料の例

ここで、早稲田大学が実施した世論調査の結果をご紹介したいと思います。

早稲田大学では、2016年1月から3月にかけて、静岡県の有権者の中からランダムに選んだ2,000名の方を対象に、選ばれた方のお宅を訪問して、「日本の将来に関する静岡県民の意識調査」を実施いたしました。

この調査では、先ほどみなさまにお答えいただいたのと同じ質問を行い、同様にタブレットに回答を入力していただきました。

そこで、先ほどみなさまにお答えいただいたのと同じ質問について、世論調査ではどのような回答が示されたのか、ご紹介していきたいと思います。

Q 次にあげるAとBの2つのシナリオのうち、あなたのお考えに近いものをお選びください。

1. A： 労働力として外国人を積極的に受け入れる
 →**52%**

2. B： 労働力として外国人を積極的には受け入れない
 →**48%**

11〔背景〕

Q あなたがシナリオを選んだ際、**経済成長面での影響**について、どの程度重視しましたか。「全く重視しなかった」を0、「非常に重視した」を10として、0から10の数字からお選びください。

● シナリオA（労働力として外国人を積極的に受け入れる）
を選んだ回答者

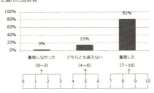

● シナリオB（労働力として外国人を積極的には受け入れない）
を選んだ回答者

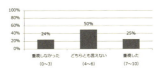

12〔背景〕

Q 今後の日本における外国人労働者受け入れ政策に関して、「**労働力として外国人を受け入れることは、今後も日本の経済成長を持続させるために不可欠である**」という意見に対するあなたのお立場をおうかがいします。「反対」を0、「賛成」を10として、あなたのお立場に最も近い数字を0から10の中からお選びください。

● シナリオA（労働力として外国人を積極的に受け入れる）
を選んだ回答者

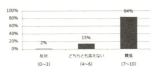

● シナリオB（労働力として外国人を積極的には受け入れない）
を選んだ回答者

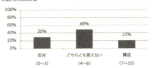

13〔背景〕

49

## 図2-4 1月CASIの結果を示した資料の例（つづき）

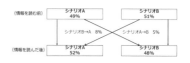

つ目は，情報を読む前の時点から読んだ後の時点にかけての，シナリオA・Bそれぞれを選択した人の割合の変化である[38]。

1月CASIの結果は，言い換えれば，「公共圏における意見の分布」である。これを熟議空間にいる一部の人々に示し，この情報をも頭に入れながら意見交換してもらうグループを用意した。いわば，公共圏と熟議空間の相互作用を生じさせるグループと生じさせないグループを作り出したのである。こうした実験的要素を盛り込むことで，相互作用が熟議の結果にもたらす影響を測定する

---

[38] いずれの分布も，わかりにくくなるのを避けるために，DK/NAを除いて計算した。また，一つ目と二つ目の分布については，いずれも11件法で尋ねた質問に基づくものであるが，わかりやすくするために，「重視しなかった（0〜3）」，「どちらとも言えない（4〜6）」，「重視した（7〜10）」（以上，一つ目の分布），「反対（0〜3）」，「どちらとも言えない（4〜6）」，「賛成（7〜10）」（以上，二つ目の分布）の三つのカテゴリにまとめた形で，シナリオA選択者の分布とシナリオB選択者の分布とに分けて，各観点に関する客観的情報の後に示した。

ことを可能にした。

（3）　意見交換会・前半（60分）

　情報熟読を踏まえて，意見交換会に入った[39]。まずモデレータが，「外国人労働者の受け入れに関する資料をよく読んで，この政策について自分なりによく考え，人と意見交換することでさらによく考えた上で，労働力として外国人を積極的に受け入れるか積極的には受け入れないか，ご自身のお考えをまとめていただく」ことが，この意見交換会の目的であることを読み上げた。次に，各教室の黒板にあらかじめ書いておいた意見交換会のルールを説明した。具体的には，「専門的な知識は必要ではありません」，「他の参加者の意見を尊重しましょう」，「他の参加者の発言中は耳を傾けるようにしましょう」，「グループ内で一つの意見にまとめる必要はありません」という四つのルールである。続いて各参加者に自己紹介[40]をしてもらった（以上，あわせて15分）。その後，場の空気を温めることを目的として，外国人労働者に関する身近な経験談等について自由に意見を述べ合う時間を設けた（25分）。そして，前半の最後の20分間を使って，観点①「背景」に関する意見交換を行ってもらった[41]。

（4）　休憩（第1回＝30分（昼食），第2回＝15分）

　9時30分開始の第1回に関しては，ここで30分の休憩をとり，われわれが用意したお弁当を食べてもらう時間とした。12時30分開始の第2回に関しては，休憩時間を15分とした。なお，休憩中にモデレータの統制範囲外で外国人労働者受け入れに関する意見交換が続くことのないよう，意見交換会の内容に関わる話は参加者間でしないようお願いした。

---

39　意見交換会の模様は，2台のICレコーダで録音した。なお，先に本文中で述べたとおり，録音することについては，意見交換会前に詳細な説明を行った上で，全参加者から同意を得ている。

40　名前（姓のみ），年代（30歳代，40歳代等），どこから来たのか（市区町村まで），なぜ参加したのか（参加動機）の各点に触れる形で，簡単な自己紹介をしてもらった。

41　1月CASIの結果を情報として示したグループでは，「背景」に関する意見交換に入る前に，図2-4に例示した情報（各側面での影響についてどの程度重視したかの分布，各側面に関連する意見に対する賛否の分布）の見方をモデレータから説明した。

(5)　意見交換会・後半（75分）

　観点②「労働・雇用」，③「社会保障」，④・⑤「言語・文化」，⑥「治安」についての意見交換を，各観点について最低10分以上の時間をとる形で行った（約52分）。それが終わった後，紙媒体で配布した資料の中にある，「まとめ」の情報を再度よく読んでもらった（約3分）[42]。その上で，モデレータが「ここまで，お手元の資料に沿って，外国人労働者を積極的に受け入れるかどうか考える際に考慮に入るであろう五つの観点，つまり『背景』『労働・雇用』『社会保障』『言語・文化』『治安』ごとに，意見交換をして参りました。ご自身の意見を述べられたり，他の参加者の意見をお聞きになったりする中で，労働力として外国人を積極的に受け入れるか，積極的には受け入れないかについて，ご自身のお考えがまとまってきたのではないかと思います。それでは，残りの20分間で，外国人労働者の受け入れについての現在のお考えを述べていただければと思います」と述べ，20分間の最終のフリーディスカッションをしてもらった。

(6)　意見交換会後調査（最大30分）

　各教室での意見交換会終了後，タブレットの置いてある大教室に戻り，タブレットを使用した意見交換会後の調査に回答してもらった。この調査で尋ねたのは，意見交換会前調査の第3部にあった質問（外国人労働者受け入れ政策に関する一連の質問群と，他者の視点取得の度合を測定する質問），及び6月MPに対する意見・感想を問う質問[43]である。

　全参加者が意見交換会後調査を終えた後，閉会のあいさつを行い，解散した。


### 3.5　ミニ・パブリックス参加者の特徴

　6月MPの参加者には，どのような特徴があるのであろうか。本項では，郵

---

42　半数のグループに渡した資料には，「まとめ」の部分に，1月CASIにおける，外国人労働者受け入れ政策に関する熟慮前から熟慮後にかけての，シナリオ選択の分布の変化が示してある（図2-4参照）。そこで，1月CASIの結果が含まれる紙媒体の資料を渡したグループでは，モデレータが「50ページ・51ページには，早稲田大学が行った世論調査で，みなさまのお手元にある資料を読む前と読んだ後とで，意見がどのように変わったかが示してあります」と発言し，注意を促した。

第 2 章　調査の概要

送調査の対象者（10000 名），回答者（10000 名のうちの 4282 名），6 月 MP への
参加の意思を示したものの実際には参加しなかった者（4282 名のうちの 392 名）
における分布との比較の視点を交えて，6 月 MP に実際に参加した 331 名の社
会的属性（性別・生年・居住地・学歴）の分布を見ていく[44]。また，郵送調査の
回答者，6 月 MP に実際には参加しなかった者と比較して，6 月 MP 参加者の
政治関心度，外国人労働者受け入れ政策に対する関心度，同政策に対する立場
の分布に何らかの特徴があるのかについて確認する[45]。

（1）　社会的属性

選挙人名簿記載情報に基づき，性別・生年・居住地の分布をまとめたのが図
2-5 から図 2-7 である。

まず性別（図 2-5）に関しては，母集団における分布を近似的に表す，無作
為抽出した郵送調査の対象者 10000 名の中での分布は，男性が 49.48%，女性
が 50.52% とほぼ半々であった。郵送調査の回答者 4282 名の中での分布は男
性が 48.93%，女性が 51.07%，6 月 MP への参加の意思を示したものの実際に
は参加しなかった 392 名の中での分布は男性が 48.21%，女性が 51.79% と，
郵送調査の対象者における分布とほぼ同じであった。これに対し，実際に 6 月
MP に参加した人の中では，男性が 55.89%，女性が 44.11% と，男性が若干多
くなっている。

次に生年（図 2-6）に関しては，「1939 年以前生まれ」「40 年代生まれ」「50
年代生まれ」「60 年代生まれ」「70 年代生まれ」「80 年代生まれ」「90 年代（95
年以前）生まれ」の七つのカテゴリに分けて，分布を見ていく。郵送調査の対

---

43　具体的には次のような質問を行った。意見交換会で自分の言いたいことを発言できたか
　　できなかったか。意見交換したグループ内で，自分が選択したのと同じシナリオを支持す
　　る人は多数派であったか少数派であったか。自分の考えをまとめるにあたり，意見交換会
　　で他の参加者から出された意見は参考になったか。他の参加者が考えをまとめるにあたり，
　　自分が出した意見は参考になったと思うか。モデレータの意見交換会の進め方に満足して
　　いるか。意見交換会に満足しているか。

44　学歴を除き，標本抽出を委託した業者から納品された，選挙人名簿記載の情報に基づく
　　分布である。

45　学歴及びこれらの政治意識は，郵送調査で測定したものである。

53

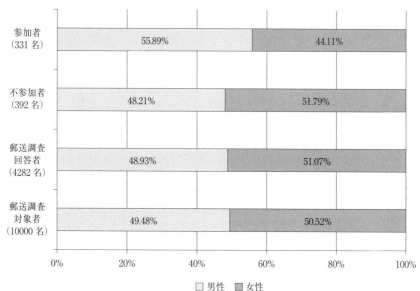

象者については，1939年以前生まれが15.18％，40年代が18.32％，50年代が15.92％，60年代が15.19％，70年代が17.15％，80年代が12.22％，90年代が6.02％となっている。これを基準とすると，回答者の分布では，1940年代から60年代生まれの割合が高い一方で，1970年代以降生まれの人の割合が低い。6月MP不参加者については，1960年代以降生まれの人の割合が低くなっているのに対し，1940年代・50年代生まれの人の割合が高い。これに対し6月MP参加者の分布を見ると，1939年以前生まれが3.63％（郵送調査の対象者における分布と比べて−11.55ポイント），40年代が23.26％（＋4.94ポイント），50年代が16.01％（＋0.09ポイント），60年代が22.66％（＋7.47ポイント），70年代が20.54％（＋3.39ポイント），80年代が10.57％（−1.65ポイント），90年代が3.32％（−2.70ポイント）となっている。つまり，基準となる郵送調査の対象者における分布と比べ，1939年以前生まれの高齢のコーホートと1980年代以降生まれの比較的若いコーホートの割合が低いのに対し，1960年代生まれを中心にそれ以外のコーホートの割合が高い。このように，6月MPの参加者の世

第 2 章 調査の概要

図 2-6 生年の分布

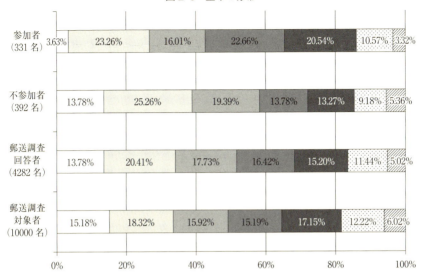

代構成は，母集団における世代構成と完全に一致しているわけではない。ただ，全体として老・壮・青の各世代から万遍なく参加者が集ったとは言えるだろう。

続いて居住地[46]（図 2-7）の分布を見ていこう。郵送調査の対象者に関しては，政令市である静岡市・浜松市の選挙人名簿に記載されていたのが順に 19.22%・21.10%，人口 20 万人以上の市（富士市）が 6.75%，人口 10 万人以上 20 万人未満の市[47]が 29.81%，人口 10 万人未満の市[48]が 16.86%，郡部[49]が 6.26% という分布であった。この対象者の分布と回答者の分布はほぼ変わらない。一方，6 月 MP 不参加者の分布は，郵送調査の対象者の分布に比べ，

---

46 正確には，2015 年秋時点で選挙人名簿に名前が記載されていた自治体である。
47 沼津市・三島市・富士宮市・磐田市・焼津市・掛川市・藤枝市・島田市。
48 熱海市・伊東市・御殿場市・袋井市・下田市・裾野市・湖西市・伊豆市・御前崎市・菊川市・伊豆の国市・牧之原市。
49 賀茂郡南伊豆町・東伊豆町・西伊豆町・河津町・松崎町・田方郡函南町・駿東郡清水町・長泉町・小山町・榛原郡吉田町・川根本町・周智郡森町。

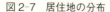

図2-7 居住地の分布

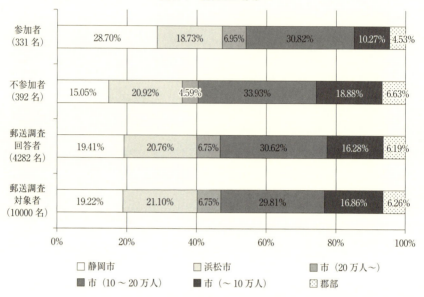

静岡市の割合が低く，人口10万人以上20万人未満の市の割合が高くなっている。そして，6月MPに実際に参加した人の分布に関しては，人口10万人未満の市が10.27％と郵送調査の対象者の分布に比べ6.59ポイント低い反面，静岡市が28.70％と9.48ポイント高い点に大きな特徴がある。その他，浜松市（18.73％，-2.37ポイント），人口20万人以上の市（6.95％，+0.20ポイント），人口10万人以上20万人未満の市（30.82％，+1.01ポイント），郡部（4.53％，-1.73ポイント）の割合は，郵送調査の対象者における割合と大差ない。この結果は，6月MPの会場（静岡大学静岡キャンパス）へのアクセスの良し悪しを反映したものと考えられる。

最後に，郵送調査で尋ねた学歴[50]の分布をまとめた図2-8には，はっきりとした特徴が現れている。6月MP参加者には高学歴者が多いということである。郵送調査の回答者の分布は，小学校／中学校が12.33％，高校が38.93％，高専／短大／専門学校が21.98％，大学／大学院が23.52％，DK/NAが3.25％であった。6月MP不参加者の分布は，郵送調査回答者の分布に比べ，高校の

第 2 章 調査の概要

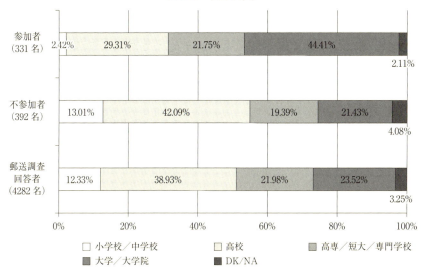

図 2-8 学歴の分布

割合が高く，その分高専／短大／専門学校と大学／大学院の割合が低いというものであった。これに対し，6月 MP 参加者の分布を見ると，小学校／中学校が 2.42％（郵送調査回答者の分布に比べ -9.91 ポイント），高校が 29.31％（-9.62 ポイント），高専／短大／専門学校が 21.75％（-0.23 ポイント），大学／大学院が 44.41％（+20.89 ポイント），DK/NA が 2.11％（-1.14 ポイント）となっている。6月 MP の参加者には，高卒以下の人が相対的に少なく，大卒以上の人が多いのである。

このように，性別・生年・居住地・学歴という社会的属性に関して，6月 MP に実際に参加した人の中での分布は，無作為抽出した郵送調査の対象者 10000 名の中での分布（≒母集団における分布）や郵送調査の回答者における分

---

50 「あなたが最後に在籍した（または，現在在籍している）学校は，この中のどれにあたりますか」という質問で，「小学校／中学校」「高等学校」「高等専門学校」「短期大学」「専門学校」「四年制大学（文系）」「四年制大学（理系）」「専門職大学院」「大学院（文系）」「大学院（理系）」の中から選んでもらった。

図2-9 政治関心度の分布

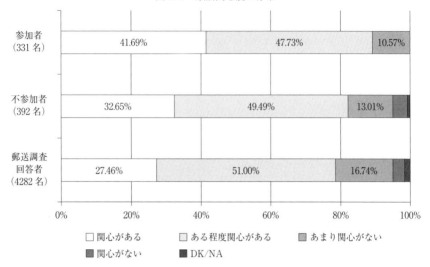

布と完全に一致するわけではない。6月MPの参加者には男性・中高年層・静岡市在住者・大卒以上の人が多いという特徴がある。

(2) 政治意識

続いて，郵送調査で尋ねた，政治関心度・外国人労働者受け入れ政策に対する関心度・同政策に対する立場を問う質問に対する回答について，郵送調査の回答者，6月MP不参加者，参加者の間での分布を見てみよう。

「あなたは，政治に関心がありますか，それともありませんか」という質問で尋ねた一般的な政治関心度の分布をまとめたのが図2-9である。この図からは顕著な傾向を見てとれる。郵送調査の回答者（27.46％）に比べ6月MP不参加者（32.65％）のほうが，不参加者に比べ参加者（41.69％）のほうが，政治に「関心がある」と答えた人の割合が高いということである。

これと同様の傾向が図2-10にも現れている。調査では，「ここに，現在の日本が直面している六つの政策課題があげてあります。あなたはaからfのそれぞれについて，どの程度関心がありますか」という質問で，a.沖縄米軍基地問題，b.参議院改革の問題，c.日本国憲法第九条の改正，d.年金制度改革，e.外国人労働者受け入れ政策，f.エネルギー政策の6項目について関心度を尋ね

第2章 調査の概要

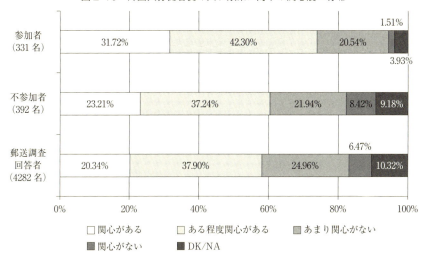

図2-10 外国人労働者受け入れ政策に対する関心度の分布

た[51]。このうち外国人労働者受け入れ政策に対する関心度をまとめたのが図2-10である。先に見た一般的な政治関心度に比べれば，どの群においても関心度は相対的に低い。しかし，「関心がある」とした割合は郵送調査の回答者が20.34%，6月MPの参加者が31.72%，「ある程度関心がある」とした割合は前者が37.90%，後者が42.30%と，やはり6月MP参加者の外国人労働者受け入れ政策に対する関心度は高いのである。

ただし，ここで注意すべき点がある。それは，外国人労働者受け入れ政策の・みに強い関心を持つ人が6月MPの場に集ったわけではないということである。より具体的に言えば，6月MPの参加者は，先に挙げた六つの政策いずれにも，高い関心を示しているのである。「関心がある」を3，「ある程度関心がある」を2，「あまり関心がない」を1，「関心がない／DK／NA」を0として，6月

---

51 先に第3節第1項で述べたとおり，六つの政策の中の一つとして，本研究で題材とする外国人労働者受け入れ政策を取り上げたのは，後に行う6月MPで扱う政策課題が外国人労働者受け入れ政策であることを，郵送調査の回答者（すなわち，6月MPに参加する可能性が潜在的にある人）に悟られないようにするためである。

59

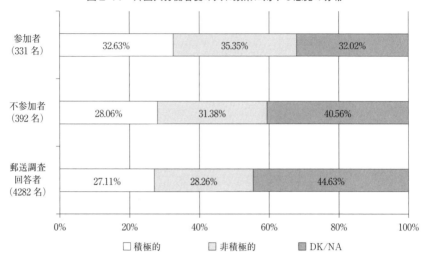

図2-11 外国人労働者受け入れ政策に対する意見の分布

MP参加者の関心度の平均をとると，沖縄米軍基地問題が2.230（標準偏差0.795），参議院改革の問題が1.779（0.992），日本国憲法第九条の改正が2.429（0.749），年金制度改革が2.619（0.637），外国人労働者受け入れ政策が2.003（0.862），エネルギー政策が2.447（0.754）となる。図2-10で示したように郵送調査の回答者と比較すれば，外国人労働者受け入れ政策に対する6月MP参加者の関心度は高いと言える。しかし，他の政策と比較すれば，外国人労働者受け入れ政策に対する6月MP参加者の関心度が高いとは言えないのである。

最後に確認するのは，外国人労働者受け入れ政策に対する意見の分布である（図2-11）。調査では，六つの政策に対する関心度に続いて，「ここに，現在の日本が直面している六つの政策課題に関する二つの意見があげてあります。二つの意見のうちあなたのお考えに近いものを，それぞれお選びください」という質問で，各政策課題をめぐる二つのシナリオのうちどちらに賛成するかを尋ねた。外国人労働者受け入れ政策に関しては，「労働力として外国人を積極的に受け入れる」と「労働力として外国人を積極的には受け入れない」のどちらに近い考えを持っているか問うた。その意見分布をまとめた図2-11を見ると，6月MP参加者の意見がどちらか一方向に偏っているということはないことが

わかる。郵送調査の回答者を基準に考えると，「積極的に受け入れる」の割合は，回答者（27.11%）に比べ6月MP参加者（32.63%）のほうが5.52ポイント高く，「積極的には受け入れない」の割合は，回答者（28.26%）に比べ参加者（35.35%）のほうが7.09ポイント高い。つまり，郵送調査の回答者に比べ6月MPの参加者には，「労働力として外国人を積極的には受け入れない」という意見に近い考えを持つ人が相対的にやや多く含まれる。しかしそれでも，6月MPの参加者の間で，二つの意見を支持する人の割合はほぼ拮抗している。

このように政治意識に関しても，6月MPの参加者における分布は，郵送調査の回答者における分布と異なる。6月MPの参加者には，政治に対する関心度・さまざまな政策に対する関心度が高いという傾向が見られる。

しかし，本研究にとって重要な意味を持つのは，少なくとも本研究で題材とする外国人労働者受け入れ政策に関しては，6月MPの参加者がとくに強い関心を持っているわけでも，積極的／非積極的のいずれかに偏った意見を持っているわけでもないということが確認されたことである。これにより，6月MPで取り上げる外国人労働者受け入れ政策に対する意識という点では，参加者は代表性を備えていると言えるからである。


# 4  10月CASI


2016年10月15日から12月23日にかけて，静岡県在住の満20歳以上の男女を対象とした，タブレットを用いたCASI形式による訪問面接調査を再度実施した（10月CASI）[52]。この10月CASIの目的は，熟議空間と公共圏を相互作用させた場合，CASI調査の回答者が一人で熟慮した結果として表明する回

---

52  1月CASIとは異なる調査会社に業務を委託したため，標本抽出の細かい方法は異なる可能性がある。ただ，層化二段無作為（系統）抽出法を採用する，平成27年版住民基本台帳人口要覧の20歳以上人口を母集団人口として，「静岡市」「浜松市」「人口20万人以上の市」「人口10万人以上20万人未満の市」「人口10万人未満の市」「郡部」の六つの層に分類する，抽出名簿として選挙人名簿のみを用いる，年齢の上限は設定しないという，抽出方法の根幹部分に関しては，1月CASIと10月CASIとで同じである。

答にいかなる影響が生じるのかを見ることにあった。

先に第3節第4項で述べたように，われわれが行った6月MPでは，意見交換する際の参考資料として内容の異なるものを配布する二つのグループを作った。一つは，専門家の助言を受けながら客観的情報に基づいて作成した資料を渡し，それをもとに意見交換してもらうグループ。もう一つは，それに1月CASIの結果（公共圏における意見の分布）を加えた資料を渡し，この調査結果も頭に入れながら意見交換してもらうグループである。こうして，公共圏と熟議空間の相互作用を生じさせないグループと生じさせるグループとを無作為に作り出すことで，公共圏における世論の分布に関する情報も含めて，複数の人々で熟議することが，参加者が表明する意見にいかなる影響を及ぼすのか測定しようとした。

10月CASIでは，これといわば対になることを行った。6月MPにおける熟議を経て表明された意見の分布に関する情報も含めて，一人で熟慮することが，回答者が表明する意見にいかに作用するのかを検証できるような設計にしたのである。具体的な調査の構成は次のとおりである（図2-12参照）。

質問項目の内容や並び順等，基本的な調査の構成は，6月MPの意見交換会前調査とほぼ同じ[53]である。このため，外国人労働者受け入れ政策に関する客観的情報を提示し，それをよく読んでもらうという部分が，調査の途中に同様にある。ただ10月CASIでは，意見交換会前調査とは異なり，その提示する情報を回答者ごとに無作為に変えるという実験的要素を盛り込んだ。具体的には，（a）グループ：われわれ研究グループが専門家の助言を受けながら客観的資料に基づいて作成した，外国人労働者受け入れ政策に関する情報[54] を提示するグループ，（b）グループ：（a）に見せた情報に，6月MPの意見交換会後調査の結果（熟議空間における意見の分布）[55] を加えた情報を提示するグルー

---

53　異なるのは，第1部において，参院選における投票参加の有無を尋ねる質問を入れた点，配偶者等と外国人労働者受け入れに関する会話をする頻度や，会話の際に自分とは異なる意見を言われる頻度を尋ねる質問を入れなかった点である。

54　これは，1月CASIで外国人労働者受け入れ政策について熟慮するグループに割り振られた回答者に見せた情報，6月MPで1月CASIの結果に関する情報が参考資料に含まれていないグループに割り振られた参加者に見せた情報と同じである。

62

第 2 章　調査の概要

## 図 2-12　10 月 CASI の構成

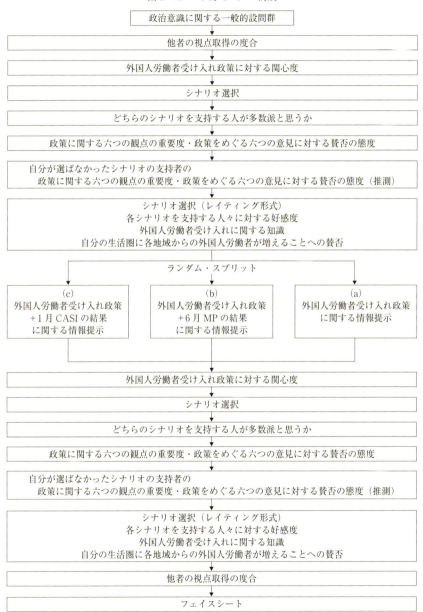

プ，（c）グループ：（a）に見せた情報に，1 月 CASI の結果（公共圏における意見の分布）を加えた情報を提示するグループという三つに，回答者を無作為に割り振ったのである。こうして，熟議空間と公共圏の相互作用を生じさせないグループと生じさせるグループとを無作為に作り出すことで，熟議空間における意見分布に関する情報も含めて一人で熟慮することの効果を測ろうとした。このように回答者を無作為に三分割するという設計を採用することから，計画標本数は 1 月 CASI よりも多い 3000[56] とした。

1 月 CASI と同様，実査を委託する調査会社の協力のもと，プレテスト[57] 及び調査員研修[58] を行った上で，10 月 15 日から調査に入った[59]。12 月 23 日の調査終了までの約 2 カ月間で 1261 件の有効回答を得ることができた（計画サンプル数に対する回収率は 42.03%）。


## 5　1 月 CASI／6 月 MP 追跡郵送調査


外国人労働者受け入れ政策に関して，一人で熟慮した 1 月 CASI の回答者や，複数人で熟議した 6 月 MP の参加者は，時間が経過した後，同政策に対してどのような態度をとるようになったのであろうか。本プロジェクトでは，熟慮／熟議の効果の持続性を測ることを目的とした追跡郵送調査を，二つの対象者に対して行った[60]。

一つは，1 月 CASI の回答者の一部である。同調査では回答終了後，秋頃に

---

55　厳密には，1 月 CASI の結果に関する情報は見せずに意見交換してもらったグループを対象とした調査の結果である。

56　地点数 120，1 地点あたり 25 サンプルである。

57　2016 年 9 月 1 日に調査員研修，14 日に調査員からの報告を受ける会を行った。

58　10 月 13 日に名古屋市で，14 日に静岡市で実施した。内容は，1 月 CASI におけるのと基本的には同じである。

59　1 月 CASI と同じく，依頼状を事前に対象者宅に送付した上で，調査員が訪問した。ただし，3 期に分けて行った 1 月 CASI とは異なり，時期を区分することなく調査を行った。なお，謝礼は 1 月 CASI と同じ（QUO カード 2000 円分）である。

60　謝礼として QUO カード 1000 円分を回答者に後日送付した。

郵送形式で追跡調査を行うことになった場合に調査票を送らせていただいてよいかどうかを問うアンケートを別途行った。回答者870名のうち，追跡郵送調査の実施に同意を示したのは530名であった。そこで，1月CASIの実施から約半年後の2016年9月，この530名に対し調査票を送付したところ，370名（69.81％）から返信があった。

　もう一つは，6月MPへの参加の意向を示した人々である。先に第3節第1項で説明したとおり，2016年3月から4月にかけて行った，6月MPへの参加意向を問う1回目のアンケートにおいて，6月MPに興味を示した人が723名いた。この723名に対し，6月MPの実施から約半年後の2017年1月，追跡郵送調査の質問票を送付したところ，567名（78.42％）の方が回答を寄せてくれた。

　これら二つを追跡郵送調査の対象としたことで，熟慮／熟議の効果の持続性の検証に必要となる，過去に熟慮／熟議していない人（統制群）の回答と，熟慮／熟議した人（実験群）の回答を得ることができた。1月CASIを出発点とする追跡郵送調査に関しては，CASI調査の途中でエネルギー政策に関する情報の提示を受け，熟慮するよう促された（つまり，外国人労働者受け入れ政策については熟慮する機会がなかった）回答者が統制群である。そして，外国人労働者受け入れ政策に関する情報の提示を受け，熟慮するよう促された回答者が実験群となる[61]。一方，6月MPへの参加意向を問う1回目のアンケートを出発点とする追跡郵送調査に関しては，このアンケートで参加の意向を示したものの，実際には6月MPに参加しなかった（つまり，複数の人々で外国人労働者受け入れ政策について熟議する機会がなかった）回答者が統制群である。そして，実際に6月MPに参加し，外国人労働者受け入れ政策に関して他の参加者と熟議した回答者が実験群となる[62]。このように，追跡郵送調査の回答者の中には，外国人労働者受け入れ政策について一人で熟慮しなかった人／した人，複

---

61　1月CASI追跡郵送調査の回答者370名のうち，統制群に該当するのが185名，実験群に該当するのが185名であった。

62　6月MP追跡郵送調査の回答者567名のうち，統制群に該当するのが258名，実験群に該当するのが309名であった。

数人で熟議しなかった人／した人が含まれる。このため，追跡郵送調査の回答について，一人で熟慮しなかった人とした人の間で比較する，複数人で熟議しなかった人とした人の間で比較することで，熟慮／熟議の機会から約半年経過した後の時点で，その効果がどの程度残存しているかを測ることができるのである。

　この追跡調査は郵送形式で行ったため，質問項目が限られてはいる。しかし，シナリオ選択（二択・11件法によるレイティング）や各シナリオを支持する人々に対する好感度，自分の生活圏に各地域からの外国人労働者が増えることへの賛否，他者の視点取得の度合等，熟慮／熟議の結果変化する可能性がある態度を問う質問は多く含まれている。このため，統制群の回答と実験群の回答を比較することで，熟慮／熟議の効果の持続性を測ることは十分にできると考えられる。

　以上，本プロジェクトが実施した一連の調査の概要を説明してきた。次章以降で，これら調査で得られたデータの分析結果を紹介する。

# 第3章　ミニ・パブリックスにおける発話の分析

千葉 涼・日野 愛郎

## 1　はじめに：ミニ・パブリックスにおける発話量と態度変化

### 1.1　ミニ・パブリックスにおける発話量

　熟慮は個人の頭の中で行われるのに対し，熟議は他者とのコミュニケーションを伴う。これが両者の最大の相違点である。それゆえ熟慮と熟議を対比して分析するならば，そうしたコミュニケーションの中でどのような言葉が交わされたかに注目することが重要である。そこで本章では，ミニ・パブリックスにおける発話を文字起こししたテキストデータを用いて，参加者の発話量および発話内容と態度変化との関連について述べる。

　このテキストデータは，本研究プロジェクトで実施した意見交換会（以下「MP」と略称）の参加者およびモデレータの発話を省略せずに文字起こししたものであり，以下に挙げる例のように，話者が言葉を選んでいる部分や，「うん」「そうそう」といった相槌も記録されている。

　　「もう1人でどこでも行って，友達連れて来て。だからあの，そう，英語をしゃべれる奥さんが，『すごい。言葉なんて要らないんだね』って言うんだけど，そういう感覚を日本人全員が持てばいいんだよね。だからやっぱ，海外のお友達いっぱいいます」

図 3-1　グループごとの発話回数のヒストグラム

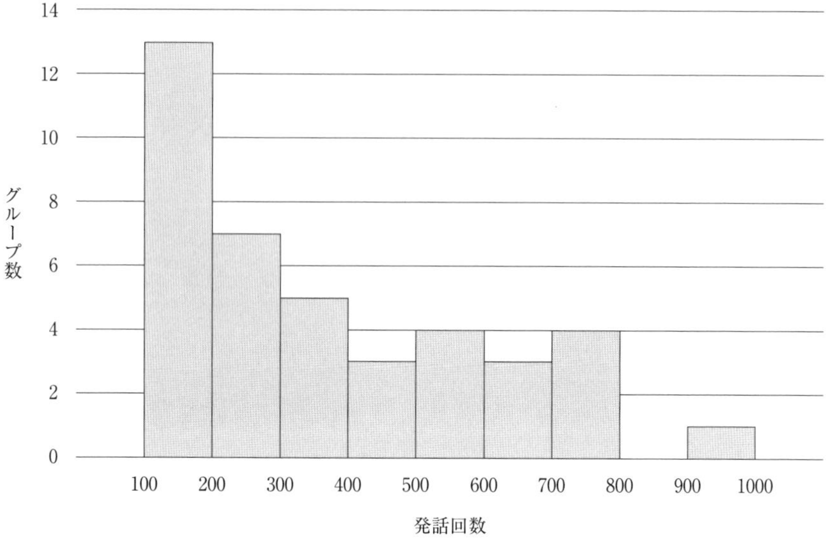

「うん。うん」

「『え，そんな人とお酒飲んだの？』とか言うんだけど。うん。何なんでしょうね」

　このテキストデータに基づいて，まずは MP においてどれほどの発話がなされたかを確認しておきたい。図 3-1 と図 3-2 は，MP で分けられた 40 グループの発話回数および発話文字数を示したものである。このテキストデータは一つ一つの発話を単位として区切っているため，そもそも発話が少なかったグループ，あるいは一つの発話で多くの内容を長々と語る参加者がいたグループでは発話回数が少なくなり，逆に参加者同士が会話を始めるなどして短い発話が数多くなされたグループでは発話回数が多くなる。このため，発話回数は最小 106 回から最大 908 回まで幅広い値をとった。一方，MP 1 回あたりの所要時間は一定であるため，少数の長い発話があろうと，多数の短い発話があろうと，トータルでの発話文字数はそれほど大きく変わることがないと考えられる。

68

第 3 章 ミニ・パブリックスにおける発話の分析

図 3-2 グループごとの発話文字数のヒストグラム

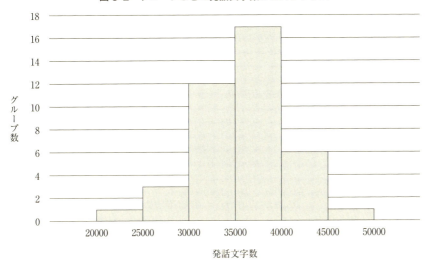

実際に，発話文字数は最小 24806 文字から最大 47321 文字という幅に収まり，発話回数ほどの開きは見られなかった。

次に，どのような参加者が活発に発話したのかを見ておこう。表 3-1 から表 3-3 は，参加者の性別，年代，学歴ごとに発話回数や発話文字数の平均値を示したものである。まず性別では，男性のほうが女性よりも発話量が多いことがわかる。次に年代では，40 代が例外であるものの，年代が上がるほど発話量が多くなるという傾向が見られる。最後に学歴では，小学校／中学校の発話量が最も多く，次いで大学／大学院，高校，高専／短大／専門学校という順になる。第 2 章で示されたように参加者には高学歴者が多かったのだが，発話量という点では学歴の高い参加者ほど活発に発話したという傾向は必ずしも見られなかった。

### 1.2 発話量と態度変化の関連

前項では，MP における発話量を概観した。続いて本項では，そうした発話量と，参加者の態度すなわち外国人労働者受け入れ問題に関するシナリオ選択

表 3-1　性別ごとの平均発話量

|  | 男性（N=185） | 女性（N=146） |
| --- | --- | --- |
| 平均発話回数 | 50.62 | 37.79 |
| 平均発話文字数 | 5171.88 | 3389.60 |

表 3-2　年代ごとの平均発話量

|  | 20代<br>（N=21） | 30代<br>（N=47） | 40代<br>（N=72） | 50代<br>（N=62） | 60代<br>（N=81） | 70代〜<br>（N=48） |
| --- | --- | --- | --- | --- | --- | --- |
| 平均発話回数 | 32.38 | 36.68 | 34.65 | 45.45 | 54.33 | 57.58 |
| 平均発話文字数 | 3499.38 | 3957.66 | 3573.06 | 4472.37 | 4827.35 | 5554.58 |

表 3-3　学歴ごとの平均発話量

|  | 小学校／中学校<br>（N=8） | 高校<br>（N=97） | 高専／短大／専門学校<br>（N=72） | 大学／大学院<br>（N=147） |
| --- | --- | --- | --- | --- |
| 平均発話回数 | 54.38 | 42.73 | 41.51 | 47.55 |
| 平均発話文字数 | 4941.25 | 4235.80 | 3703.22 | 4785.62 |

との関係をまとめていきたい。具体的には，発話量と MP 前後におけるシナリオ選択の変化との関係，グループ内で特定の立場からの発話量が増えることによるシナリオ選択への影響，自身の選択が少数派だという認識と発話量との関係，といった点を検討していく。

　まずは発話量とシナリオ選択の関係を検討する。ここで想定されるのは，発話量が多い参加者ほど自身の立場が明確でシナリオ選択は変化しにくく，逆に発話量が少ない参加者は他の参加者の発話から影響を受けてシナリオ選択が変化しやすいという関係である。表 3-4 と表 3-5 は，MP 前後におけるシナリオ選択と発話量をまとめたものである。「労働力として外国人を積極的に受け入れる」というシナリオ A（以下「賛成シナリオ」と記す）および「労働力として外国人を積極的には受け入れない」というシナリオ B（以下「反対シナリオ」と記す）の選択と発話量の関係は，MP 前後であまり変化が見られない。またシナリオ間の比較では，発話回数は反対シナリオ選択者のほうが多いが，発話文字数を見るとシナリオ間での差はほとんどない。一方 DK/NA に注目すると，

70

第3章　ミニ・パブリックスにおける発話の分析

表 3-4　事前アンケートにおけるシナリオ選択と発話量

| シナリオ選択（事前） | 賛成シナリオ選択<br>（N = 131） | 反対シナリオ選択<br>（N = 113） | DK/NA<br>（N = 68） |
|---|---|---|---|
| 平均発話回数 | 43.65 | 49.51 | 44.47 |
| 平均発話文字数 | 4587.04 | 4550.27 | 4082.06 |

表 3-5　事後アンケートにおけるシナリオ選択と発話量

| シナリオ選択（事後） | 賛成シナリオ選択<br>（N = 142） | 反対シナリオ選択<br>（N = 148） | DK/NA<br>（N = 41） |
|---|---|---|---|
| 平均発話回数 | 40.23 | 49.49 | 27.13 |
| 平均発話文字数 | 4443.47 | 4532.33 | 3656.63 |

　事後アンケートのシナリオ選択で DK/NA と答えた回答者は，MP において発話量が少なかったことがわかる。また表 3-6 は，事前→事後におけるシナリオ選択のパターンと発話量をまとめたものである。傾向としては，事前と事後でシナリオ選択が変化しなかった参加者のほうがシナリオ選択が変化した参加者よりも発話量が多く，また事後のシナリオ選択で反対シナリオを選ぶことになる参加者のほうが発話量が多かったことがわかる。ただし，シナリオ選択が変化した参加者と変化しなかった参加者の間における発話量の平均値の差は，統計的に有意なものではなかった（発話回数が $p = .53$，発話文字数が $p = .18$）。それ以外には，事前と事後で反対シナリオから賛成シナリオに変化した参加者は，MP における発話量が際立って少ないという結果が現れた。

　次に，グループ内において特定のシナリオを選択した参加者による発話が多い場合にどのような影響が生じるかを検討しておきたい。集団極化の観点からすれば，グループ内での発話量が，事前アンケートで特定のシナリオを選んだ参加者によるものに偏るほど，そのグループの参加者は事後アンケートで当該シナリオを選びやすくなるという影響が考えられる。そこでグループごとに，事前アンケートで賛成シナリオを選択した参加者の合計発話回数および合計発話文字数と，反対シナリオを選択した参加者の合計発話回数および合計発話文字数の差をとり（値が正の場合は賛成シナリオ選択者に発話量が偏っており，値が負の場合は反対シナリオ選択者に発話量が偏っていることを示す），事前→事後に

表 3-6　シナリオ選択のパターン（事前→事後）と発話量

| シナリオ選択のパターン（事前→事後） | 平均発話回数/平均発話文字数 |
|---|---|
| 賛成→賛成（N＝107） | 42.27/4669.03 |
| 反対→反対（N＝90） | 53.37/4801.04 |
| DK/NA→DK/NA（N＝22） | 43.45/3462.82 |
| シナリオ選択の変化しなかった参加者全体（N＝219） | 47.00/4602.11 |
| 賛成→反対（N＝17） | 51.35/4440.12 |
| 反対→賛成（N＝13） | 26.15/3197.69 |
| 賛成→DK/NA（N＝7） | 44.43/3690.43 |
| 反対→DK/NA（N＝10） | 45.20/4051.60 |
| DK/NA→賛成（N＝16） | 42.25/4328.94 |
| DK/NA→反対（N＝30） | 46.40/4404.50 |
| シナリオ選択の変化した参加者全体（N＝93） | 43.48/4137.62 |

おけるシナリオ選択の変化（反対→賛成とDK/NA→賛成を賛成への変化，賛成→反対とDK/NA→反対を反対への変化，それ以外を変化なしとする）で分類して平均値を比較した（図3-3，図3-4）。その結果，参加していたグループの発話量が特定のシナリオ選択者に偏るほど，事後におけるシナリオ選択が偏った側に変化しやすいという傾向が見られたものの，シナリオ選択の変化のパターン間で統計的に有意な差は見られなかった（発話回数が $p=.92$，発話文字数が $p=.93$）。

　最後に，グループ内での少数派認識と発話量の関係を検討したい。自身がグループ内で少数派であると認識した参加者ほど発話量が少なくなることが考えられるためである。自身のシナリオ選択がグループ内で多数派であったと思うかを尋ねた変数（「1. 多数派だったと思う」から「5. 少数派だったと思う」まで）と平均発話回数および平均発話文字数との関係（図3-5，図3-6）を見ると，自身が多数派だと強く認識している参加者は発話量が多く，逆に自身が少数派だと強く認識している参加者は発話量が少ないという傾向は見られるものの，統計的に有意な差は見られなかった（発話回数が $p=.18$，発話文字数が $p=.11$）。

　以上をまとめると，MPにおける発話量とシナリオ選択の間には，想定された関係性（発話量が少ない参加者ほどシナリオ選択が変わりやすい，発話量が偏ったグループではシナリオ選択が偏った側に変化しやすい，自身を少数派だと感じた参加者は発話量が少なくなる）が傾向として見られはするものの，いずれも統計的に有意な結果ではなかった。つまり，MPにおける発話が参加者に及ぼす影

第 3 章　ミニ・パブリックスにおける発話の分析

図 3-3　発話回数の偏りとシナリオ選択の変化

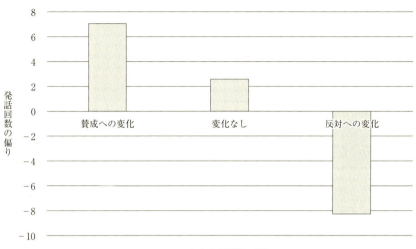

図 3-4　発話文字数の偏りとシナリオ選択の変化

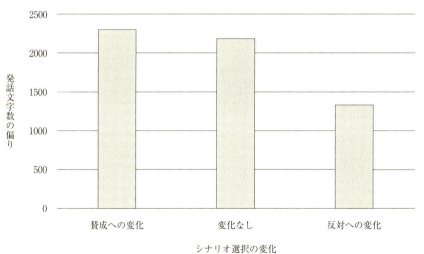

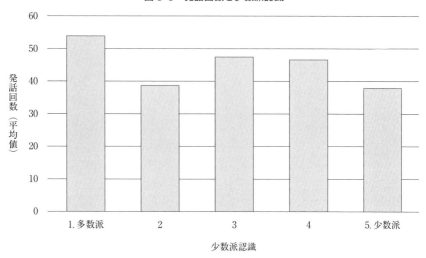

図 3-5　発話回数と少数派認識

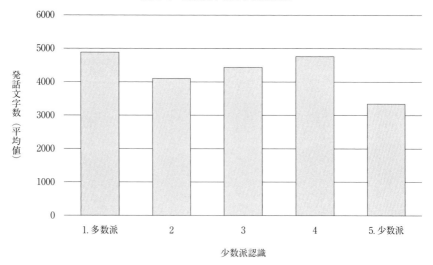

図 3-6　発話文字数と少数派認識

響は確認できなかったということである。しかし，こうした影響を検証するにあたっては，単に発話の量に注目するだけでなく，その内容にも目を向ける必要があるだろう。そこで次節では，MP においてどのような内容が語られたのかを質的に分析していく。

## 2　発話内容の分析

　ここまでの MP における発話と態度変化に関する分析は，主に発話のテキストを量的に分析したものであった。ここから先は，発話内容を質的に分析し，外国人労働者問題に関する観点ごとの討論の前後で理由付け（reason-giving）の発話がどのように変化したかを比較し，さらには，態度変化との関係について吟味したい。そのためには，発話内容をどのように分類するかを検討しなければならない。ところが，熟議の内容を質的に分類するには相応の時間と労力を要するため，40 組すべてについて分析をすることが物理的にも時間的にも許されなかった。そこで，分析対象とするグループを選定することにした。以下では，分析対象とするグループをどのように選定するかについて示した上で，分類のために設定したコーディングカテゴリと信頼性検定について記す。

### 2.1　分析対象グループの選定
　先行研究にならい，本章では以下で態度変化が大きいグループの発話内容と態度変化が小さいグループの発話内容を比較する。そのため，熟議前と熟議後の態度変化の平均値をグループごとに算出し，最も大きいグループと最も小さいグループを選定する。Ugarrizza and Caluwaerts（2014）は参加者が各自の意見を正当化・理由付けできている度合が高いグループほど態度変化が起こりやすいことを指摘している。本項では，この知見をもとに，態度変化の大小を基準にグループを抽出する。
　グループ間での比較可能性を最大限確保するため，グループの選定にあたっては二つの基準を設ける。一つは，同一のモデレータのグループ同士を比較するという基準である。本プロジェクトでは，MP の開催にあたり，事前にレク

表 3-7　対象グループの選定

| モデレータ ID | 世論調査結果 | グループ数 | 好感度の変化 | | | | | |
|---|---|---|---|---|---|---|---|---|
| | | | 最大 | | 最小 | | 最大マイナス最小 |
| 第 1 | なし | 8 | 19 日午後 | 0.33 | 18 日午前 | −0.96 | 1.29 |
| 第 2 | なし | 8 | 26 日午前 | 1.17 | 18 日午前 | −0.67 | 1.83 |
| 第 3 | あり | 8 | 26 日午前 | 1.00 | 25 日午前 | −0.06 | 1.06 |
| 第 4 | あり | 8 | 19 日午前 | 0.92 | 26 日午後 | −0.42 | 1.33 |
| 第 5 | なし | 4 | 18 日午後 | 0.75 | 25 日午後 | 0.25 | — |
| | あり | 4 | 18 日午前 | 1.17 | 25 日午前 | −0.29 | — |

チャーを受けた 5 名のモデレータに各グループの司会役を委託した。司会・進行の段取りについては，15 頁以上のモデレータガイドを作成し，モデレータ間の差が生じないよう細心の注意を払った。しかし，モデレータの生来的な違い（性別・年齢等）までは統制しておらず，何らかのモデレータ効果が生じる可能性を否定することはできない。そのため，同一モデレータが担当したグループの中で最も意見変化が大きいグループと最も意見変化が小さいグループを比較するという基準を設けた。

　もう一つは，提示される資料の内容が同じグループ同士を比較するという基準である。第 2 章で示された通り，MP のグループは事前に行われた静岡県民を対象とした世論調査（1 月 CASI）の結果を資料の一部として提示する群と提示しない群に分けられた。資料の内容の違い（世論調査の結果に関する情報の有無）によって発話内容が異なる可能性があるため，資料に世論調査結果がある群とない群に分けてグループを選定する。

　上記二つの基準をもとに以下の通り分析対象とする 8 グループを選定した（表 3-7 参照）[1]。まず 5 名のモデレータのうち 2 名（第 1，第 2 モデレータ）は，資料に世論調査の結果を含まないグループを担当した（それぞれ 6 月 18・19・25・26 日の午前・午後の計 8 グループ）。そこで，この 2 名について，態度変化（好感度の変化）の平均値が最も大きかったグループと最も小さかったグループの差を算出し，差がより大きかった第 2 モデレータが担当した 8 グループの中

1　他の条件を可能な限り一定に保ちつつ対照的なケースを選択する方法は，事例選択における「統制された比較（controlled comparison）」（George and Bennett 2005）に基づく。

で好感度の変化の平均値が最も大きかったグループと最も小さかったグループ
の二つを選定した。5名のモデレータのうち他の2名（第3，第4モデレータ）
は，資料に世論調査の結果を含むグループを担当した。ここでも同様に，態度
変化の差が大きい第4モデレータが担当した8グループのうち最も好感度の変
化が大きいグループと最も好感度の変化が小さいグループを選定した。残り1
名のモデレータ（第5モデレータ）は，資料に世論調査の結果を含まない4グ
ループと含む4グループの計8グループを担当していた。この第5モデレータ
に関しては，資料に世論調査結果を含まない4グループの中から，最も好感度
の変化が大きかったグループと最も好感度の変化が小さかったグループの二つ
を選定し，資料に世論調査結果を含む4グループの中から，最も好感度の変化
が大きかったグループと最も好感度の変化が小さかったグループの二つを選定
した[2]。以上，合計で8グループを選定した。

## 2.2 分類カテゴリと信頼性検定

　次に，MPにおける発話の質をどのように測定するか。今回の分析では，熟
議の質を測定するために用いられる二つの枠組みを参照する。一つめの枠組み
は，Steenbergen et al.（2003），Steiner et al.（2004）によって考案されたDQI
（Discourse Quality Index）という指標である。DQIは，本来は議会などにおけ
るスピーチの質を測定するための指標であり，「参加（participation）」「正当化
のレベル（level of justification）」「正当化の内容（content of justification）」「敬
意の表明（respect）」「建設的議論（constructive politics）」という五つの側面に
分けられる。そしてもう一つは，DQIの発展版をDQI 2.0として定式化した
Bächtiger et al.（2009）が用いた「物語（story-telling）」という枠組みである。
これはBächtigerらが旧来のDQIに付け加える形で提示したものであり，個
人的な経験や具体的なシチュエーションが語られているか否かに着眼する。
DQIが理由付けに象徴される理性的な熟議や論証の質を作業化したのに対し

---

2　これにより，最も態度変化が大きかった2グループの比較，ないし最も態度変化が小さ
　かった2グループの比較を通して，公共圏の意見分布の有無が発話内容の違いに結びつい
　ているかを検証することが可能になると考えられる。

て，「物語」は他者との共感を醸成するといったことが期待される多様なコミュニケーションの取り方を作業化したものである（Young 2000）。

　以上の枠組みに沿って MP における発話のテキストデータを分析していくことになるが，これらの先行研究で分析対象としている議会での発言と，今回の分析で対象とする MP での発言は性質が異なるものである。議会での発言の場合は，あらかじめ順番や内容が準備されているのに対して，MP においてはとくに発言の順番や形式などが決められているわけではなく，複数の話者による発言が重なる場合や，話者同士が短い言葉でやりとりする場合もある。また，事前に語る内容が用意されているわけでもないため，発言の意味内容が必ずしも一貫しているとも限らない。そのため，ある程度のまとまりを持つ議会での発言を対象とする先行研究の枠組みをそのまま用いることは適切ではないだろう。そこで今回の分析では，対象とするデータの性質とコーディングの信頼性に鑑み，先行研究の枠組みを土台としつつ，分類のカテゴリは新たに設定して分析を行う。以下，今回の分析におけるコーディングカテゴリについて説明していく。

　まず DQI における「参加」であるが，これは先行研究と同様に発言が阻害されているか否かを見る。ただし MP においては，複数人でのやりとりの場合など，発言が言いきられていないことも多い。このような場合，発言が阻害されていると判断するのは適切ではないだろう。したがって，ある発言が途中で終わっているかどうかを直接見るのではなく，ある発言が直前の発言を遮る言葉（「ちょっと待ってください」や「あなたは黙っていてください」など）で始まっているか否かを見ることとした。ある発言にこのコードが割り当てられた場合，その直前の発言に参加が阻害されたというコードを割り当て直すのである。なお，後述するように本章で分析対象とした MP においてはこうした発言の阻害行為は見られなかったため，結果的には，この変数がコーディングされることはなかった。

　次に，ある意見を述べる際の「正当化のレベル」であるが，先行研究では「（0）意見だけを述べている」「（1）理由を添えて意見を述べている」「（2）根拠のある理由を添えて意見を述べている」「（3）根拠のある理由を複数添えて意見を述べている」という 4 段階でのコーディングとなっている。しかし MP

第3章　ミニ・パブリックスにおける発話の分析

における発言は相槌などで中断させられることがあり，「意見」「理由」「根拠となるデータ」が同一の発言内に存在しない場合がある。したがって先行研究での4段階をそのまま用いるのではなく，「意見（賛成／反対シナリオへの立場）を述べているか」「自身がある立場をとる理由を述べているか」「理由の根拠となるデータ（配布資料および世論調査の結果）に言及しているか」を個別に判断することとした。理由がある場合とそうでない場合，それぞれ該当する発言は以下のようなものである。

　　「まあ，あの，やっぱり入れないほうがいいと思います，はっきり言えば」

　　「あ，えーと僕は，そうですね。この，積極的に受け入れる，受け入れない，最初はどちらでもない。で，今も，どちらでもないです。まあ，うーん，ただ自分の気持ちは度外視して，ま，今ある問題と問題を，まあ，短期的に解決するという意味では，外国人労働者を受け入れるしかないのかなっていう気はしますけど，結局，出生率の問題に，僕，キキャクと思うんで，それが解決しちゃったら，また今度は，受け入れちゃった外国人をどうするのか，ま，それが絶対出てきますので，まあ，どっちもどっちかなというのがあります。そんな感じです」（発話データの原文ママ）

前者の発言は，「（外国人労働者を）入れないほうがいい」という自身の立場だけを述べている。一方後者の発言では，「どちらでもない」という自身の立場を述べるだけでなく，そのような立場をとる理由まで述べている。さらに，

　　「皆さん，何となく僕と同じようなイメージということで，で，このシナリオBの，『労働力として外国人を積極的に受け入れない』に賛成が52％，ま，そういう職種の人が，反対に賛成したのかっていうのがイメージでありました」

上記の発言は，資料に記載された世論調査の結果に言及しながら，自身の立場と世論との関係性について述べており，根拠となるデータに言及している。

「正当化のレベル」に関する変数ではこうした発言をコーディングしていくことになる。

　続いて意見を述べる際の「正当化の内容」は，本来「(0) 特定グループの利害に基づく正当化」「(1) 特定グループの利害にも共通善にも基づかない正当化」「(2a) 功利主義的な共通善に基づく正当化」「(2b) 功利主義とは異なる原理での共通善に基づく正当化」というカテゴリである。しかしこの分類において，「何をもって共通善とするか」「何をもって功利主義的とするか」といった点を定義し，それをコーダーと共有することはきわめて困難である。そこで今回の分析ではまず，外国人労働者を受け入れることによって発生する「企業にとってのメリット／デメリット」「日本人および日本社会にとってのメリット／デメリット」「外国人にとってのメリット／デメリット」を述べているか否かという3変数を設定し，それぞれを「特定グループの利害」「功利主義的な共通善」「功利主義以外の原理での共通善」として扱うことを検討した。しかしコーダーのトレーニングを通じて分類の基準を共有することが困難であったため，やはり結果的には，この変数は除外することとなった。

　続いて「敬意の表明」は，先行研究では「(0) 他グループへの明確にネガティブな発言がある」「(1) 他グループへのネガティブな発言もポジティブな発言もない」「(2) 他グループへの明確にポジティブな発言がある」の3段階であるが，ネガティブな発言とポジティブな発言が同時に出現する可能性を考慮し，今回の分析では「他の参加者に対するネガティブな発言（意見の否定や暴言など）の有無」と「他の参加者に対するポジティブな発言（意見の肯定や賞賛など）の有無」を別個にコーディングすることとした。「他の参加者に対するポジティブな発言」とは次のような例を指す。

　　「私もその意見に大体賛成です。今の方の意見，○○さんの意見」（伏字は
　　個人情報）

この発言では，他の参加者が述べた意見に対して同意を示しており，こういった発言を「他の参加者に対するポジティブな発言」としてコーディングしていく。一方「他の参加者に対するネガティブな発言」は，後述のとおり今回の

MP では該当する発言が出現しなかった。

次に「建設的議論」であるが，これはもともと異なる意見の調停を試みているかどうかを見る変数であり，先行研究では「(0) 妥協，調停，合意形成の意思がない」「(1) 議題とは直接関係のない折衷案を提示している」「(2) 議題に関係のある折衷案を提示している」という3段階のカテゴリを持つ。しかし今回の MP で提示されるシナリオは，「外国人労働者を積極的に受け入れる」または「外国人労働者を積極的には受け入れない」という二つであり，この二択から折衷案や第3のシナリオを提示することは困難である[3]。したがって今回の分析では，「各シナリオのメリットとデメリットを対比しているか」という点をコーディングしていくことを試みた。しかしこの変数も，各発言における複雑なロジックを読みとっていくという作業の性質上，トレーニング中にコーダー間での一致が見られずに除外することとなった。

最後に個人的な経験や具体的なシチュエーションを示して語る「物語」については，「話者自身の個人的な体験を語っているか」「話者の身の周りにいる人物の体験を語っているか」という二つの変数を設けた。具体的には，次のような発言である。

「で，普通に買い物へ行けますよ，私たち。で，そうすると，『あ，日本人だ』っていって，日本語で対応してくれますので。あ，床屋さんとかもある，普通に。○○人，2つ，あります。かっこいいお兄ちゃんが切っていますね，○○人の」

「あの，直接じゃないんですけどね，知り合いの人が，あのー，ろう，えーと，外国の人を雇ってる人の話，聞きましたらね，『どうですか』って

---

3 たとえば「労働力不足をどのように解消するか」という問いに対して「外国人労働者を受け入れる」または「女性や高齢者の雇用を促進する」という「A か B か」の二択が提示されているのであれば，「ロボット技術を活用する」という第3のシナリオを提示することができる。しかし今回のシナリオ選択は「積極的に受け入れる」または「積極的には受け入れない」という「A か not A か」の二択であるため，第3のシナリオや折衷案を出すことが困難なのである。

聞きましたら，東南アジアか南米か，ちょっとどちらか分からないんです
けどね，『あんまりよくない』って言うんですよ。で，『どういうふうによ
く，よくないのか』って言ったら，結局，日本人に比べてまじめでないと。
えー，ちゃんとこう，仕事をね，あのー。まあ，仕事が，あのー，土木の
ような感じの仕事なんですけどね。に，日本人の方がまじめだと。あのー，
時間的な，そういうことも含めてかも分かりませんけども，そういうのは，
聞いたこと，あります」

前者の発言は，話者自身が日常の生活で外国人労働者と接した体験を述べてい
る。一方後者の発言は，話者の身の回りにいる知り合いの体験したことを述べ
ている。なお，「架空かつ具体的なシチュエーションを想定して語っているか」
という変数も検討したが，コーダー間での一致が見られなかったためトレーニ
ングの段階で除外した。

　以上の諸変数に加え，外国人労働者受け入れ問題に関する六つの観点（背景，
労働・雇用，社会保障，言語，文化，治安）に言及しているか否かを見る6変数
を設けてコーディングのマニュアルとした（章末付録参照）。今回の分析ではこ
のマニュアルに基づいて，筆者二人のうち1名と外部のコーダー[4]の2名によ
って同じデータをコーディングし，信頼性検定を実施した。信頼性検定をする
ためのデータは，分析対象ではないグループ（世論調査結果の提示あり）を無作
為に選び，そこからMPの進行における八つのパート（フリーディスカッショ
ンにおける外国人労働者へのイメージ，同じくフリーディスカッションにおける外
国人と接した経験，背景，労働・雇用，社会保障，言語・文化，治安，まとめのフ
リーディスカッション）に沿って各パートの発言を抽出したものを用いた。な
お，MPにおける発言は前後の文脈が重要であるため，発言は無作為にではな
く各パートの冒頭から20件（モデレータの発言は除く）を抽出し，20発言に満
たないパートは全発言を抽出した。そしてこの手続きを，コーダーへのフィー
ドバックを経ながら4回繰り返し[5]，コーダー間での判断の一致度から，信頼
性係数 $\alpha$（Krippendorff 2012; Hayes and Krippendorff 2007）を算出した。各回

---

4　永井健太郎氏（早稲田大学）に協力していただいた。記して謝意を表する。

第3章　ミニ・パブリックスにおける発話の分析

表3-8　信頼性検定の結果

| 変数名 | 第1回 | 第2回 | 第3回 | 第4回 | 通算 |
|---|---|---|---|---|---|
| 1-1. 背景 | 0.730 | 0.676 | 0.850 | 0.584 | 0.712 |
| 1-2. 労働・雇用 | 0.662 | 0.521 | 0.607 | 0.646 | 0.616 |
| 1-3. 社会保障 | 0.886 | 0.834 | 0.650 | 0.825 | 0.796 |
| 1-4. 言語 | 0.740 | 0.739 | 0.536 | 0.772 | 0.704 |
| 1-5. 文化 | 0.498 | 0.950 | 0.785 | 0.582 | 0.683 |
| 1-6. 治安 | 0.730 | 0.822 | 0.550 | 0.663 | 0.706 |
| 2. 発言の阻害 | — | — | — | — | — |
| 3. シナリオへの立場 | 0.616 | 0.739 | 0.904 | 0.836 | 0.786 |
| 4. 立場の理由 | 0.594 | 0.828 | 0.793 | 0.770 | 0.757 |
| 5. 資料への言及 | 0.793 | 0.861 | 0.865 | 0.770 | 0.822 |
| 6. 世論調査結果への言及 | 0.494 | 1.000 | — | — | 0.712 |
| 7. 他者へのポジティブな発言 | — | — | — | — | — |
| 8. 他者へのネガティブな発言 | — | — | — | — | — |
| 9. 自身の体験談 | 0.672 | 0.801 | 0.663 | 0.778 | 0.736 |
| 10. 他人の体験談 | 0.659 | 0.590 | 0.746 | 0.389 | 0.596 |

注：数値がない箇所は出現数が3未満と極めて少なかった。

の検定結果および通算での検定結果は表3-8のとおりである。

実は，検定に用いたグループごとに発言の仕方に差異があり，検定結果は必ずしも一貫してはいない。その中で，通算で必要な信頼性係数の値（$\alpha > 0.67$）に到達したのは「1-1. 背景」「1-3. 社会保障」「1-4. 言語」「1-5. 文化」「1-6. 治安」「3. シナリオへの立場」「4. 立場の理由」「5. 資料への言及」「6. 世論調査結果への言及」「9. 自身の体験談」であった。そのため，本章ではこれらの変数を用いて分析を行うこととする。一方，「1-2. 労働・雇用」「10. 他人の体験談」は必要な係数に到達せず，また「2. 発言の阻害」「7. 他者へのポジティブな発言」と「8. 他者へのネガティブな発言」はそもそも該当する発言がきわめて少なかったため，これらの変数は分析から除外することとした。

---

5　十分なコーダー間の信頼性が得られるまで繰り返した。4回行っているが，各回分析対象でないグループを無作為に選んでいるため，毎回新しいグループをもとに検定した。

表 3-9　8 グループの

| グループ | モデレータ ID | 世論調査結果 | グループ ID | v 1-1 背景 | v 1-3 社会保障 | v 1-4 言語 | v 1-5 文化 | v 1-6 治安 |
|---|---|---|---|---|---|---|---|---|
| 1 | 第 2 | なし | 26 日午前第 2 | 12 | 12 | 8 | 24 | 13 |
| 2 | 第 2 | なし | 18 日午前第 2 | 7 | 19 | 15 | 24 | 14 |
| 3 | 第 4 | あり | 19 日午前第 4 | 9 | 60 | 32 | 27 | 22 |
| 4 | 第 4 | あり | 26 日午後第 4 | 7 | 9 | 11 | 13 | 4 |
| 5 | 第 5 | なし | 18 日午後第 5 | 48 | 36 | 17 | 30 | 47 |
| 6 | 第 5 | なし | 25 日午後第 5 | 13 | 15 | 14 | 25 | 11 |
| 7 | 第 5 | あり | 18 日午前第 5 | 14 | 10 | 21 | 11 | 12 |
| 8 | 第 5 | あり | 25 日午前第 5 | 8 | 12 | 17 | 11 | 8 |

# 3　コーディング結果と考察

　上述した発話内容の分類項目をもとにして，選定した 8 グループをコーディングした。表 3-9 は 8 グループのコーディング結果をまとめたものである。以下では，観点ごとに熟議することを通して理由付けによる論証がどのように変化したか，そして，理由付けの発話の特徴が態度変化にどのように結びついているかを順に考察したい。

## 3.1　観点ごとの熟議と理由付け

　MP では，既述の通り，自己紹介の後に 25 分前後のフリーディスカッションがあり，その後合計 75 分かけて背景，労働・雇用，社会保障，言語，文化，治安に関する観点ごとの熟議があり，あらためて 20 分前後でまとめのフリーディスカッションという順序で進行した。各観点，最低でも 10 分以上の時間をかけて，外国人労働者受け入れ政策のメリットとデメリットについて議論してもらった。観点・パースペクティブごとの議論を経て，参加者の正当化・理由付けが増えることが期待されよう。

　図 3-7 は 8 グループそれぞれの観点ごとの熟議前後の正当化・理由付け行為

第3章　ミニ・パブリックスにおける発話の分析

コーディング結果

| v 2 | v 3 | v 4 | v 5 | v 6 | v 7 | v 8 | v 9 | v 10 |
| --- | --- | --- | --- | --- | --- | --- | --- | --- |
| 発言の阻害 | シナリオへの立場 | 立場の理由 | 資料 | 世論調査 | ポジティブ | ネガティブ | 自身の体験談 | 他人の体験談 |
| 0 | 13 | 11 | 12 | 0 | 6 | 0 | 21 | 3 |
| 0 | 21 | 12 | 6 | 0 | 1 | 0 | 42 | 2 |
| 0 | 9 | 6 | 33 | 1 | 6 | 0 | 24 | 2 |
| 0 | 7 | 4 | 15 | 6 | 3 | 0 | 12 | 4 |
| 0 | 8 | 5 | 37 | 0 | 13 | 0 | 37 | 3 |
| 0 | 9 | 5 | 19 | 0 | 2 | 0 | 13 | 3 |
| 0 | 7 | 3 | 29 | 2 | 0 | 0 | 15 | 4 |
| 0 | 10 | 7 | 26 | 5 | 4 | 0 | 16 | 3 |

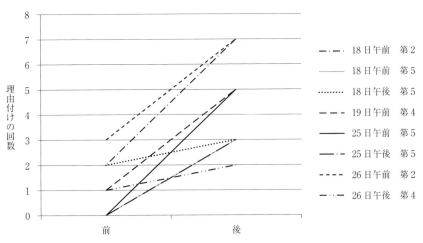

図 3-7　観点ごとの熟議を経た正当化・理由付け行為の変化

の変化を示している。同様に図3-8はそれぞれの観点ごとの熟議前後の立場表明の回数を示している。いずれの図においても，観点ごとの熟議の前後で立場の表明の発話，ならびに理由付けの発話の回数が増えていることが示されている。立場の表明の平均回数は，観点ごとの熟議前が1.63回であるのに対し，熟議後が7.13回と有意に増えている（F値=39.63；p<.001）。また，理由付けの平均回数も，観点ごとの熟議前が1.13回であるのに対し，熟議後が4.38回

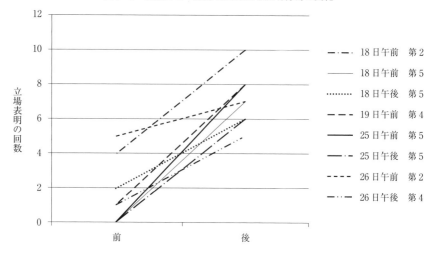

図3-8 観点ごとの熟議を経た立場表明行為の変化

と有意に増えている（F値 = 17.02；p = .001）。いずれの差も世論調査の結果の有無とは関係なく，一貫して増加する傾向が示されている。

### 3.2 理由付けと態度変化

次に，理由付けの発話が態度変化とどのように結びついているかを考察する。態度変化には，熟議前の $t_2$，熟議後の $t_3$ において尋ねられた「シナリオへの賛否」と「好感度」の質問項目を利用する（質問文の詳細は表3-10を参照）。いずれの質問も11点尺度による回答方式であり，$t_2$ から $t_3$ への変化量（$t_3$ マイナス $t_2$）を算出した。「シナリオへの賛否」は絶対値を取り，賛成シナリオ寄りから反対シナリオ寄りに変化した場合と反対シナリオ寄りから賛成シナリオ寄りに変化した場合を同じ変化量として捉え，正の値を取る。「好感度」は賛成シナリオを支持する人々への好感度と反対シナリオを支持する人々への好感度を合計し，$t_2$ から $t_3$ への変化量を算出した。「好感度」に関しては，絶対値への変換はせず，好感度の全体量が下がった場合は負の値を取り，上がった場合は正の値を取るよう指標化した。

表3-11は前節の手続きに基づいて選定された8グループの理由付け，立場

第3章　ミニ・パブリックスにおける発話の分析

## 表 3-10　態度変化に使用した質問

シナリオへの賛否
　今後の日本における外国人労働者受け入れ政策について，あなたのお立場をおうかがいします。
「労働力として外国人を積極的に受け入れる」とする立場を 0，「労働力として外国人を積極的に
は受け入れない」とする立場を 10 として，あなたのお立場に最も近い数字を 0 から 10 の中から
お選びください。
好感度
　ここにあげる人々に対するあなたのお気持ち（好感度）をおうかがいします。
「好感が持てない」という場合を 0，「好感が持てる」という場合を 10，「中立」という場合を 5 と
して，あなたのお気持ちに最も近い数字を 0 から 10 の中からお選びください。
　(1)「労働力として外国人を積極的に受け入れる」を支持する人々
　(2)「労働力として外国人を積極的には受け入れない」を支持する人々

表明の発話回数と「シナリオへの賛否」，「好感度」の変化量をまとめたもので
ある。前節で示した通り，同一モデレータが担当する 8 グループの中で最も態
度変化が大きいグループと少ないグループを選定した。態度変化は好感度の変
化を参照し，最もポジティブに変化したグループと最もネガティブに変化した
グループ（グループによってはポジティブへの変化量が最も小さいグループ）を選
定した[6]。

　資料に世論調査の結果が含まれないグループ 1 と 2 を比較すると，理由付け
や立場表明の発話が相対的に多かったグループ 2 のほうがより大きなシナリオ
賛否の変化量（0.83 対 1.33）を示している。このことは，論証を伴う発話が多
かったグループでシナリオに対する態度を変化させる人が全体的に多かった結
果として理解可能である。一方，グループ 2 は好感度の上がり方が最も緩慢な
グループでもあった（同一モデレータが担当した 8 グループの中で最低の 0.67）。
立場表明や理由付けの発話が相対的に多かったことに伴い，一部の参加者が相
手側の議論を一方的に聞かされて心象を悪くした可能性が考えられる。

　他方，資料に世論調査の結果が含まれるグループ 3 と 4 を比較すると，より

---

6　資料に世論調査の結果が含まれないグループを担当したモデレータから 2 グループ（グ
　ループ 1，2），資料に世論調査の結果が含まれるグループを担当したモデレータから 2 グ
　ループ（グループ 3，4），両タイプのグループを担当したモデレータから 4 グループ（グ
　ループ 5，6，7，8）を選定した。変化量が最大・最小となるグループ 1 と 2，3 と 4，5 と
　6，7 と 8 が比較対象のペアとなる。

表 3-11　理由付けと態度変化

| グループ | モデレータ ID | 世論調査結果 | グループ ID | 理由付け | 立場表明 | $t_2$ から $t_3$ への変化（$t_3$ マイナス $t_2$） | |
|---|---|---|---|---|---|---|---|
| | | | | | | シナリオ賛否 | 好感度 |
| 1 | 第 2 | なし | 26 日午前第 2 | 11 | 13 | 0.83 | 1.17 |
| 2 | 第 2 | なし | 18 日午前第 2 | 12 | 21 | 1.33 | 0.67 |
| 3 | 第 4 | あり | 19 日午前第 4 | 6 | 9 | 1.50 | 0.92 |
| 4 | 第 4 | あり | 26 日午後第 4 | 4 | 7 | 1.67 | −0.42 |
| 5 | 第 5 | なし | 18 日午後第 5 | 5 | 8 | 1.43 | 0.75 |
| 6 | 第 5 | なし | 25 日午後第 5 | 5 | 9 | 1.00 | 0.25 |
| 7 | 第 5 | あり | 18 日午前第 5 | 3 | 7 | 2.50 | 1.17 |
| 8 | 第 5 | あり | 25 日午前第 5 | 7 | 10 | 0.83 | −0.29 |

　理由付けや立場表明の発話が多かったグループ 3 では，グループ 4 よりもシナリオへの賛否の変化量が若干小さいものの，1.50 と相応の態度変化を示している。グループ 1 と 2 の比較と対照的であるのは，好感度がグループ 4 よりもポジティブに変化している点である（同一モデレータが担当した 8 グループの中で最高）。すなわち，立場表明や理由付けが相対的に大きかったグループ 3 において，好感度がポジティブに変化したグループだったのである。

　グループ 2 とグループ 3 の間に見られる好感度変化の違いは何に由来するのであろうか。ここでの考察は探索的なものにとどまるが，表 3-9 に示される他の項目のコーディング結果がヒントを与えてくれる。グループ 3 では資料への言及回数が 33 回，グループ 2 では 6 回と，グループ 3 のほうがグループ 2 と比べて資料への言及回数が顕著に多い。また，各観点への言及回数の合計を見ると，グループ 3 が 150 回であるのに対し，グループ 2 が 79 回と大きな差があることがわかる。したがって，グループ 3 では資料に頻繁に言及しながら観点に則して議論がなされており，冷静で建設的な熟議が交わされたと考えられ

---

7　グループ 2 とグループ 3 の相違は世論調査の結果提示（公共圏の意見分布の情報提示）の有無に起因するとも考えられよう。世論調査の結果提示があるグループ 3 とグループ 4 のペアで比較した場合においても，グループ 3（好感度変化 0.92）が観点への言及の合計が 150 回，提示資料への言及が 33 回であるのに対し，グループ 4（好感度変化 −0.42）がそれぞれ 44 回，15 回と，観点や提示資料への言及と好感度変化の関係が認められる。

る[7]。このように，単に立場表明や理由付けの発話が多いからといって自動的に好感度が上がるわけではなく，資料に言及し観点に則した熟議がなされた場合に初めて好感度が上がるのかもしれない。今後は観点への言及や資料への言及を媒介変数として分析する必要があろう。

# 4　おわりに

　以上，本章では MP における発話のテキストデータを用いて，発話の量や内容が参加者の態度とどのように関連するかを検討してきた。あくまで傾向としてではあるが，客観的な根拠に基づいて意見を表明するような建設的な議論がなされることで，そのグループでは他者への好感度が高まるという関連性が示唆された。しかし一方では，参加者の立場の偏りがグループ全体の意見を方向づけてしまう，あるいは自身が少数派だと感じた参加者が発言を控えてしまうという，グループ・ディスカッションの際に懸念される現象を示す傾向も見られた。冒頭，熟慮に対して熟議は他者とのコミュニケーションを伴うのが最大の相違点であると述べたが，熟議の効果を検討する際には，そうしたコミュニケーションによって以上のような影響が生じうるという点をよく考慮することが重要であるだろう。

　また，ここでは発話量や DQI といった指標を用いて分析を行ったが，こうした発話のテキストデータは他にもさまざまな分析に活用できると考えられる。たとえば，個別の参加者の視点に立って細かく議論の流れを追っていくことで，どのような発話が他者への理解を促すのかを検証できるかもしれない。あるいは，流暢に述べられた意見ほど説得力は高まるのか，言葉を選びながら述べられた意見ほど他者の共感を呼ぶのかなど，語りのスタイルに着目した分析も可能であるだろう。人々の意思決定プロセスを考察するという課題において，ミニ・パブリックスにおける発話の分析は大きな価値を持っているのである。

# 付録　ミニ・パブリックス（MP）文字起こしデータに関する
## 　　　内容分析のコーディングマニュアル

**調査の概要**

　2016 年 6 月に静岡県民を招いて実施した討論会（ミニ・パブリックス：MP）の録音を文字起こししたテキストデータに対し，言説の質指標（Discourse Quality Index：DQI）を算出するためのコーディングを行っていただきます。

　参加者は 8 人前後のグループに分かれて，外国人労働者受け入れ政策について議論をしています。テーマについては二つのシナリオ（A：労働力として外国人を積極的に受け入れる／B：労働力として外国人を積極的には受け入れない）が提示されており，議論は六つの観点（背景，労働・雇用，社会保障，言語，文化，治安）に沿って進められます。また一部のグループにおいては，事前に実施された世論調査の結果が配布資料に記載されています。

**作業内容**

・参加者の発言一つ一つに対し，以下の 10 変数をコーディングしてください。
・結果は別途お渡しするコーディングシート（excel ファイル）上に記録してください。
・原則として，間違いなく該当すると思われるものだけをコーディングしてください。判断が分かれそうだと思われるものは無理にコーディングしなくてかまいません。

変数 1.　その発言では，以下の六つの観点に言及しているか（言及しているもの全てに 1 を付ける）。
　　（1-1）背景（少子高齢化，人口の減少など）
　　（1-2）労働・雇用（労働力，労働者，賃金，日本人の雇用，労働環境など）
　　（1-3）社会保障（外国人労働者の納税，生活保護を含む社会保障費など）

第3章　ミニ・パブリックスにおける発話の分析

(1-4) 言語（言語の問題，多言語対応する際のコスト，他言語の習得機会など）

(1-5) 文化（生活スタイルや価値観，宗教，異文化への接触，多文化共生など）

(1-6) 治安（外国人による犯罪など）

変数2. その発言は，直前の発言を遮るような言葉から始まっているか。（「ちょっと待ってください」「黙っていてください」など）

(0) 直前の発言を遮るような言葉から始まっていない

(1) 直前の発言を遮るような言葉から始まっている

変数3. その発言で，シナリオ A/B に対する<u>話者自身の立場</u>を述べているか。（積極的または消極的な賛成や反対，わからない，選べないなど）

(0) シナリオ A/B に対する話者自身の立場については何も述べていない

(1) シナリオ A/B に対する話者自身の立場を述べている

変数4. その発言で，シナリオ A/B に対して話者自身がとっている立場の理由を説明しているか。

(0) 理由を説明していない

(1) 理由を説明している

変数5. その発言では，配布された資料に言及しているか。

(0) 言及していない

(1) 言及している

変数6. （世論調査結果の提示があるグループのみ）その発言では，資料で提示された世論調査の結果について言及しているか。

(0) 世論調査の結果について言及していない

(1) 世論調査の結果について言及している

91

変数 7. その発言には，他の参加者に対するポジティブな発言が含まれている
か。（意見や価値観に肯定や理解を示す，賞賛の念を表すなど）
(0) 他の参加者に対するポジティブな発言が含まれていない
(1) 他の参加者に対するポジティブな発言が含まれている

変数 8. その発言には，他の参加者に対するネガティブな発言が含まれている
か。（意見や価値観を否定する，暴言を発するなど）
(0) 他の参加者に対するネガティブな発言が含まれていない
(1) 他の参加者に対するネガティブな発言が含まれている

変数 9. その発言で，話者自身の体験を語っているか。
(0) 話者自身の体験を語っていない
(1) 話者自身の体験を語っている

変数 10. その発言で，話者以外の他人の体験を語っているか。
(0) 他人の体験を語っていない
(1) 他人の体験を語っている

# 第4章 知識の獲得

山﨑 新・横山 智哉

## 1 はじめに：熟慮と熟議がもたらすもの

本研究プロジェクトの主たるリサーチクエスチョンは，情報閲読に伴う熟慮と，集団討議に伴う熟議の効果を検討することである（第2章）。ただし，規範的な理論研究において想定されている「熟慮・熟議」の効果は重層的であり，そのような効果を実証的に捉える際に扱うべき従属変数に関する知見が不足している。その欠落に対し Mutz（2008）は，熟議民主主義論という大きな理論的枠組みに含まれる特定の概念間の関係性を検証するという「中範囲の理論（middle-range theory）」の重要性を強調している。具体的には，熟慮・熟議を喚起する要素となりうる独立変数（たとえば，言説における情報の正確性，他者との異質性など）と，その帰結として想定されうる従属変数（たとえば，争点知識や意見変化，あるいは政治的寛容性など）との因果関係を検討する必要性を論じている。

そこで，本章から第6章にかけて既存の研究（e.g., Myers and Mendelberg 2013）が着目してきた三つの変数群をそれぞれ従属変数として分析を行う。具体的には，本章では「知識の獲得」，第5章では「意見変化」そして第6章では「民主的態度の形成」に着目した分析を行うことで，これまでブラックボックスとなっていた熟慮あるいは熟議の効果の一端を実証的に検証することを試みる。

## 2 熟慮・熟議による知識の獲得

　既存の研究は，たとえば「社会保障」や「原子力発電所の建造」を議題とし
たミニ・パブリックスを通じて，参加者の争点知識量が増加することを明らか
にしてきた（e.g., Jacobs et al. 2009; Setälä et al. 2010）。そして，そのような知識
量の増加は，実際に熟慮あるいは熟議を行ったのかを確かめる一つの指標とし
て用いられている（e.g., 柳瀬 2015）。つまり，そのような過程を通じて争点知
識の保有量が増えたということは，ひるがえって熟慮あるいは熟議が十分に喚
起されたと想定するのである（Myers and Mendelberg 2013）。

　そこで，本章はまず熟慮あるいは熟議を通じて争点知識がどのように変化す
るのかを実証的に検討する。また，上記の議論を踏まえれば，争点知識を獲得
した層とそうでない層に弁別すれば，前者の層に該当する参加者の政策意見が
より変化し（Fishkin 2009），かつ民主的態度も形成される可能性も考えられる。
このような可能性については，第5章および第6章にて検討する。

　まず，本章で扱う争点知識について説明する。本プロジェクトで行った両
CASI 調査及び6月 MP は「外国人労働者受け入れ」をテーマとして実施され
た。熟慮／熟議により増加が予期されるのは，「外国人労働者受け入れ」とい
う争点に関する知識となる。調査では外国人労働者受け入れに関して六つの質
問[1]を尋ね，その知識が測定されている。これらの質問項目は情報資料に掲載
されている内容に関する質問であり，情報資料内で提示される各観点（背景／
労働・雇用／社会保障／言語／文化／治安）に対応させ，各1問ずつ作成した。
つまり，情報資料をきちんと読んでいれば正しい内容がわかる内容の質問にな
っている。

　具体的な質問項目を箇条書きにして列挙すると，以下の通りになる。選択肢
は共通で，「正しいと思う」「誤っていると思う」「わからない」「答えたくな

---

1　調査にはこれら6項目以外に，情報資料にその内容が含まれていない外国人労働者受け
　入れに関する知識を問う項目が3問含まれているが，本章の趣旨からここでは扱わない。

い」の4択で構成される。質問の正誤は括弧内に表記した。大問は「日本における外国人の労働や生活に関する以下の文章はそれぞれ正しいと思いますか。それとも誤っていると思いますか。どちらかお選びください。」である。本章では各項目を便宜的に $k_1$〜$k_6$ と呼ぶこととする。

$k_1$：現在，日本における合計特殊出生率（一人の女性が一生に産む子供の平均数）は，2を超えている。（誤）

$k_2$：2014年現在，日本にいる労働者人口のうち，およそ10%が外国人である。（誤）

$k_3$：日本では，在留資格を得て適法に滞在している外国人でも，日本人と同様には各種公的年金保険料を納める必要はない。（誤）

$k_4$：日本の公立学校に在籍する外国人児童生徒の約4割が，日本語指導を必要としている。（正）

$k_5$：「国籍や民族などの異なる人々が，互いの文化的な違いを認め，対等な関係を築こうとしながら，共に生きていく」というような考え方を，一般に「多文化共生」と呼ぶ。（正）

$k_6$：最近9年間のデータを見ると，日本における外国人の刑法犯罪は年々減る傾向にある。（正）


次節以降では，実際のデータ（1月CASI，6月 $MP^2$）の結果を検討する。3節で，1月CASIにおける $t_1$ と $t_2$ の変化，すなわち熟慮の効果を見た上で，4節では6月MPにおける $t_1$, $t_2$, $t_3$ 間の変化，とくに熟議の効果として $t_2$ と $t_3$ の間の変化に注視しながらデータを見ていく。また，可能な部分においては，1月CASIと6月MPの $t_1$ と $t_2$ 間の変化（熟慮の効果）を比較する（第1章，図1-2参照）。

---

2  10月CASIにも同一の質問項目が存在するが，基本的には1月CASIと同様に「熟慮の効果」を測定しているため本章の分析では扱わない。

# 3 熟慮による知識の変化（1月CASIデータ）

　詳細は第2章を参照していただきたいが，1月CASIは熟慮の効果を測定すべく，サンプルの半数には外国人労働者受け入れに関する情報資料，残りの半数にはエネルギー政策に関する情報資料が提示された。そこで，本節の分析における情報提示後の結果では，サンプルを分割して，前者を「熟慮あり」，後者を「熟慮なし」として提示する。サンプル数は熟慮ありグループが447名，熟慮なしグループが423名となっている。

　集計レベルで知識質問に対する回答を記述的に確認していく。表4-1上段は$t_1$，下段は$t_2$の結果である。数値は回答者の割合（％）である。

　表4-1の$t_1$から見ると，項目ごとに異なる特徴を持っていることがわかる。正答率は約1割の$k_6$から約7割の$k_1$まで大きな差が見られる。これに対して誤答の割合は，$k_4$や$k_5$は1割に満たない値であるのに対して$k_6$では5割を超える値であり，正答率と同様に数値の幅が広くなっている。興味深いのは，正答と誤答が完全に反比例の関係ではなく，DK率との兼ね合いで決まっている点である。質問に対して見当がつかずDKを選択してしまう質問項目なのか，曖昧ながら正誤の判定を行うことができる質問項目なのかという，質問項目間の質の違いがうかがえる結果である。当然だが，情報提示前であるため，熟慮ありグループと熟慮なしグループでは大きな差は見られない[3]。

　次に$t_2$だが，単純な数値の比較は煩雑となるため，情報前との差を図4-1にまとめた。図は情報提示後の回答の数値から情報提示前の数値を引き，その差分をグラフ化したものである。左側が熟慮あり，右側が熟慮なしの結果が示されている。熟慮による知識に対する効果が存在すれば，熟慮ありグループで，正答率が上がる，誤答率が下がる，DK率が下がるといった変化が起きることが予想される。

---

3　すべての項目でカイ二乗検定を行ったが，5％有意水準において統計的に有意な関係は見られなかった。

第4章　知識の獲得

表 4-1　1 月 CASI 争点知識回答

|  |  |  | $k_1$ | $k_2$ | $k_3$ | $k_4$ | $k_5$ | $k_6$ |
|---|---|---|---|---|---|---|---|---|
| $t_1$ | 熟慮あり | 正答率 | 71.1 | 29.8 | 47.4 | 66.7 | 58.8 | 9.8 |
|  |  | 誤答率 | 9.2 | 21.9 | 11.2 | 6.9 | 2.9 | 55.7 |
|  |  | DK 率 | 19.5 | 47.7 | 40.3 | 25.3 | 37.4 | 33.8 |
|  |  | NA 率 | 0.2 | 0.7 | 1.1 | 1.1 | 0.9 | 0.7 |
|  | 熟慮なし | 正答率 | 75.4 | 30.5 | 54.1 | 68.1 | 59.6 | 11.8 |
|  |  | 誤答率 | 9.7 | 22.7 | 7.3 | 5.0 | 3.5 | 58.9 |
|  |  | DK 率 | 14.7 | 46.3 | 38.1 | 26.5 | 36.4 | 29.1 |
|  |  | NA 率 | 0.2 | 0.5 | 0.5 | 0.5 | 0.5 | 0.2 |
| $t_2$ | 熟慮あり | 正答率 | 74.5 | 46.5 | 70.9 | 76.7 | 77.9 | 45.9 |
|  |  | 誤答率 | 12.3 | 25.3 | 7.8 | 5.6 | 2.2 | 32.2 |
|  |  | DK 率 | 13.0 | 27.3 | 19.9 | 17.2 | 19.2 | 21.3 |
|  |  | NA 率 | 0.2 | 0.9 | 1.3 | 0.4 | 0.7 | 0.7 |
|  | 熟慮なし | 正答率 | 74.0 | 32.6 | 47.8 | 62.9 | 61.0 | 11.8 |
|  |  | 誤答率 | 10.6 | 21.5 | 11.6 | 7.3 | 4.0 | 57.0 |
|  |  | DK 率 | 14.4 | 44.7 | 39.7 | 28.6 | 33.6 | 30.5 |
|  |  | NA 率 | 0.9 | 1.2 | 0.9 | 1.2 | 1.4 | 0.7 |

　図 4-1 を見ると，グループ間で明白な差があることがわかる。全体的に熟慮
ありグループでは NA 以外の変化が大きく，熟慮なしグループでは小さい。
とくに後者では，ほぼ 0 のライン付近にすべての系列が位置している。扱われ
ている課題についての情報提示は争点知識の増加に影響を及ぼすことが示され
ている。

　では，熟慮ありグループにおける変化をもう少し詳細に解釈していこう。す
べての項目において正答率の折れ線が 0 よりも上に位置し，DK 率を示す点線
が下に位置している。これは，情報資料を与えられることで DK が減り，正答
につながっていることが示唆される結果である。また，情報前の正答率が極端
に低かった $k_6$ は誤答率が大きく 0 のラインを下回っており，間違えて認識し
ていたことが修正されたことがわかる。同じく情報前の正答率が低かった $k_2$
については，誤答率が 0 より下に下がっていない，むしろプラスに位置してお
り，項目によっても熟慮が知識に与える修正効果や DK を減らす効果が異なる
可能性があることが示される結果であり興味深い。逆に，情報前の正答率が高
かった $k_1$ や $k_4$ は相対的にその効果が薄い。

97

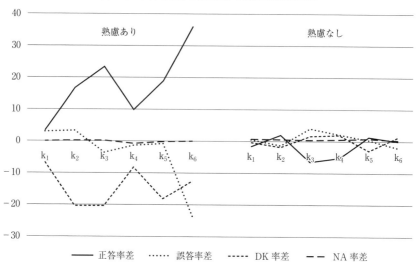

図4-1 1月CASI争点知識，熟慮前後の回答差

　ここまでの集計レベルの結果をまとめると，情報提示による熟慮は正答率を高め，DK率を低めるというおおむね想定通りの影響を持つことがわかった。しかし，誤答率に関しては想定と異なり，ほとんどの項目において減少させる効果が認められない。「知らないこと」について新しい知識を与える効果はあるが，誤った認知を修正する効果はない，という結果であったといえるだろう。
　次に，より詳細に熟慮の効果を確認すべく，個人レベルの変化を検討する。個人レベルの変化は，質問の選択肢が四つ（正答・誤答・DK・NA）存在するため，計16のカテゴリ（「正答→正答」，「正答→誤答」など）に分かれる。本章での主眼は，熟慮による知識の増加であるため，誤答から正答への変化，DKから正答への変化という2点に着目して結果を表4-2にまとめた。グループ全体における「一回目の回答が誤答であり，二回目の回答が正答である回答者」の割合を知識修正率，「一回目の回答がDKであり，二回目の回答が正答である回答者」の割合を知識獲得率と表記している。またグループ比較の観点から，グループ差として知識修正率及び知識獲得率それぞれの熟慮ありの値から熟慮なしの値を引いた値も表に掲載した。数値はすべて割合（％）である。

第 4 章　知識の獲得

表 4-2　1 月 CASI 争点知識，個人内の変化

| | | $k_1$ | $k_2$ | $k_3$ | $k_4$ | $k_5$ | $k_6$ |
|---|---|---|---|---|---|---|---|
| 熟慮あり | 知識修正率 | 5.1 | 6.9 | 7.8 | 3.8 | 0.9 | 26.6 |
| | 知識獲得率 | 7.8 | 17.2 | 22.1 | 14.1 | 22.4 | 12.5 |
| 熟慮なし | 知識修正率 | 2.1 | 3.5 | 1.4 | 0.5 | 0.9 | 1.7 |
| | 知識獲得率 | 2.8 | 6.6 | 5.0 | 5.2 | 5.0 | 1.4 |
| グループ差 | 知識修正率 | 3.0 | 3.4 | 6.4 | 3.3 | — | 24.9 |
| | 知識獲得率 | 5.0 | 10.6 | 17.1 | 8.9 | 17.4 | 11.1 |

　熟慮ありの値を見ると，すべての値が正になっている。また，$k_6$ を除き知識修正率より知識獲得率の値が大きいことも見てとれる。これは先ほど集計レベルで確認した傾向と一致する。おおよその場合，情報提示による熟慮は DK 回答を減らす効果が大きいことが示されている。次に熟慮なしの値だが，熟慮ありと比べて値が小さいという傾向が見られる。グループ差を見ても，$k_5$ を除いて値が正をとっており，熟慮ありグループよりも熟慮なしグループでの知識の増加方向への変化が少ないことがわかる。個人レベルの変化に着目した場合でも，熟慮の効果が認められる結果である。


## 4　熟議による知識の変化（6 月 MP データ）


　6 月 MP における熟議が知識に与える効果について，1 月 CASI の分析と同様に，集計データ及び個人レベルデータの双方について，熟慮前（$t_1$），熟慮後（$t_2$），熟議後（$t_3$）について検討していく。先述したが，熟慮の効果についても 1 月 CASI との比較を行いながら分析を進める。

　表 4-3 では 6 月 MP における $t_1$，$t_2$，$t_3$ の結果，および 6 月 MP における $t_1$ の結果と 1 月 CASI における $t_1$ の回答との差を比較している[4]。なお，$t_2$ では回答未了者が出たため，回答者の合計人数が異なっている。それぞれ $k_1$ は

---

4　この表の作成にあたっては，先の分析において差がなかったことから，熟慮の有無によってサンプルを分けていない。

表 4-3　6 月 MP 争点知識回答，1 月 CASI（$t_1$）との比較

|  |  | $k_1$ | $k_2$ | $k_3$ | $k_4$ | $k_5$ | $k_6$ |
|---|---|---|---|---|---|---|---|
| $t_1$ | 正答率 | 87.0 | 43.8 | 46.2 | 67.4 | 77.0 | 11.5 |
|  | 誤答率 | 5.7 | 19.3 | 14.2 | 10.0 | 2.7 | 64.0 |
|  | DK 率 | 7.3 | 36.6 | 39.3 | 22.7 | 20.2 | 24.5 |
|  | NA 率 | — | 0.3 | 0.3 | — | — | — |
| 1 月 CASI（$t_1$）と $t_1$ との差 | 正答率差 | 13.8 | 13.7 | − 4.5 | — | 17.8 | 0.7 |
|  | 誤答率差 | − 3.7 | − 3.0 | 4.9 | 4.0 | − 0.5 | 6.8 |
|  | DK 率差 | − 9.8 | − 10.4 | 0.1 | − 3.2 | − 16.7 | − 7.0 |
|  | NA 率差 | − 0.2 | − 0.3 | − 0.5 | − 0.8 | − 0.7 | − 0.5 |
| $t_2$ | 正答率 | 90.3 | 68.5 | 90.6 | 93.7 | 96.1 | 72.7 |
|  | 誤答率 | 8.3 | 20.4 | 6.3 | 3.5 | 1.1 | 23.8 |
|  | DK 率 | 1.4 | 11.1 | 3.1 | 2.8 | 2.8 | 3.5 |
|  | NA 率 | — | — | — | — | — | — |
| $t_3$ | 正答率 | 93.7 | 78.9 | 93.1 | 90.0 | 96.7 | 78.2 |
|  | 誤答率 | 5.1 | 14.8 | 4.5 | 5.1 | 0.9 | 16.6 |
|  | DK 率 | 1.2 | 6.0 | 2.1 | 4.8 | 2.4 | 5.1 |
|  | NA 率 | — | 0.3 | 0.3 | — | — | — |

290 名，$k_2$ は 289 名，$k_3$ は 287 名，$k_4$ は 286 名，$k_5$ と $k_6$ は 282 名となっている。

　まず，1 月 CASI と 6 月 MP の差だが，$k_3$ を除き 1 月 CASI と比較して正答率が高いことがわかる（表 4-3 中央上段のボックス，たとえば $k_1$ の正答率差 13.8 など）。また，正答率の高さは基本的に誤答率の低さが理由ではなく DK や NA が少ないことに起因していることがわかる。これは，一般的な訪問面接調査と 6 月 MP における調査環境が大きく異なることが原因であると推察される[5]。多数の参加者やスタッフが一か所にいるというきわめて特殊な環境が DK 選択を忌避させているのではないだろうか。各項目に対する正答率は基本的に 1 月 CASI と同様の傾向にある。

---

5　第 2 章では，MP 参加者は非参加者と比較して，各種政策について関心があることが示されていた。仮に関心が知識と完全に正の相関があった場合，誤答率が下がることと DK 選択が減ることが同時に起きることが推測できる。しかし，正答率と誤答率・DK 選択率には明確な関係性は見てとれない。

第 4 章　知識の獲得

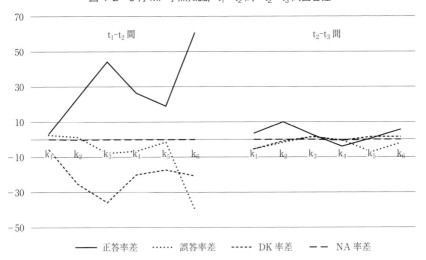

図 4-2　6 月 MP 争点知識, $t_1-t_2$ 間・$t_2-t_3$ 間回答差

次に $t_2$ 及び $t_3$ の結果を見てみよう。先の項と同様に, $t_1$ と $t_2$, $t_2$ と $t_3$ の間の変化を図 4-2 にまとめた。前者（図中左側）は $t_2$ の値から $t_1$ の値を, 後者（図中右側）は $t_3$ の値から $t_2$ の値を引くことによってそれぞれ差を求めている。熟慮の効果を示す図の左側を見ると, 1 月 CASI（図 4-1）と形状が似ていることがわかる。$k_6$ 以外の項目については, DK が減ることによって正答が増えている。他の項目についても若干の差異はあるが, 基本的には同様の傾向である。一方グラフの縦軸に着目すると, その絶対値がかなり大きくなっている。最大値は 61.2（$k_6$ の正答率差）, 最小値は -40.2（$k_6$ の誤答率差）であり, 1 月 CASI の最大値／最小値が 36.1（$k_6$ の正答率差）／-23.5（$k_6$ の誤答率差）と比較してもその大きさは明らかであろう。このことについても, 推測になるが, 調査環境の影響が大きいと考えられる。情報資料の閲読に際しても, 平易にいえばまじめに取り組める環境であったのではないだろうか。

図の右側（$t_2$ から $t_3$ の変化）は,「熟慮後の知識」に対する熟議の効果が表れており, その変化は明らかに小さい。熟慮によってすでに正しい知識を得ていた場合にはその効果は理論上存在しないことになるため, 当然の結果ともいえる。ただ, $k_2$ や $k_6$ といった相対的に熟慮前の正答率が低い項目については,

表 4-4 6 月 MP 争点知識, 個人内変化

|  |  | $k_1$ | $k_2$ | $k_3$ | $k_4$ | $k_5$ | $k_6$ |
|---|---|---|---|---|---|---|---|
| $t_1 - t_2$ | 知識修正率 | 3.8 | 10.0 | 13.6 | 10.1 | 2.5 | 46.8 |
|  | 知識獲得率 | 5.2 | 19.7 | 31.7 | 18.9 | 17.0 | 16.3 |
| $t_2 - t_3$ | 知識修正率 | 5.9 | 10.7 | 5.2 | 3.1 | 1.1 | 12.8 |
|  | 知識獲得率 | 0.7 | 1.4 | 2.1 | 1.0 | 1.1 | 1.1 |

誤答や DK を減らし，正答を増やしていると思われる効果が見られる。情報資料を読むことのみでは得ることができなかった（もしくは誤解していた）内容を，熟議によって獲得（修正）していることが推測される結果である。

　次に個人内の変化を確認する。特徴的なのは，熟議の効果である。表 4-4 の下段に着目すると，おおむね知識獲得率よりも知識修正率が大きくなっている。熟慮の効果と比較すると逆になっているのである。他の人との議論を通じて，知識の誤りに気づいていく過程が見てとれる。情報資料によって未知の情報を仕入れ，熟議において誤りを正すという形で熟慮・熟議が意義を持っていることが示されている結果であろう。

## 5　熟議の指標としての知識増加

　最後に，次節以降で用いる争点知識の増加を表す変数を作成する。先の節で述べた通り，争点に関する知識は熟慮や熟議によって獲得される対象であると同時に，熟慮や熟議の代理変数の意味合いも持つ。平易に言えば，きちんと熟慮・熟議をすれば知識は増えているだろう，ということである。情報資料の閲読や集団での討議という処置そのものではなく，結果として知識が増えていることを熟慮や熟議の指標として用いるという発想である。そこで，熟慮・熟議によってトータルとして知識量が増えているか否か，という点に着目して変数を作成する。

　まず，$k_1$ から $k_6$ の争点知識項目について，正答しているか否かのみに着目し，正答した場合に 1，誤答・DK・NA はすべて 0 として正答ダミー変数を作成する。そして，知識項目ごとに $t_2$ の値から $t_1$ の値を引く（6 月 MP の場合

第4章 知識の獲得

表4-5　1月CASI・6月MP争点知識増減

|  |  |  | $k_1$ | $k_2$ | $k_3$ | $k_4$ | $k_5$ | $k_6$ |
|---|---|---|---|---|---|---|---|---|
| 1月CASI | 熟慮あり | 減 | 9.6 | 7.6 | 6.9 | 8.5 | 4.3 | 3.1 |
|  |  | 変化なし | 77.4 | 68.0 | 62.6 | 72.9 | 72.5 | 57.7 |
|  |  | 増 | 13.0 | 24.4 | 30.4 | 18.6 | 23.3 | 39.1 |
|  | 熟慮なし | 減 | 6.6 | 8.3 | 13.2 | 11.3 | 4.5 | 3.1 |
|  |  | 変化なし | 88.2 | 81.3 | 79.9 | 82.5 | 89.6 | 93.9 |
|  |  | 増 | 5.2 | 10.4 | 6.9 | 6.1 | 5.9 | 3.1 |
| 6月MP | $t_1-t_2$ | 減 | 6.2 | 7.3 | 2.8 | 2.4 | 0.7 | 2.1 |
|  |  | 変化なし | 84.8 | 62.6 | 51.9 | 68.5 | 79.8 | 34.8 |
|  |  | 増 | 9.0 | 30.1 | 45.3 | 29.0 | 19.5 | 63.1 |
|  | $t_2-t_3$ | 減 | 1.0 | 4.2 | 3.8 | 5.2 | 1.1 | 6.4 |
|  |  | 変化なし | 92.4 | 77.9 | 88.9 | 90.6 | 96.8 | 79.8 |
|  |  | 増 | 6.6 | 18.0 | 7.3 | 4.2 | 2.1 | 13.8 |

図4-3　1月CASI・6月MP争点知識増減合計の分布

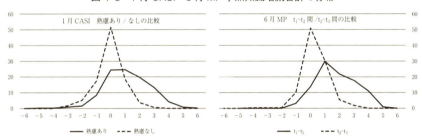

は$t_3$から$t_2$も同様に行う）。それらを合算しプラスの値になった場合に1，マイナスから0の値になった場合に0とする。つまり，争点知識が全体として増えていれば1，変化がないまたは減っていれば0という形のダミー変数を作成する。各項目の単純集計を表4-5に示した。また，合計値の分布について図4-3に示した。図4-3左側が1月CASIにおける熟慮ありとなしの比較，右側が6月MPにおける$t_1-t_2$と$t_2-t_3$の比較となっている。

　表4-5を見ると基本的に，熟慮なしグループを除き，熟慮・熟議が各項目の知識増加を促している様子が見てとれる。とくに熟慮の効果はかなり大きい。ここで注意しなければいけないことは，知識が減っている人も一定数存在す

ことである。回答者の分布を示す図4-3の左側では，熟慮なし（破線）ではグラフの形状が左右対称となっており，知識の増減がランダムに起きていることがわかる。熟慮ありはグラフが右に寄っており，知識の増加が見られている。図4-3右側を見ると，形状が1月CASIのものと似ている。ここでは，熟慮と熟議の比較を示しており，その意味は異なっているのだが，熟議のもたらす変化（破線）が熟慮なしの変化と近似している。これは知識増加に関して天井効果が起こっていることにも起因する可能性があるが，熟議の効果は一定に正であるとは言いきれない結果であるともいえるだろう[6]。

次節以降では，知識増加をダミー変数として用いる。1月CASIでは374名が1，496名が0，6月MPの$t_1-t_2$間では230名が1，52名が0，$t_2-t_3$間では103名が1，179名が0となっている。


## 6 おわりに

本章では，熟議・熟慮の効果として，争点に関する知識が増えるのかということを1月CASIデータ及び6月MPデータを用いて，集計レベル・個人レベルで確認した。その結果，争点知識の獲得はその測定する項目の性質によって熟慮や熟議の効果が異なることがわかった。また，情報資料を読むという行為を通じた熟慮においては，今まで知らなかった争点に関する知識の獲得が多く観察された。熟慮後に他者と議論を行うことで，誤って認識していた知識を修正していく過程も参加者の一部において認められることもわかった。

今後の発展性について，2点言及して本章を締めくくりたい。本章における分析はその端緒として単純な集計を行った。しかしながら，得られた結果は当然に回答者の政治意識や態度といったさまざまな要因によって大きく異なることが考えられる。どのような人が熟慮によって知識を増やすのか，熟議によって知識を修正するのか，個人レベルの分析を進めることが重要であろう。これ

---

6　ただし，$t_2$時点と$t_3$時点における知識量（各項目の正答ダミーの合算，値は0から6をとる）の平均値を比較すると，5.11と5.42であり，この差は統計的に有意である。

第 4 章　知識の獲得

が 1 点目である。そして 2 点目として，繰り返しになるが，本プロジェクトで
行った 6 月 MP における熟議の効果は，熟慮の効果の上に存在していること
には留意が必要である。全く何の情報もなく政治的な課題について議論すると
いうことは現実的にはミニ・パブリックスという文脈においてはありえないこ
とではあるだろうが，熟慮と熟議の効果の差に関するメカニズムを実証的に確
認するためには，実験等を用いたさらなる検証が必要となるだろう。

# 第 5 章　意見変化

遠藤　晶久・横山　智哉

## 1　はじめに

　熟慮であれ熟議であれ，それを強いる目的は，「考えた」後に辿り着く政策意見を知るためである。ミニ・パブリックスという実験デザインを用いて熟議の効果を検討した先行研究は，主に争点に関する意見変化を従属変数としてきた（e.g., Fishkin 2009; Farrar et al. 2010; Grönlund et al. 2015; Setälä et al. 2010）。政策についてよく知らず考えたこともない人々に，情報や討論の場を与えることで何が起きるかを検討するとき，当然ながら，意見が変化したか否かについて分析することになる。

　本章では，1月 CASI データと6月 MP データを用いて，外国人労働者受け入れ政策について，熟慮や熟議を経て意見が変化するか否かを検討する。ここで政策意見として取り上げるのは，外国人労働者についての二つのシナリオの選択である。具体的には，以下の質問項目を用いる。

　　次にあげる A と B の二つのシナリオのうち，あなたのお考えに近いものをお選びください。
　　A：労働力として外国人を積極的に受け入れる
　　B：労働力として外国人を積極的には受け入れない
　　わからない

答えたくない

　この質問項目は，外国人労働者政策について最初に聞く質問項目であり，その後，このシナリオ選択質問への回答を基にサブクエスチョンが続くような構造となっている（詳しくは第2章）。MPの小グループ討論においても，どちらの立場かということを巡って議論が推移するので，二分法で尋ねるこの項目を用いる[1]。これ以降，「A：労働力として外国人を積極的に受け入れる」という回答を「賛成」，「B：労働力として外国人を積極的には受け入れない」を「反対」と呼ぶことにする。また，「わからない」をDK（Don't Know），「答えたくない」をNA（No Answer）とする[2]。


## 2　1月CASIにおける意見変化


　まずは政策意見の単純分布を1月CASIから確認していこう。1月CASIにおいては，熟慮ありグループ（外国人労働者情報を提供したグループ）と熟慮なしグループ（エネルギー政策情報を提供したグループ）が存在する。いずれのグループにおいても，情報提供の前後に外国人労働者積極受け入れに対する意見を尋ねており，そこでの変化を本章では検討する[3]。外国人労働者情報を提供されたグループにおいては，情報提供の前後で熟慮がなされていると想定される。他方で，エネルギー政策情報を提供されたグループでは，情報提供の前後で，（エネルギー政策争点について熟慮をしたかもしれないが）外国人労働者受け入れについて熟慮をしたとは言いがたい。この二つのグループを比較することによって，情報提示によって促される熟慮の効果を考察していく。
　1月CASIでは，外国人労働者積極受け入れに関する政策意見は賛否二分さ

---

1　この他に，11件法で尋ねる政策意見のレイティング質問もある。
2　$t_0$と$t_4$時点の回答は郵送調査によるものであるため，「答えたくない」に加えて，無回答もNAに含めて分析した。
3　熟慮なしグループにおいては，情報画面の前後で原発再稼動についての政策意見を1問だけ尋ねている。

第 5 章 意見変化

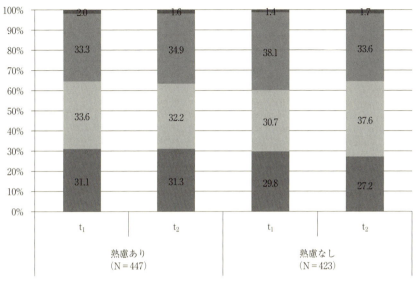

図 5-1 1月 CASI シナリオ選択の回答分布

れているというよりも、DK も含めて三つ巴で拮抗している（図 5-1）。情報提示がなされる前の $t_1$ 時点での意見分布は、熟慮ありグループでは賛成が 31.1%、反対が 33.6%、DK が 33.3% であり、熟慮なしグループでは賛成が 29.8%、反対が 30.7%、DK が 38.1% である。いずれのグループにおいても、賛成よりも反対を選択する人のほうが若干ではあるが多い。しかし、三分の一の回答者は、このシナリオ選択質問において「わからない」と答えていることも特徴的である。両グループの間の政策意見分布ではそれぞれの回答について数%の差があるが、この差は統計的に有意な差とはいえない。$t_1$ 時点の回答は、情報が提示される前のものであり、この時点では両者に差がないということが確認できる。

情報提示の後の意見分布を見てみると、想定とは異なる結果となっている。熟慮ありグループでは、賛成が 31.3%、反対が 32.2%、DK が 34.9% とほとんど変わらない。反対が微減するものの、$t_1$ から $t_2$ の政策意見変化は統計的に

109

有意なものではない。他方で，熟慮なしグループにおいては，賛成が27.2%，反対が37.6%，DK が33.6% という分布となる。$t_1$ 時点から比べると，賛成とDK が減り，反対が増大している。これらは統計的にも有意な差である。

　熟慮ありグループで全体としては意見変化が見られなかったのは，熟慮・熟議が必ずしも意見変化をもたらすわけではないという立場（本章第4節）から見れば，想定の範囲外というわけではない。しかし，エネルギー政策について提示した情報には外国人労働者と関連するようなものはなく，熟慮なしグループにおいて意見変化が起きるようなことは事前には想定をしていなかった。1回の調査の前半と後半で尋ねられた同一の質問で，系統的な変化が起きたことには何らかの理由があると思われる。一つの可能性として，$t_1$ 時点でのシナリオ選択質問の後，外国人労働者問題に関わるようなさまざまな質問を多数尋ねたため，その質問に答えていく中で，思考が形作られていったことが考えられる。具体的には，シナリオ選択の質問の後には，そのシナリオを選択したときに考慮した観点やその観点ごとの個別的な意見，自分が選択しなかったシナリオを選択する人たちがどのような個別的な意見を持ち，どのような観点を重視していたか，外国人労働者問題についての知識（第4章）などの質問を尋ねており，そういった質問に答えたことで外国人労働者問題について考えた可能性がある。そう考えると，熟慮ありグループで意見変化が見られなかったことは示唆的である。つまり，外国人労働者問題について詳しい情報を提示すると，反対意見の増大はみられず，賛成か反対かのどちらか一方向に偏るような系統的な意見変化が起こらなかったと解釈できるのである。

　さらに詳しく意見変化のパターンを探るために，個々人の意見変化に着目して分析してみよう。表5-1では，$t_1$ 時点での回答別に，$t_2$ 時点でどの選択肢を選んだか，そのパーセンテージを示している。太字になっているのは $t_2$ 時点でも $t_1$ 時点と同じ回答をした「歩留まり率」であるが，この歩留まり率を比べると，熟慮ありグループよりも熟慮なしグループのほうが高いことがわかる（統計的に有意な差がある）。つまり，全体的な傾向（図5-1）による推論とは対称的に，熟慮なしグループのほうが政策意見の一貫性が高く，熟慮ありグループのほうが政策意見を変化させている。熟慮は意見変化を促していたのである。

　全体的な傾向との離齬が生じているのは，熟慮なしグループにおいて，反対

第 5 章　意見変化

表 5-1　1 月 CASI シナリオ選択の変化

| シナリオ選択 ($t_1$) | 熟慮ありグループ | | | | | | 熟慮なしグループ | | | | | |
| | シナリオ選択 ($t_2$) | | | | | | シナリオ選択 ($t_2$) | | | | | |
| | 賛成 | 反対 | DK | NA | 全体 | N | 賛成 | 反対 | DK | NA | 全体 | N |
|---|---|---|---|---|---|---|---|---|---|---|---|---|
| 賛成 | 69.1 | 7.2 | 23.0 | 0.7 | 100.0 | 139 | 78.6 | 7.1 | 14.3 | 0.0 | 100.0 | 126 |
| 反対 | 13.3 | 65.3 | 20.7 | 0.7 | 100.0 | 150 | 2.3 | 84.6 | 10.8 | 2.3 | 100.0 | 130 |
| DK | 14.8 | 22.8 | 61.1 | 1.3 | 100.0 | 149 | 8.1 | 24.2 | 65.2 | 2.5 | 100.0 | 161 |
| NA | 22.2 | 22.2 | 22.2 | 33.3 | 100.0 | 9 | 0.0 | 16.7 | 83.3 | 0.0 | 100.0 | 6 |
| 全体 | 31.3 | 32.1 | 35.0 | 1.6 | 100.0 | 447 | 27.2 | 37.6 | 33.6 | 1.7 | 100.0 | 423 |

の歩留まり率（つまり一貫性）が高く，$t_1$ 時点での賛成と DK 選択者が $t_2$ 時点で反対を選ぶ傾向にあり，全体として反対が増えるためである。他方で，熟慮ありグループにおいては，賛成と反対の歩留まり率は変わらず，意見を変化する場合も方向性がどちらかに極端に偏っているわけではない。賛成回答者も反対回答者も熟慮した結果，2 割は DK を選ぶようにもなる。$t_1$ 時点での DK 回答者が意見変化する場合，反対が増えるものの，賛成の割合（14.8%）が熟慮なしグループのそれ（8.1%）よりも低いわけではない。1 月 CASI においては，熟慮による意見変化は生じているものの，どちらかに偏った形では起こっていない。

　このような熟慮に基づく政策意見変化は一過性のものなのか，それともその後も持続するのかを検証するために，1 月 CASI の回答者には半年後に郵送調査を実施し，再度，外国人労働者に関するシナリオ選択質問を尋ねた（図 5-2）。1 月 CASI のすべての回答者のうち，二つのグループでそれぞれ 185 人が CASI 追跡調査にも回答した。図 5-2 の $t_1$ と $t_2$ 時点の意見分布はこの 370 人に絞った分布であるため，図 5-1 とは数字が異なっている。全体的に見れば，$t_4$ 時点での回答者では，$t_1$・$t_2$ 時点での DK 回答が少なく，賛否いずれかを選択している傾向がある[4]。

　$t_2$ 時点から $t_4$ 時点での回答を比べると，熟慮ありグループでも熟慮なしグ

---

4　第 1 章で示したように，CASI 追跡調査を $t_4$ 時点と表記するが，実際には，回答者にとって 3 回目の回答である。$t_4$ と表記するのは，MP 追跡調査の表記と合わせるためである。

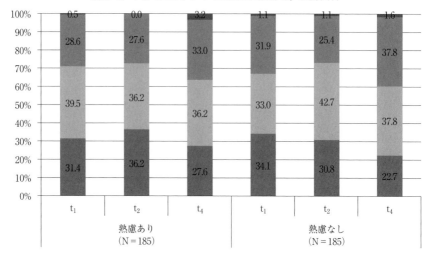

図 5-2　1月 CASI シナリオ選択の回答分布，追跡回答

表 5-2　1月 CASI シナリオ選択の変化，追跡回答

| シナリオ選択 ($t_2$) | 熟慮ありグループ シナリオ選択 ($t_4$) ||||||  熟慮なしグループ シナリオ選択 ($t_4$) |||||
|---|---|---|---|---|---|---|---|---|---|---|---|
| | 賛成 | 反対 | DK | NA | 全体 | N | 賛成 | 反対 | DK | NA | 全体 | N |
| 賛成 | 53.7 | 16.4 | 23.9 | 6.0 | 100.0 | 67 | 45.6 | 28.1 | 24.6 | 1.8 | 100.0 | 57 |
| 反対 | 10.4 | 58.2 | 29.9 | 1.5 | 100.0 | 67 | 13.9 | 50.6 | 34.2 | 1.3 | 100.0 | 79 |
| DK | 15.7 | 33.3 | 49.0 | 2.0 | 100.0 | 51 | 10.6 | 27.7 | 59.6 | 2.1 | 100.0 | 47 |
| NA | — | — | — | — | — | 0 | 0.0 | 50.0 | 50.0 | 0.0 | 100.0 | 2 |
| 全体 | 27.6 | 36.2 | 33.0 | 3.2 | 100.0 | 185 | 22.7 | 37.8 | 37.8 | 1.6 | 100.0 | 185 |

ループでも「わからない」という回答が増えている（ただし，熟慮なしグループでのみ統計的に有意な差）。また，賛否でいうと，賛成の選択率が統計的に有意に減少している。反対については，熟慮ありグループでは同程度であるのに対して，熟慮なしグループでは 5 ポイント程度減少している（ただし，統計的に有意ではない）。賛否の比率だけでいえば，熟慮あり熟慮なしにかかわらず，反対のほうが優勢になっている。

第5章　意見変化

先ほどと同様に個人内での政策意見の変化（表5-2）を見てみると，$t_2$ の時点で賛否いずれかを選んだ回答者のみに絞れば，相対的に見て，熟慮なしグループよりも熟慮ありグループのほうで歩留まり率が高く態度の安定性が見てとれる（熟慮ありグループ，53.7%，58.2%；熟慮なしグループ，45.6%，50.6%）。他方で，$t_2$ の時点で「わからない」と答えた者については熟慮なしグループでのほうが一貫性は高い（熟慮ありグループ，49.0%；熟慮なしグループ，59.6%）。ただし，これらの歩留まり率の差は統計的に有意といえる水準にはない。熟慮をして辿り着いた政策意見であっても，その持続性は強くはなく，熟慮をしなかった時の意見の一貫性と同程度の一貫性しか見られないのである。

## 3　6月 MP における意見変化

6月 MP においても政策意見の変化について検証をする。MP 参加者には最大で5回，この政策意見質問を尋ねた。まず MP リクルート郵送調査において，外国人労働者積極受け入れについてさまざまな政策のうちの一つとして尋ねた（$t_0$）。その後，MP に参加した場合には，まずタブレット端末によるアンケートで尋ね（$t_1$），そのままそのアンケートで情報提示が始まり，再度政策意見について尋ねる（$t_2$）。その後，小グループ討論をした後に，アンケートでまた政策意見を尋ねて MP は終了する（$t_3$）。MP 実施中の $t_1$ と $t_2$ の間では熟慮が行われ，$t_2$ と $t_3$ の間では熟議が行われていると見なすことができる。5度目の回答は，MP の半年後に実施された MP 追跡調査でのものである（$t_4$）。

まずは単純な意見分布の変化を見ていく。図5-3は，$t_0$ から $t_3$ までの意見変化の分布を示している。左の二つの棒グラフは両者とも $t_0$ 時点での回答の分布であるが，最も左側のものは MP リクルート郵送調査に回答した4282人全員の回答の分布である一方，左から2番目のものは MP に実際に参加した回答者331人の $t_0$ 時点の分布である。この二つを比べると，MP リクルート郵送調査回答者全体と MP 参加者は，最初の段階から政策意見の分布が異なっていることがわかる（統計的にも有意）[5]。まず大きく目につくのは，DK 回答率の差異であろう。MP リクルート郵送調査回答者全体では 39.4% であったが，

113

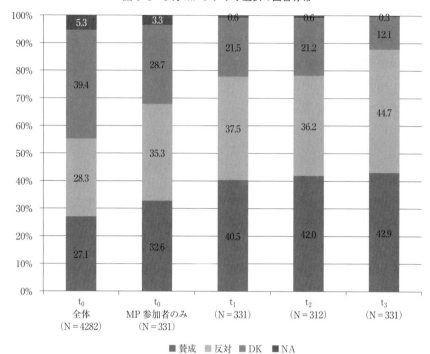

図 5-3　6月 MP シナリオ選択の回答分布

MP 参加者は 28.7％ と 10％ 以上減少し，その分だけ，賛否ともに回答割合が増加している。賛成と反対だけに絞って比較すれば，両者はほぼ拮抗しているものの，反対がやや多いという点では共通している。つまり，MP 参加者は一般サンプルよりも意見を保有している率が高いということがここでは明らかになった。

MP に参加して最初のシナリオ選択回答分布を見てみると（$t_1$），DK 回答率

---

5　ここでの焦点は，静岡県の有権者の縮図である MP リクルート調査回答者全体と MP 参加者の回答分布の差異を明らかにすることにあるため，この両者を比べている。当然ながら，MP リクルート郵送調査に答えたが6月 MP に参加しなかった者と MP 参加者を比べても，統計的に有意な差は存在する。

第5章 意見変化

が 28.7% から 21.5% へとさらに下がる（統計的に有意）。他方で，統計的に有意なレベルで賛成が増加し，賛成（40.5%）と反対（37.5%）で比べると賛成のほうが優勢になる。第2章で説明したように，MP アンケートを回答するまでは討論のトピックが外国人労働者受け入れだとわからないような調査設計となっているため，$t_0$ と $t_1$ の間で外国人労働者について調べてきた回答者はいないだろう。また，$t_1$ 時点では，外国人労働者についての情報提示もまだしていないし，この問題に関連する質問もしていない。そのため，$t_0$ から $t_1$ への回答分布の変化が生じた理由として，MP というイベントに参加し，大教室でいっせいに調査を行ったことが考えられる。大教室に一箇所に集められて，討論を控えてタブレットに向かい黙々と回答をしている雰囲気から，DK は選びにくいかもしれない。

熟慮前後の $t_1$ と $t_2$ の意見を見ると，おおむね変化は見られない。指定時間のうちにアンケートを完了しなかった参加者がいるので，$t_2$ 時点での回答総数は 312 人とおよそ 20 人少ない。$t_2$ 時点の回答までいった参加者に絞っても，両者の間に統計的に有意な差はない。$t_2$ 時点でも賛成のほうが優勢となっている。

小グループ討論を経た後の $t_3$ 時点での回答を見ると，$t_2$ 時点から二つの点で変化が見られる（いずれも統計的に有意）。一つは，DK 回答率が 12.1% となり，さらに減少している。$t_0$ 時点から比べると実に半分以上に減っている。討論によって，自己の意見がより明確になったと考えるべきであろう。もう一つの変化は，反対の選択率が 36.2% から 44.7% に増大したことである。それに伴い，賛成と反対を比べると，反対が再び優勢になった。ただし，ここで注意が必要なのは，第2章で紹介したように CASI 情報あり／CASI 情報なしという実験的な要素が $t_2$ から $t_3$ の間に組み込まれている点である。小グループ討論の冒頭で 1 月 CASI の意見変化結果が配布され，それを読むように指示されたグループと配布されなかったグループが存在するが，図 5-3 はその両者を含んだ数字を図示している。この両グループの比較について詳しくは第7章を参照されたい。

これまでは全体の分布について見てきたが，次に，個人内での意見変化について見てみよう。表 5-3 はそれぞれの時点間の回答の変化を示したものである。

115

表 5-3　6 月 MP シナリオ選択の変化

| | 賛成 | 反対 | DK | NA | 全体 | N |
|---|---|---|---|---|---|---|
| $t_0 \rightarrow t_1$ | | | | | | |
| 賛成 | 70.4 | 13.9 | 15.7 | 0.0 | 100.0 | 108 |
| 反対 | 20.5 | 70.1 | 9.4 | 0.0 | 100.0 | 117 |
| DK | 30.5 | 25.3 | 43.2 | 1.1 | 100.0 | 95 |
| NA | 45.5 | 27.3 | 18.2 | 9.1 | 100.0 | 11 |
| $t_1 \rightarrow t_2$（熟慮） | | | | | | |
| 賛成 | 87.4 | 4.7 | 7.1 | 0.8 | 100.0 | 127 |
| 反対 | 9.2 | 78.2 | 12.6 | 0.0 | 100.0 | 119 |
| DK | 14.1 | 20.3 | 64.1 | 1.6 | 100.0 | 64 |
| NA | 0.0 | 50.0 | 50.0 | 0.0 | 100.0 | 2 |
| $t_2 \rightarrow t_3$（熟議） | | | | | | |
| 賛成 | 81.7 | 13.0 | 5.3 | 0.0 | 100.0 | 131 |
| 反対 | 11.5 | 79.6 | 8.0 | 0.9 | 100.0 | 113 |
| DK | 24.2 | 43.9 | 31.8 | 0.0 | 100.0 | 66 |
| NA | 0.0 | 50.0 | 50.0 | 0.0 | 100.0 | 2 |
| $t_0 \rightarrow t_3$ | | | | | | |
| 賛成 | 68.5 | 24.1 | 7.4 | 0.0 | 100.0 | 108 |
| 反対 | 23.9 | 66.7 | 8.5 | 0.9 | 100.0 | 117 |
| DK | 35.8 | 42.1 | 22.1 | 0.0 | 100.0 | 95 |
| NA | 54.5 | 45.5 | 18.2 | 0.0 | 100.0 | 11 |
| $t_1 \rightarrow t_3$（熟慮 + 熟議） | | | | | | |
| 賛成 | 78.4 | 13.4 | 8.2 | 0.0 | 100.0 | 134 |
| 反対 | 13.7 | 78.2 | 7.3 | 0.8 | 100.0 | 124 |
| DK | 26.8 | 45.1 | 28.2 | 0.0 | 100.0 | 71 |
| NA | 50.0 | 50.0 | 0.0 | 0.0 | 100.0 | 2 |

　これを見てみると，$t_0$ 時点でいずれかのシナリオを選択していた人たちのおよそ 7 割は，$t_1$ の時点ではそのまま同じシナリオを選択している。賛成から反対に変わる割合（13.9％）よりも，反対から賛成に変わる割合（20.5％）が大きく，そのため回答が賛成優勢に変わったと考えられる。また，DK 回答者のうち半数以上が賛否いずれかに切り替わったことも，この表から読みとれる。

　MP 開始の $t_1$ 時点でいずれかのシナリオを選択した場合，情報提示後の $t_2$ 時点での歩留まり率は高く，賛成は 87.4％，反対は 78.2％ であった。DK 回答

の歩留まり率も 64.1% であり，こちらも $t_0$ から $t_1$ の変化と比べて高い歩留まり率である。意見変化についていえば，$t_1$ での賛成の 4.7% が反対に意見を変えたのに対して，$t_1$ での反対のうち，熟慮後に賛成へ変化させた回答者は 9.2% に及ぶ。しかし，$t_1$ 時点での DK 回答者では，賛成（14.1%）よりも反対（20.3%）のほうが選ばれている。

小グループ討論後の $t_3$ 時点での変化（$t_2 \rightarrow t_3$）を追うと，賛成も反対も同様に 8 割程度の高い歩留まり率を示しており，さらに，同程度の意見変化（賛成から反対 13.0%，反対から賛成 11.5%）も見られる。意見変化に絞ってみると，熟慮（$t_1 \rightarrow t_2$）と比べて熟議（$t_2 \rightarrow t_3$）において，対立する意見への変更が多く見られる。とくに賛成の間でこの点は際立っており，賛成から反対への変更は熟慮では 4.7% だったのが，熟議では 13.0% である。

さらに熟議の効果において特徴的なのは，DK の歩留まり率で，31.8% と低くなっている。24.2% が賛成を選び，43.9% が反対へ変化しており，全体としての反対の増加に寄与している。

ここまで，連続する時点での意見変化を見てきたが，MP を通してどの程度の意見変化があったかというと，MP リクルート郵送調査からの変化（$t_0 \rightarrow t_3$）では，賛成も反対も三分の二程度が同じシナリオを MP 終了時（$t_3$）でも選択している。この回答者たちは，すべての時点で一貫していたかもしれないし，途中で変化があったものの最終的に同じシナリオを選んだのかもしれないが，「よく考えた」結果，最初の政策意見と同じものを最後に選択している。$t_0$ 時点での賛成派でも反対派でも，対立する意見に最終的に辿り着いたものも同程度である。つまり，最初から政策意見を持っていた人たちがどちらかに偏って変化するということはないことが示される。

それに対して，意見分布の変化に大きく寄与しているのは「わからない」という回答をした人たちである。最終的に DK 回答者は 22.1% と少なく，多くの回答者が賛否いずれかを支持している。賛成への変化が 35.8% に対し，反対への変化は 42.1% と，どちらかといえば反対のほうに傾くのである。

MP 当日の変化（$t_1 \rightarrow t_3$）においても，ほとんど同様の意見変化パターンが観察できる。賛否それぞれの歩留まり率が約 8 割と高いことと，DK と当初答えた人が賛成よりも反対を選ぶ確率が高くなったのが特徴といえよう。

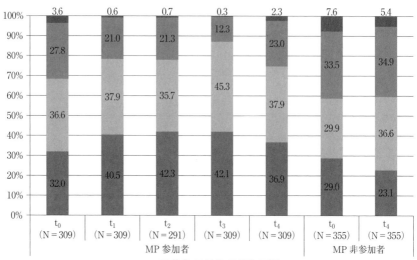

図 5-4 6月 MP シナリオ選択の回答分布，追跡回答

さらに，MP でも熟慮・熟議の効果の持続性を検証するために郵送追跡調査を実施した。MP 参加者 331 人のうち，実に 309 人の返送があり，93.3% という高い回収率となった。さらに，MP 参加者とは別に，MP リクルート郵送調査において MP 参加に関心を示したものの実際には参加をしなかった人たちにも調査票を送付した（第2章）。その返送者 335 人は，MP 参加者と全く同程度に関心の高い回答者とはいえないものの，それに近い回答者とはいえるので，参考のためにこの MP 非参加者の郵送調査結果もあわせて紹介する。

図 5-4 は郵送追跡調査に回答した MP 参加者に絞った意見変化の推移である。$t_0$ から $t_3$ 時点での意見分布については，図 5-3 とほとんど変わらない。注目すべきは $t_4$ 時点での意見変化である。最も特徴的なのは「わからない」の増加である。12.3% から 23.0% と倍増に近い。全体でみれば，賛成に比べて反対が優勢という点は変わらないものの，DK の増加に伴い，賛成も反対も両方ともその割合は減少した。熟議後にはほとんどの参加者が賛否いずれかを選んだが，その効果は半年後までは持続しなかったのである。

しかし，DK 回答が増えたとはいえ，増加後の割合は $t_0$ 時点のそれよりも，

第5章　意見変化

表5-4　6月 MP シナリオ選択の変化，追跡回答

|  | 賛成 | 反対 | DK | NA | 全体 | N |
|---|---|---|---|---|---|---|
| $t_3 \to t_4$（追跡） | | | | | | |
| 賛成 | 66.9 | 13.8 | 17.7 | 1.5 | 100.0 | 130 |
| 反対 | 15.0 | 63.6 | 17.9 | 3.6 | 100.0 | 140 |
| DK | 15.8 | 26.3 | 57.9 | 0.0 | 100.0 | 38 |
| NA | 0.0 | 0.0 | 100.0 | 0.0 | 100.0 | 1 |
| $t_0 \to t_4$（MP 参加者のみ，熟慮＋熟議） | | | | | | |
| 賛成 | 68.7 | 16.2 | 14.1 | 1.0 | 100.0 | 99 |
| 反対 | 18.6 | 64.6 | 12.4 | 4.4 | 100.0 | 113 |
| DK | 23.3 | 31.4 | 45.3 | 0.0 | 100.0 | 86 |
| NA | 45.5 | 9.1 | 36.4 | 9.1 | 100.0 | 11 |
| $t_0 \to t_4$（MP 非参加者のみ，熟慮・熟議なし） | | | | | | |
| 賛成 | 47.6 | 28.2 | 21.4 | 2.9 | 100.0 | 103 |
| 反対 | 7.5 | 67.9 | 22.6 | 1.9 | 100.0 | 106 |
| DK | 16.8 | 18.5 | 56.3 | 8.4 | 100.0 | 119 |
| NA | 18.5 | 25.9 | 40.7 | 14.8 | 100.0 | 27 |

$t_1$ 時点の割合に近い。つまり，ただ単に世論調査に回答するだけのときよりは DK は減少したといえる（10% 有意）。さらに，そのときと比べると賛成も増加している（10% 有意）。MP の効果は全く消えたとまではいえない。

　個人内の変化を見ても，$t_3$ 時点から $t_4$ 時点で，賛成も反対もその歩留まり率は 65% 前後と低い（表5-4）。対立する意見への変化は 15% 程度で，それと同じくらいの 18% 程度が DK となっている。「わからない」と答えていた人たちについては，60% 程度がそのまま DK だったのに対し，残りの 40% 程度は意見を変化させているが，どちらかといえば反対を選ぶ人が多い。$t_0$ からの変化でみても，その歩留まり率は低い。このことは MP を経ても，元の意見に戻ったわけではないことを意味している。さらに DK の歩留まり率は 45% 程度で，半数以上はいずれかの意見を持つようになったということがわかる。

　さらに，MP 非参加者の $t_0$ 時点と $t_4$ 時点の回答を見てみよう（図5-4 右側）。MP に参加していないので当然 $t_1$ から $t_3$ 時点の回答はない。まず指摘しておくべきことは，$t_0$ 時点でも $t_4$ 時点でも MP 参加者と MP 非参加者の意見分布は統計的に有意なレベルで異なっているということである。$t_0$ 時点で言えば，

MP 非参加者のほうが DK 回答率が高く，シナリオ選択の割合が低い。これは $t_4$ 時点でも同様である。また，$t_0$ 時点では MP 非参加者は賛成と反対が拮抗しているものの，$t_4$ 時点になると，反対が賛成を凌駕する。賛成が 23.1% なのに対し，反対は 36.6% である。この数カ月の間に，外国人労働者積極受け入れに反対のほうに世論が動いたことを示唆している。

個人内の変化でみても，賛成の歩留まり率は反対のそれよりも極端に低く，47.6% しかない（表5-4下段）。28.2% が反対に変化しており，全体的な反対の優勢に寄与している。賛否いずれでも 2 割程度は DK に変化しており，この割合は MP 参加者よりも高い。また，DK の歩留まり率は，MP 参加者における DK の歩留まり率よりも高く，両時点で「わからない」と回答した人が多かったこともわかる。

MP 参加者と MP 非参加者の $t_0$ 時点から $t_4$ 時点間への変化を比較すれば，MP 非参加者では半年後に反対方向に回答が変化する傾向があるが，熟慮・熟議を経た MP 参加者ではどちらかに偏った変化は起きていない。さらに，$t_0$ 時点で DK と答えた者が MP を経て，賛否いずれかを選択するようになり，その半年後でも DK にとどまっている率は低いということがわかり，この点でも熟議の効果が認められる。


# 4　おわりに


本章では，1 月 CASI と 6 月 MP データを用いて，熟慮と熟議と意見変化のパターンを検討した。熟慮を促すことを企図した 1 月 CASI では，熟慮ありグループは，熟慮なしグループに比べて，個人内の意見の一貫性が低く，意見変化が起きたことが示唆された。熟慮なしグループでは，DK が減り，反対意見に傾いた。それに対して，熟慮ありグループでは DK が減少するということはなかったし，いずれかの意見に傾くということもなく，全体で見れば個人の意見変化は相殺された。

6 月 MP の分析結果では，1 月 CASI と比べれば大幅な意見変化が見られる。そもそも MP に参加する人たちは，MP リクルート郵送調査の時点（$t_0$）であ

第5章 意見変化

らかじめ賛否いずれかの意見を保有している傾向がある。外国人労働者積極受け入れについて討論することは，当日の MP 開始まで明かしていないため，この問題に熱心な人たちがそれを理由に集まったというよりも，そもそも政治的な関心が高い人たちが集まっているためだと考えられる（第2章）。さらに，MP での最初のアンケートでの回答（$t_1$）では，DK が大幅に減るという変化が見られる。郵送調査とタブレット端末を用いた CASI 形式の調査という調査モードの相違はあれ，この変化はむしろ MP 会場で討論を行うというイベント効果が現れたと推測できる。

熟慮をした $t_1$ と $t_2$ 時点間でも，熟議をした $t_2$ と $t_3$ 時点間でも，シナリオ選択をした人の意見の安定性は高く，8 割の人は意見を変えない。意見分布の方向性についていえば，熟議によって意見がリベラルの方向に偏る（この場合，賛成）というリベラル・バイアスは見られなかった。$t_1$ と $t_2$ 時点間では，DK が減少しないという点で，1 月 CASI の結果と共通している。熟慮には，自己の立場を明確にするという効果はないと考えられる。それに対して，小グループ討論後の $t_3$ 時点においては，再度 DK が減少する。つまり，熟議によって自己の意見を明確に位置づけることができるようになったと考えられる。

1 月 CASI，6 月 MP での熟慮・熟議後の意見が継続されるかを検討した郵送追跡調査分析で明らかになったのは，その持続性の弱さである。1 月 CASI では，熟慮を促されたグループでも促されなかったグループでも，意見の一貫性（歩留まり率）は変わらない。つまり，熟慮後に辿り着いた意見もそうでない意見も半年後には同程度に変化していたのである。さらに両者において DK 回答率は高くなる[6]。

6 月 MP での熟議後回答（$t_3$）の最大の特徴は DK の少なさであったが，半年後の調査では再び DK が増加する。ただし，そのリバウンドは，MP リクルート郵送調査（$t_0$）の DK 率ほどではなく，MP 当日の初回アンケート（$t_1$）

---

6 CASI 追跡郵送調査（$t_4$）での DK の増加は，調査モードの相違に起因する可能性はある。CASI 調査では調査員が訪問して目の前にいるので真剣に回答をしなくてはならない雰囲気で調査が行われる一方で，郵送調査ではその真剣さが落ちることが考えられるためである。

程度である。そのため，熟慮・熟議の効果が消滅したとまでは結論できないだろう。その原因としては，MP リクルート郵送調査での DK 回答者が賛否いずれかを選択するようになったためである。また，MP 参加後（$t_3$）から MP 追跡郵送調査（$t_4$）の間の意見の一貫性は，賛成で 66.9％，反対で 63.8％ とそれほど高いとは思われないかもしれないが，1 月 CASI の $t_2$-$t_4$ 時点間の変化と比べれば（熟慮ありグループ，53.7％，58.2％；熟慮なしグループ，45.6％，50.6％），熟慮だけでなく熟議を経たほうがその意見の安定性が高くなるということも示唆される。ただし，MP 参加者は政治関心が高い層で，両者を比較するのは妥当ではないかもしれないという点には注意が必要である。社会経済的地位や政治態度を統制した詳細な分析が必要となるであろう。

　本章では意見がどのように変化していったかを分析してきた。多くの先行研究（e.g., Fishkin 2009）に基づけば，情報への接触によって熟慮，あるいは熟議を喚起することで最終的には意見や態度が変化すると考えられている。しかし，ある政策争点について熟慮・熟議した結果，事前とは異なる態度へと変化する場合もあるだろうが，他方で，事前に保有していた意見や態度の正当性をあらためて知覚することで態度が変化しない場合も考えられる[7]。そもそも熟慮・熟議を経ることで意見変化が生じるということは必ずしも論理的に導かれるわけではない。Myers and Mendelberg（2013）が指摘するようにそのような想定はナイーブであり，人々が熟慮や熟議をした結果，同じ意見にとどまるということは十分に成立しうる関係といえる。さらにいえば，実験参加者が事前に保有していた意見を変化させることは必ずしも望ましい熟議の帰結とは限らないという指摘もある（Baccaro et al. 2014; Himmelroos and Christensen 2014）。本章では紙幅の関係で触れなかったが，争点知識の獲得（第 4 章）と意見変化の間には相関は見られない。何をもって熟慮・熟議とするかはまた別の問いなのである（第 8 章参照）。

---

7　たとえば，Baccaro, Bächtiger, and Deville（2014）は「外国人の政治的権利」を題材とし，3 種類の異なる討議ルール（discussion modality）を処置として与えるミニ・パブリックスを実施した。その結果，討議が始まる前に自らの政策立場について正当化させる処置が与えられた場合，本来であれば熟議を促進する手続きであるにもかかわらず，むしろ参加者の意見や態度には変化が生じていないことが明らかとなった。

# 第6章　民主的態度の形成

横山　智哉

## 1　はじめに

　Fishkin（2009）は，討論型世論調査の主な効果として，第4章で検討した「知識の獲得」，第5章で検討した「意見変化」に加えて「よりよい市民（better citizens）」への育成に着目している。「よりよい市民」とは，自分以外の他者が公共的な問題に対してどのような利害や価値観を保有しているのかを理解する能力を養っている人物とされる。実際に，自らとは異なる立場の他者に注意を向けて理解しようと努めることは，民主主義における円滑な意志決定過程に寄与することからも，不可欠な民主的態度となる。これまで多くの研究が，熟慮あるいは熟議の帰結として異質な他者の立場に立って物事を考える態度を養うことの重要性を強調しており（e. g., Mansbridge et al. 2010），そのような態度は視点取得（perspective taking; Davis 1983）として着目されてきた。

　上記の議論を本研究プロジェクトで扱う調査の各処置に当てはめれば，熟慮あるいは熟議が視点取得を高めるかという点がリサーチクエスチョンとなるだろう。たとえば，ミニ・パブリックスにおいて参加者に提示される情報資料は，異質な他者と討議を行う上で必要な理論的根拠を提供することを意図して作成されている（Grönlund et al. 2015）。また，ミニ・パブリックス内での多様な他者との討議は，異質な意見や論拠に対する接触を促すことで「自らとは異なる考えや価値観はどのような理論的根拠に基づいているのか」という論点のレパ

ートリー（argument repertoires; Cappella et al. 2002）を増大させることが指摘されている。

これらの知見を踏まえれば，ミニ・パブリックスにおける各処置に伴う熟慮あるいは熟議を通じて，事前に保有していた意見や態度が相対化され，最終的には相手の立場に依拠してさまざまな政策争点について考える姿勢が形成されると考えられる（e. g., Mutz 2006）。なお，エネルギー・環境の選択肢に関する討論型世論調査実行委員会（2012）は，討議を経ることで，他者の意見を尊重することの重要性の認知が高まることを示している。しかし，上記の研究では体系的に「視点取得」を指標化しておらず，当該の変数に着目した分析が必要になるだろう。

また，本章では本研究プロジェクトの一環として，外国人労働者に対する排外意識に着目した分析も行う。排外意識とは内国人以外の存在である外国人を国家内から排除しようとする意識である（田辺 2011）。今日の民主主義国家では，急速なグローバリゼーションの進展と共に「外国人労働者受け入れ」に関する争点の顕現性が高まっているため，ミニ・パブリックスの重要なテーマとして扱われてきた（e. g., Grönlund et al. 2015）。そして，上記の争点を議題とした実証研究は，討議を経ることで移民の受け入れに肯定的な態度を形成することを明らかにしている。ただし，上記の知見は主にヨーロッパで実施されたミニ・パブリックスを通じて得られたものであり，わが国でも同様の結果が得られるのかは定かではない。そのため，あらためて外国人労働者に対する排外意識を従属変数とした分析が必要になるだろう。

そこで本章は 1 月 CASI データおよび 6 月 MP データを用いて，熟慮や熟議を経ることで視点取得および排外意識がどのように変化するのかを検討する。上記の従属変数を測定するために用いた質問項目は以下のとおりである。

視点取得「人を批判する前に，自分自身がその人の立場だったらどうだろうかと想像することは大事である」「どの問題にも賛否両論があるはずなので，両方の立場について考えるように心がけることは大事である」「何かものごとを決める前に，反対の立場にいる人の意見に注意を向けることは大事である」の3 項目について「1 ＝そう思う」から「5 ＝そうは思わない」までの 5 件法で測

124

第6章　民主的態度の形成

定し，逆転処理を行った上で各時点での3項目の平均値を算出した。なお，上記の選択肢に加え「わからない」「答えたくない」という選択肢もあわせて尋ねており，そのような回答は欠損値とした。

**排外意識**「あなたの生活圏に中国・韓国など東アジアからの労働者が増えること」「あなたの生活圏にブラジル・ペルーなど南米からの労働者が増えること」「あなたの生活圏にフィリピン・ベトナムなど東南アジアからの労働者が増えること」「あなたの生活圏にアメリカ・イギリスなど欧米からの労働者が増えること」という4項目について「1＝反対」から「11＝賛成」までの11件法で測定し，逆転処理を行った上で各時点での4項目の平均値を算出した。なお，視点取得と同じく，上記の選択肢に加え「わからない」「答えたくない」という選択肢もあわせて尋ねているため，そのような回答は欠損値とした。

## 2　1月CASIにおける視点取得の変化

まずは視点取得の変化について1月CASIから確認する。情報提示という処置が与えられる前の$t_1$では，外国人労働者受け入れに関する情報を提示したグループ（以下，熟慮ありグループとする）の平均値が4.44，エネルギー政策に関する情報を提示したグループ（以下，熟慮なしグループとする）の平均値が4.39であった（図6-1）[1]。また，情報提示という処置を与えた後の$t_2$での平均値は，熟慮ありグループでは平均値が4.46，熟慮なしグループでは平均値が4.50であった。なお$t_2$において，後者のグループに割り当てられた参加者の視点取得の値がわずかに高いように見えるが，この差は統計的に有意ではない。

次に，グループごとに視点取得に関する個人内変化を分析する。その結果，熟慮ありグループでは$t_1$と$t_2$における視点取得の値（$t_1$＝4.44 *vs.* $t_2$＝4.46）に有意差は認められなかった[2]。その一方で，熟慮なしグループでは，与えられたエネルギー政策の情報を閲読することで視点取得が高まることが明らかにな

---

1　欠損値がある回答者は分析から除外された。以後の分析でも同様である。

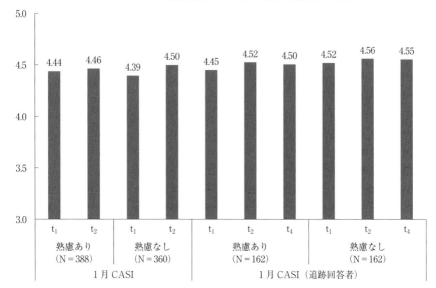

図6-1　1月CASI視点取得の平均値の変化（追跡回答も含む）

った（$t_1 = 4.39$ *vs.* $t_2 = 4.50$；$F(1,359) = 9.26$, $p<.01$）。したがって，閲読した情報の種類に応じて視点取得が高まる程度が異なる可能性が示唆された。

また，熟慮の効果の持続性を検討するために，1月CASIの回答者には半年後に郵送調査を通じて同じ設問を尋ねた。$t_2$と$t_4$における視点取得の個人内変化を検討した結果（図6-1右側；追跡回答者），その値にほとんど変化がないことが明らかとなった。たとえば，両グループでは$t_2$と$t_4$で視点取得の値がわずかに低減（それぞれ，$t_2 = 4.52$ *vs.* $t_4 = 4.50$, $t_2 = 4.56$ *vs.* $t_4 = 4.55$）しているが，両グループ共に有意差は認められていない。加えて，追跡調査の回答者に限れば$t_1$と$t_2$間でも視点取得の値に有意差がないため，結果として熟慮の効果は認められず，したがってその持続性も確認することができなかった。

---

2　ただし，外国人労働者に関する知識が$t_1$から$t_2$にかけて増加した参加者のほうが有意に視点取得の値が高いことが明らかとなった（知識非獲得層；$M = 4.31$，知識獲得層；$M = 4.54$，$t(386) = 3.02$，$p<.01$）。

第 6 章　民主的態度の形成

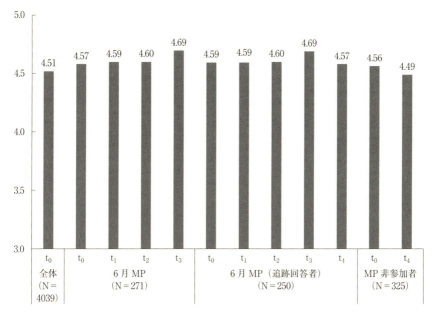

図 6-2　6月 MP 視点取得の平均値の変化（追跡回答も含む）

## 3　6月 MP における視点取得の変化

　6月 MP においても同じく視点取得に関する変化を検討する（図 6-2）。なお，最も左のグラフは最初の郵送調査に回答した全回答者の視点取得に関する平均値である。一方で，左から2番目のグラフはその中から MP に実際に参加した回答者の $t_0$ の平均値となっている。

　まずは MP 参加者に着目して $t_0$ から $t_3$ にかけての個人内変化を検討した。その結果，処置の効果が有意（$F(2,270)=13.6$, $p<.001$）となり，多重比較を行ったところ，$t_3$ での視点取得の値（$M=4.69$）が $t_1$ および $t_2$ よりも有意に高いことが明らかとなった（$p<.05$）。つまり，MP における熟議を通じてはじめて参加者の視点取得の値が高まることが明らかとなった。

さらに，MP における熟慮および熟議の持続性を検討するために，半年後に
郵送追跡調査を実施して同じ設問を尋ねた。分析の結果，同じく処置の効果が
有意（$F_{(2, 249)} = 7.78$，$p < .001$）となり，多重比較を行ったところ，$t_3$ での視
点取得の値（$M = 4.69$）が他の時点の値よりも有意に高いことが明らかとなっ
た（$p < .05$）。すなわち，MP の熟議過程を通じて高まった視点取得の値は，そ
の半年後（$t_4$）には MP を経験する以前の $t_1$ の値と同程度まで下がることが明
らかとなった（$M = 4.57$）。

　また，本研究プロジェクトでは MP リクルート郵送調査において「MP への
参加に興味がある」と答えたが，実際には参加していない人にも調査票を送付
している。そのような回答者の平均値を表すグラフが，図 6-2 の右側にある
MP 非参加者という箇所である。そこで MP 非参加者を対象に分析を行った結
果，$t_0$ から $t_4$ にかけて視点取得の値が有意に低減していることが明らかとな
った（$t_0 = 4.56$ *vs.* $t_4 = 4.49$；$F_{(1, 324)} = 5.97$，$p < .05$）。このような結果を踏まえれ
ば，とくに MP における熟議を経験したことで $t_4$ での視点取得の値が 4.57 に
とどまっているのであって，それらを経験していなければ 4.49 という値まで
低減していた可能性が示唆された。


## 4　1月 CASI における排外意識の変化

　次に排外意識の変化について 1 月 CASI から確認する。まず情報提示という
処置が与えられる前の $t_1$ では，熟慮ありグループの平均値が 6.44，熟慮なし
グループの平均値が 6.28 であった（図 6-3）。また，提示された情報を閲読し
た $t_2$ の段階における排外意識の値は，熟慮ありグループでは平均値が 6.22，
熟慮なしグループでは平均値が 6.18 であった。なお，$t_1$ の段階で，両グルー
プの排外意識に差があるように思うかもしれないが，当該時点間に有意差は認
められていない。

　さらに詳しく排外意識の変化を検討するために，グループごとに個人内の変
化に着目した分析を行った。その結果，熟慮ありグループでは，$t_1$ と $t_2$ にお
いて排外意識の値に有意差が認められた一方で（$t_1 = 6.44$ *vs.* $t_2 = 6.22$；$F_{(1, 359)}$

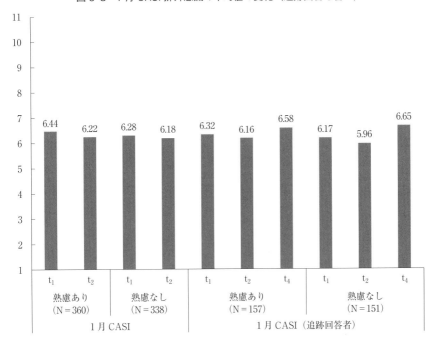

図6-3 1月CASI排外意識の平均値の変化（追跡回答も含む）

=9.72，p<.01），熟慮なしグループでは有意差が認められなかった。つまり外国人労働者に関してさまざまな観点を伴った情報を得たグループに限り，熟慮が排外意識を低減させる効果が確認された。

次に，熟慮の持続性を検討するために，1月CASI追跡調査のデータを分析した。各グループ内での排外意識に関する個人内変化を検討した結果（図6-3右側；追跡回答者），それぞれ処置の効果が有意となり（それぞれ$F(2,156)=3.56$, $p<.05$, $F(2,150)=12.62$, $p<.001$），多重比較を行ったところ，$t_4$での排外意識の値（熟慮あり；M=6.58，熟慮なし；M=6.65）が$t_1$および$t_2$の値よりも有意に高いことが明らかとなった（ps<.05）。このように，両グループが等しく$t_4$で排外意識の値が高まっている理由として，第5章（図5-2）の結果を踏まえれば，$t_2$から$t_4$の半年間で回答者が「外国人労働者受け入れ」に対して賛成する割合が減っており，それと共に排外意識が高まった可能性が考えられる。

ただし，熟慮ありグループと熟慮なしグループでは $t_2$ と $t_4$ で排外意識の増加量が異なっており，「外国人労働者受け入れ」に関する情報を熟慮した参加者のほうが排外意識の高まる程度が抑制されていることが明らかとなった。

## 5　6月MPにおける排外意識の変化

次に，6月MPのデータを用いて排外意識の変化に関する分析を行った（図6-4）。なお，排外意識に関する質問項目は $t_0$ では尋ねていない。そのため，MPリクルート郵送調査における回答者全体の平均値がわからない点や，MP参加者においても $t_0$ を含めた経時的な比較ができないことに留意する必要がある。

まずMP参加者における $t_1$ から $t_3$ にかけての排外意識に関する個人内変化を検討した。その結果，処置の効果が有意（$F_{(2, 262)} = 5.67$，$p < .01$）となり，多重比較を行ったところ，$t_3$ での排外意識の値（$M = 5.65$）が $t_1$ および $t_2$ よりも有意に低いことが明らかとなった（$p < .05$）。つまり，熟慮だけでは有意な効果を持たず，熟議という処置を経てはじめて排外意識が低減することが明らかとなった[3]。

最後に，熟議の持続性を検討するために，半年後に実施したMP追跡調査のデータを分析する。分析の結果，同じく処置の効果が有意（$F_{(3, 238)} = 6.42$，$p < .001$）となり，多重比較を行ったところ，$t_4$ での排外意識の値（$M = 6.11$）が他の時点の値よりも有意に高いことが明らかとなった（$p < .05$）。この結果は，熟議を通じて低減した外国人労働者に対する排外意識（$t_3$；$M = 5.69$）が，半年後にはその値よりも有意に高まったことを意味する。ただし，MPへの参加に興味があると表明したが，実際には参加していない回答者の $t_4$ での排外意識

---

3　外国人労働者に関する知識を考慮に入れて分析した結果，当該争点に関する知識が $t_1$ から $t_2$ で増加した層が，そうでない層と比べて排外意識の値が有意に高いことが明らかとなった（知識非獲得層；$M = 5.03$，知識獲得層；$M = 5.94$，$t_{(261)} = 2.73$，$p < .01$）。一方で，$t_2$ から $t_3$ を経ることで排外意識の有意差は認められなくなった。

第 6 章　民主的態度の形成

図 6-4　6 月 MP 排外意識の平均値の変化（追跡回答も含む）

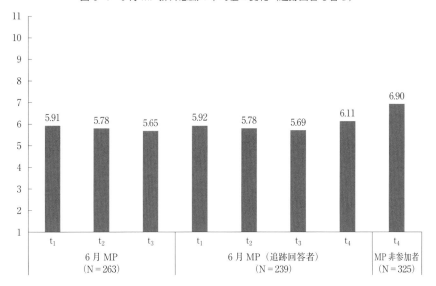

の値は 6.90 と高く（図 6-4 右側；MP 非参加者），一方で同時点の MP 参加者の値は 6.11 であるため，その数値に顕著な差が認められた。このような結果は，MP での熟慮および熟議過程を経験していなければ $t_4$ の段階で 6.90 の値まで排外意識が高まる可能性があったものの，MP における各処置の経験が排外意識の増大を 6.11 の値に抑制したことを示唆している。

## 6　おわりに

　本章では，1 月 CASI と 6 月 MP の各種データを用いて，熟慮および熟議が視点取得あるいは排外意識に与える効果を実証的に検討した。
　まず 1 月 CASI において，熟慮ありグループではその効果が認められなかったものの，熟慮なしグループ（ただし，「エネルギー政策」に関しては熟慮しているグループ）では $t_1$ から $t_2$ にかけて視点取得が高まっていることが明らかとなった。つまり，熟慮が視点取得に与える効果は，参加者が閲読する資料

の種類に応じて異なることが明らかとなった。このような結果が得られた理由として，争点に関する顕現性の高低に伴い，情報を閲読する動機づけが変化した可能性が考えられる。また6月MPでは，$t_2$での熟慮の効果は認められなかったものの，$t_3$での熟議過程を経てはじめて視点取得が高まることが明らかとなった。その理由として，ミニ・パブリックスでは多様な意見を保有する他者との討議を通じて異質な意見や論拠に接触し，かつそのような他者との異質性を許容しながらも討議を続ける必要があるため，結果的に視点取得が高まった可能性が考えられる。

　次に排外意識に関しては，1月CASIの熟慮ありグループにおいて$t_1$から$t_2$にかけて低減することが明らかとなった。「外国人労働者受け入れ」に関連した情報を熟慮したグループでのみ上記の効果が得られたという結果は，まさに当該争点に関する情報閲読に伴う熟慮の帰結だと考えられる。また6月MPでは，$t_3$での熟議過程を経てはじめて排外意識が低減することが明らかとなった。なお外国人労働者に対する排外意識は，そのような人々によって仕事が奪われるという「仕事減少意識」と強く関連している（田辺2011）。そのため，特にMPにおける熟議過程を通じて，今まで受け入れてこなかった異質な考えを許容する機会が生み出されることで，たとえば外国人労働者受け入れに起因する経済的脅威を低く認知するようになり，最終的には排外意識が低減した可能性が考えられる。

　またCASI追跡調査とMP追跡調査のデータ分析で明らかとなったことは，第5章と同じく熟慮あるいは熟議の効果の持続性が弱いということである。たとえば，そもそも1月CASI追跡調査に回答した人に限れば，熟慮ありグループと熟慮なしグループにおいて視点取得の値は変化していない。また，6月MPでは熟議過程（$t_3$）を経てはじめて視点取得の値が$t_1$よりも高くなったものの，半年後の$t_4$ではMPを経験する以前の$t_1$の値と同程度まで低減している。ただし，$t_4$でのMP非参加者とMP参加者の視点取得の値を比較すれば，前者の値のほうが相対的に低いことも明らかとなっている。つまり，MP内での熟議を経験したことで，$t_2$から$t_4$の半年間において視点取得が低減する影響を受けにくくなっている可能性が考えられる。ただし，すべての参加者において熟議を通じて高まった視点取得が低減するとは限らず，そのまま保持して

いる人たちも存在するだろう。つまり，今後の研究では，とくに MP を通じて高まった視点取得を保持している参加者と，そうでない参加者を弁別する要因を検討する必要がある。

さらに 1 月 CASI および 6 月 MP の両方で，熟慮あるいは熟議を経験した時点よりも後の $t_4$ において排外意識が高まっていることが明らかとなった。ただし，1 月 CASI で外国人労働者に関する情報を閲読していない熟慮なしグループでも，熟慮ありグループと同じく $t_4$ で排外意識が高まっており，同様に 6 月 MP に関しては，MP に参加していない回答者も $t_4$ での排外意識が高いことが示されている。このような結果を踏まえれば，各調査が終わってから半年後の間に，外国人労働者受け入れに反対する世論が喚起され，それに伴い全体的に排外意識が高まった可能性が考えられる。その一方で，6 月 MP の $t_4$ において，MP 参加者の排外意識の値が非参加者に比べて相対的に低いという結果も得られている。つまり，本来であれば MP に参加していなければ MP 非参加者の数値まで排外意識が高まる恐れがあったものの，MP における各処置を経ることで，排外意識の増大が抑制されたと考えられる。したがって，とくにMP における熟議には，たとえば排外意識を高めうる世論が喚起された際に，その否定的な影響を抑制するような「予防接種」に類似した効果が内包されている可能性が考えられる。

最後に，本章は視点取得および排外意識を従属変数とすることで，熟慮あるいは熟議を喚起すると想定される各調査が「よりよい市民」（Fishkin 2009）の形成に寄与する可能性を検討した。種々の調査結果に鑑みれば，とくにミニ・パブリックスでの熟議を経験した時点では，そのような望ましい効果が生じている蓋然性が高い。しかし，時間が経過することでその効果は確認できなくなる。ここで重要なのは，ミニ・パブリックスで短期的に養った民主的態度を，どのように保持していくのかという長期的な視点であろう。そのためには，人工的に作り上げられた公的な場での討議だけでなく，市民が普段過ごしている日常生活における会話にも着目した分析が必要になると考える（e.g., 横山・稲葉 2016）

# 第7章　熟議空間と公共圏をつなぐ

遠藤　晶久・山﨑　新

## 1　はじめに

　熟議民主主義理論の近年の発展においてミニ・パブリックスが果たした役割は大きいが，他方で，ミニ・パブリックスに対する厳しい目も向けられている（Lafont 2015）。この分野の研究関心も，システム的転回と称されるように，ミクロな熟議フォーラムの構築からマクロな熟議システム（deliberative system）の構想へと移行しつつある（第1章）。それを受けて，ミニ・パブリックス研究においても，小規模なミニ・パブリックスの機能を，マクロレベルでの熟議システムという観点から評価し直すという試みも行われ始めている（Curato and Böker 2016; Felicetti, Niemeyer, and Curato 2016）。

　ミニ・パブリックスの課題として挙げられるのは，第1に，その代表性の低さである。無作為抽出に基づいたミニ・パブリックスは，自発性に基づいた参加者選出ルールよりは代表性が担保されているものの，参加率が10％を下回る状況では，自己選出の歪み（self-selection bias）に基づく参加者の属性の偏りは不可避であろう（第2章参照）。そのような代表性の低い参加者が，さらに10人前後の小グループで議論をするとき，その熟議空間は非参加者にとって閉鎖的で自らに無関係なものと見なされるおそれがある。これを改善する方法はいくつか考えられるだろうが，本プロジェクトでは，CASI調査回答者が熟慮したときの意見分布を資料として提供することで，少なくとも公共圏の意見

分布についても考慮に入れて議論ができる状況を作り出し，熟議空間外との接続の回路を設けた。

　第2の課題としては，熟議空間で導き出される「結論」の正統性の問題があげられる。熟議民主主義論者は，ミニ・パブリックスによって得られた意見を公共政策形成過程に何らかの形で反映することを構想するが，「代表」として人々が選んだわけではない参加者による議論に，人々は正統性をどの程度認めるかという問題は残る。しかし，ミニ・パブリックスにおける結論をそのまま公共政策（public policy）へとつなごうとするのではなく，間接的ではあるかもしれないが，世論（public opinion）に接続することで正統性の問題を回避しうると考えられる。

　このようなミニ・パブリックスの諸課題を考察するとき，個々のミニ・パブリックスで生じているミクロレベルでの熟議の検討だけでは不十分である。本章では，熟議空間と公共圏という異なるレベルにおける公共政策に対する意見を接続することによって，ミニ・パブリックスの可能性と限界について明らかにしたい。そこで，ここでは，ミニ・パブリックスによって立ち現れる熟議空間での意見とCASIによって測定される公共圏の意見（世論）の相互作用について検討する。具体的には，6月MPにおいて，公共圏の意見分布（1月CASI）についての情報を得たグループを設定し，さらに，10月CASIにおいては，提示情報に熟議空間の結論（6月MP）を提示するグループを設定することで，それぞれの情報によって意見変容のパターンがどの程度影響を受けるのかについて調査実験によって検証する（図1-2，図2-12，参照）。


## 2　実験デザイン

　公共圏と熟議空間の相互作用を検討することを目的として，本プロジェクトでは，世論調査で測定した公共圏の意見を熟議空間のミニ・パブリックスに反映させ，さらに，世論調査を通じてミニ・パブリックスでの意見形成を再び公共圏に反映させるということを試みた。6月MPにおいては1月CASIの意見変化の結果を，10月CASIにおいては6月MPの意見変化の結果を紹介する

第7章　熟議空間と公共圏をつなぐ

ことで，熟議空間にいる MP 参加者が公共圏の意見を考慮に入れ，公共圏に
いる CASI 回答者が熟議空間における意見形成を参照できるようにした。その
際に，その効果を検証するために実験的な調査デザインを採用し，意見分布に
関する情報付与を行わない統制群を設定した（第2章）。

　より具体的に説明すると，6月 MP においては2回目のアンケート（$t_2$）を
終えた後，意見交換セッションの冒頭に，再度，外国人労働者受け入れに関す
る資料を提示したが，その際に，意見交換するセッションごとに1月 CASI の
調査結果を含んだ資料を配布する実験群（CASI 情報ありグループ）と調査結果
を含まない資料を配布する統制群（CASI 情報なしグループ）を設定した。配布
資料には，1月 CASI の調査概要[1]を説明したうえで，1月 CASI でのシナリ
オ選択の結果のみならず，その際に外国人労働者受け入れ問題のどの側面を重
視したかやそれぞれの側面についてどのような意見を有しているのかという質
問に対する回答結果も並べ，さらに，熟慮後にシナリオ選択がどのように変化
したのかについても掲載した（詳細は第2章）。

　10月 CASI においては $t_1$ 回答後の情報資料の一部に組み込む形式をとった。
その内容は，上述と同様で，6月 MP の概要[2]と調査結果である。10月 CASI
においてはグループを無作為に三分割した。一つは6月 MP の調査結果を提
供する実験群（MP 情報ありグループ）だが，さらに1月 CASI の調査結果を提
供する実験群（CASI 情報ありグループ）も設定した。これは，熟議空間の意見
の考慮が公共圏の意見の考慮と異なるのかについて検討するためである。統制
群としては，いずれの調査結果も提供しない統制群（CASI/MP 情報なしグルー
プ）を用意した[3]。

---

1　1月 CASI の概要についての資料中の説明は以下の通りである。「ここで，早稲田大学が
　実施した世論調査の結果をご紹介したいと思います。早稲田大学では，2016年1月から3
　月にかけて，静岡県の有権者の中からランダムに選んだ2000名の方を対象に，選ばれた
　方のお宅を訪問して，『日本の将来に関する静岡県民の意識調査』を実施いたしました。
　この調査では，先ほどみなさまにお答えいただいたのと同じ質問を行い，同様にタブレッ
　トに回答を入力していただきました。そこで，先ほどみなさまにお答えいただいたのと同
　じ質問について，世論調査ではどのような回答が示されたのか，ご紹介していきたいと思
　います。」

提示した情報については，紙幅の制約上すべてを詳細に挙げられないが，シナリオ選択の変化に関する情報についてだけは説明する必要があるだろう。提示した資料の最後に，外国人労働者を積極的に受け入れる（賛成），あるいは，受け入れない（反対）という回答について，(1) 熟慮・熟議前（1月CASI, 6月MPともに $t_1$ 時点）の割合，(2) 熟慮・熟議後（1月CASIでは，$t_2$ 時点，6月MPでは $t_3$ 時点）の割合，さらに (3) 賛成・反対の回答がそれぞれ変化した割合を図示した[4]。

　資料として提示した1月CASIの調査結果と6月MPの調査結果は対称的であった。両者とも賛否は拮抗していたものの，1月CASIでは反対が多数を占めていた状況から，賛成多数に変わり，6月MPでは賛成から反対へと逆転したという点は重要であろう。具体的には，1月CASIでは熟慮前では賛成が49％，反対が51％であったが，熟慮後に5％が賛成から反対に，8％が反対から賛成に転じ，最終的には賛成が52％，反対が48％という結果となった。6月MPにおける意見変化は同様に，調査開始時点（$t_1$）において賛成が52％，反対が48％で，9％が賛成から反対に，6％が反対から賛成に変化した。その結果，熟慮後（$t_3$）においては賛成が49％，反対が51％であった。なお，6

---

2　6月MPの概要についての資料中の説明は以下の通りである。「ここで，早稲田大学が実施した『日本の将来に関する静岡県民による意見交換会』の参加者を対象としたアンケート調査の結果をご紹介したいと思います。早稲田大学では，2016年6月に，外国人労働者受け入れ問題をテーマとした，静岡県民による『意見交換会』を実施しました。静岡県の有権者の中から無作為に選んだ10,000名の方から選ばれた331名の方に，静岡大学にお集まりいただきました。そして，8名前後の小グループに分かれていただき，今あなた様にお読みいただいている資料を参考にしながら，2時間15分にわたって，外国人労働者受け入れ問題について，参加者間で意見交換していただきました。この意見交換会の終了後，先ほどみなさまにお答えいただいたのと同じ質問のアンケートをとりました。そこで，意見交換会の参加者の方たちはこれらの質問にどのような回答を示されたのかを，ご紹介していきたいと思います。以下の質問の下のパーセント（％）は，静岡大学で行った『静岡県民の意見交換会』の後に，参加者が各質問に答えていただいた結果です。」

3　いずれの統制群においても調査結果について情報提供をしていないだけで，外国人労働者受け入れに関するさまざまな情報の提示は行っている。

4　煩雑化を避けるため，すべて表示された割合はDK・NAを分母から除いて集計したものを使用した。

月 MP の回答結果は，1 月 CASI の影響を排除するために CASI 情報なしグループのみに絞って算出した。

## 3 公共圏から熟議空間へ

　熟議空間と公共圏との接続のために，まずは公共圏の意見を熟議空間に伝達し，熟議において公共圏の意見が果たす役割について検討する。上述のように，6 月 MP において，1 月 CASI の結果を提示されたグループとそうでないグループを設定し，それぞれの意見分布について比較する（図 1-2，図 2-12，及び詳細は第 2 章を参照）。

　熟慮後の $t_2$ 時点では，CASI 情報ありグループでも CASI 情報なしグループでも賛成が反対を上回っている（図 7-1）[5]。両グループともに賛成は 40% 強で，反対は 35% 前後，DK が 20% 前後であり，両者の間に統計的に有意な差はない。資料提示と意見交換を経た $t_3$ 時点では，CASI 情報ありグループと CASI 情報なしグループでは，多数派が異なるという結果になった。前者では，反対が増加するものの，賛成も同様に増加するため，賛成が多数を占めたままである。他方，後者では，賛成が漸減し，反対が増加することで，反対意見が逆転し，多数派を占めるようになる。ただし，カイ二乗検定では両者（熟議前後）の分布に統計的に有意な差があるとはいえない[6]。なお，この意見の継続性について 6 月 MP の追跡郵送調査を用いて確認すると，両グループとも $t_3$ から $t_4$ で DK が再度増加し，反対が減少するが，多数意見は CASI 情報ありグループでは賛成，CASI 情報なしグループでは反対のまま継続していることが明らかになる[7]。公共圏の意見がなければ反対へと向かう傾向がある一方で，公共

---

5　なお，$t_2$・$t_3$ 時点の比較に焦点を当てているため，両方で完答している参加者のみに絞って分析している。

6　統計的には，いずれのグループでも DK が減少し（5% 有意），反対が増加する（10% 有意）という結果である。

7　CASI 情報ありグループでは，賛成 40.0%，反対 34.8%，DK 21.9%，NA 3.2%，CASI 情報なしグループでは賛成 33.8%，反対 40.9%，DK 24.0%，NA 1.3% である。

139

図7-1　6月MPのシナリオ選択とCASI情報付与

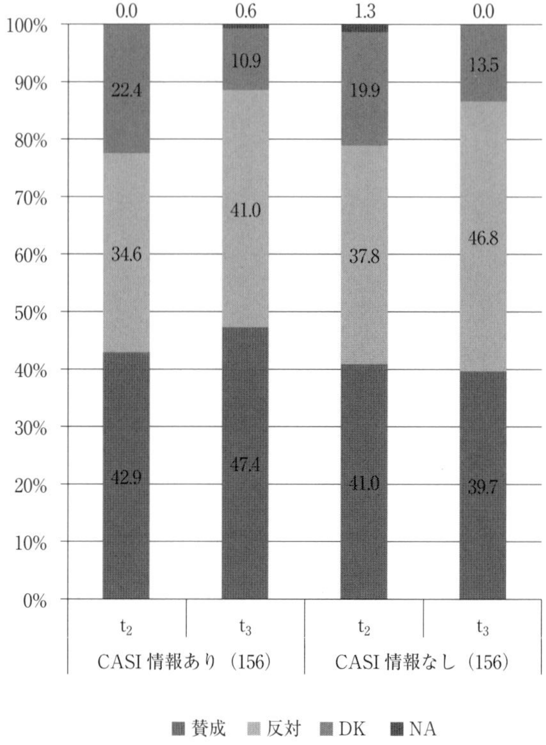

|  | t₂ | t₃ | | t₂ | t₃ |

(chart)

```
100%    0.0        0.6         1.3        0.0
              10.9
         22.4                  19.9       13.5
 90%
 80%
              41.0                        46.8
 70%
                              37.8
 60%    34.6
 50%
 40%
              47.4
 30%    42.9                  41.0       39.7
 20%
 10%
  0%
         t₂    t₃            t₂    t₃
     CASI情報あり（156）      CASI情報なし（156）
```

■賛成　■反対　■DK　■NA

圏の意見分布を参照することでそれが押しとどめられたといえるかもしれない。

　t₂ 時点から t₃ 時点での個人内での意見の変化をクロス表分析したものが表7-1である。対角線上にゴチックになっているのが意見の一貫性（歩留まり率）であるが，興味深いのは，CASI 情報ありグループでは賛成派の一貫性が高く，CASI 情報なしグループでは反対派の一貫性が高い点である。前者が賛成多数を維持できたのは，賛成派の一貫性が高かっただけでなく，反対から賛成に回った参加者が比較的多かったためだと思われる。他方で，後者において反対派が逆転したのは，反対派の一貫性が高く，それに加えて，DK から反対に変化した参加者が多かったためであろう。ただし，両グループの一貫性の間には統計的に有意な差はないため，あくまでそのような傾向が確認されただけという

第 7 章 熟議空間と公共圏をつなぐ

表 7-1　6 月 MP シナリオ選択の変化と CASI 情報付与

| シナリオ選択 (t₂) | CASI 情報あり | | | | | CASI 情報なし | | | | |
|---|---|---|---|---|---|---|---|---|---|---|
| | シナリオ選択 (t₃) | | | | | シナリオ選択 (t₃) | | | | |
| | 賛成 | 反対 | DK | NA | N | 賛成 | 反対 | DK | NA | N |
| 賛成 | 83.6 | 13.4 | 3.0 | 0.0 | 67 | 79.7 | 12.5 | 7.8 | 0.0 | 64 |
| 反対 | 16.7 | 77.8 | 3.7 | 1.9 | 54 | 6.8 | 81.4 | 11.9 | 0.0 | 59 |
| DK | 25.7 | 37.1 | 37.1 | 0.0 | 35 | 22.6 | 51.6 | 25.8 | 0.0 | 31 |
| NA | — | — | — | — | — | 0.0 | 50.0 | 50.0 | 0.0 | 2 |
| 全体 | 47.4 | 41.0 | 10.9 | 0.6 | 156 | 39.7 | 46.8 | 13.5 | 0.0 | 156 |

留保をつける必要がある。

　熟議空間におけるこのような意見変化の背景に，公共圏における意見の影響があるのかを確認するため，熟議参加者が世論をどのように認識していたかを検討しよう。6 月 MP においては，社会における多数派がどちらのシナリオを支持しているかについて尋ねた質問項目が含まれている。シナリオ選択質問で賛成か反対と回答した参加者には，自分と同じシナリオを支持する人が世の中で多数派だと思うか否かを尋ねた[8]。その時点ごとの賛成派と反対派を二つのグループで分割して回答分布を示したのが図 7-2 である。シナリオ選択で DK と回答した参加者にも，賛否いずれが多数派だと思うかを尋ねているので，その結果も図示した（図 7-3）[9]。

　この結果を見ると，賛成派は熟議前の t₂ 時点では両グループでほとんど認識は変わらない。自らを多数派と考えている割合はそれほど多くなく，半々と考えている参加者と少数派と考えている参加者がそれぞれ 35% 程度いる。し

---

8　質問文は以下の通りである。「あなたは，シナリオ A（労働力として外国人を積極的に受け入れる）（もしくは，シナリオ B（労働力として外国人を積極的には受け入れない））をお選びになりました。あなたと同様にシナリオ A（シナリオ B）を支持する人は，世の中で多数派だと思いますか，それとも少数派だと思いますか。あなたのお考えに最も近いものをお選びください。1. 多数派だと思う，2. どちらかと言えば多数派だと思う，3. それぞれのシナリオを支持する人がおよそ半々くらいだと思う，4. どちらかと言えば少数派だと思う，5. 少数派だと思う，6. わからない，7. 答えたくない」。図 7-2 では，選択肢 1 と 2 を「多数派」，3 を「半々くらい」，4 と 5 を「少数派」，6 を DK，7 を NA とした。

141

図7-2　6月 MP における多数派認知と CASI 情報付与，賛成派・反対派のみ

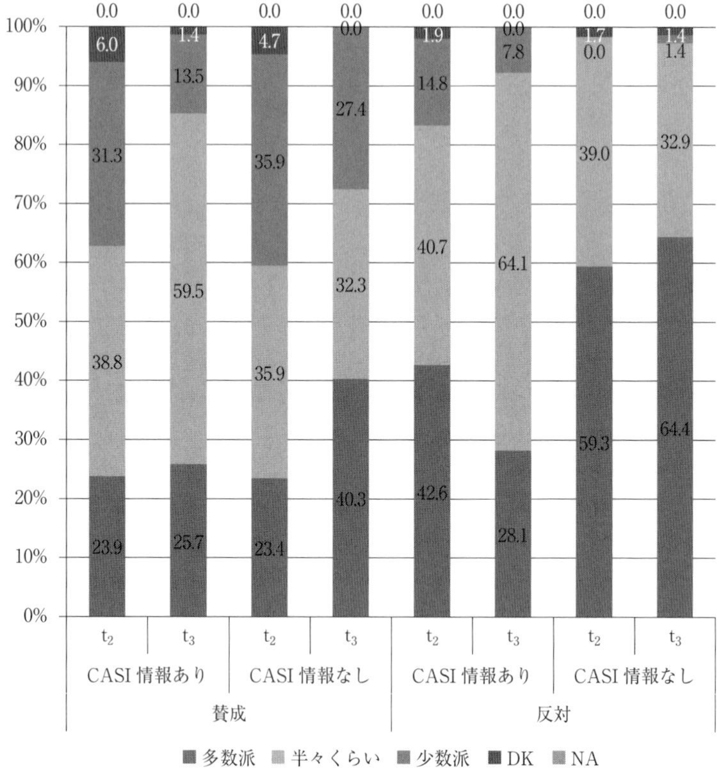

9　質問文は以下の通りである。「世の中で，シナリオ A（労働力として外国人を積極的に受け入れる）を支持する人と，シナリオ B（労働力として外国人を積極的には受け入れない）を支持する人の，どちらが多数派だと思いますか。あなたのお考えに最も近いものをお選びください。1. シナリオ A を支持する人が多数派だと思う，2. どちらかと言えばシナリオ A を支持する人が多数派だと思う，3. それぞれのシナリオを支持する人がおよそ半々くらいだと思う，4. どちらかと言えばシナリオ B を支持する人が多数派だと思う，5. シナリオ B を支持する人が多数派だと思う，6. わからない，7. 答えたくない」。図7-3，7-5では，選択肢 1 と 2 を「賛成が多数派」，3 を「半々くらい」，4 と 5 を「反対が多数派」，6 をDK，7 を NA とした。

第 7 章　熟議空間と公共圏をつなぐ

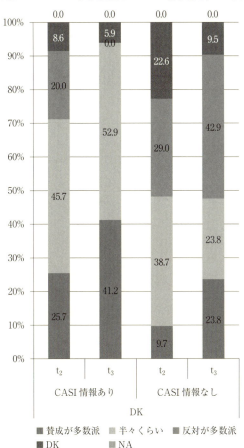

図 7-3　6 月 MP における多数派認知と CASI 情報付与，DK 回答者のみ

かし，熟議後の $t_3$ 時点では，両グループともにこの分布が大きく異なることになる。提示された 1 月 CASI の結果は，(1) 反対から賛成へ全体的にシフトしたという解釈と，(2) 賛否は拮抗しているという解釈の双方を可能にする。そのため，この情報は，賛成が多数派と思う，あるいは，両者が半々だと思うという二つの回答を増加させる可能性があるが，実際に，CASI 情報ありグループでは，半々くらいという回答が増大し，少数派という回答は大幅に減少し

143

ている。他方，CASI 情報なしグループでは，多数派という回答が増加しているものの，半々という回答が減少している。「多数派」と「半々くらい」を足し合わせると，CASI 情報ありグループでは，CASI 情報なしグループでより，その割合は高い。

賛成派と比べると，$t_2$ 時点で反対意見を選択した参加者は自分が多数派だと思っている割合が高く，少数派だと思っている割合は低い傾向がある。ただし，その度合は CASI 情報ありグループと CASI 情報なしグループで大きな隔たりがある。この時点では同じ条件で調査をしているので，この差が何に起因するかは明らかではないが，ここで着目すべきは $t_2$ から $t_3$ 時点での変化である。CASI 情報なしグループではその分布はほぼ変化していないのに対して，CASI 情報ありグループでは，自分たちが多数派だと考えている参加者が大幅に減り，半々くらいという回答が増加する。興味深いのは，賛成派が多数となる 1 月 CASI の調査結果を知ったうえでも，自らを少数派と認める反対派が増えるどころか，極端に少なくなることであろう。CASI 情報なしグループで少数派認識がほぼ見られないという結果からも，外国人労働者の積極的な受け入れに反対する人たちは自らの意見が世論の大勢だと確信していることが推測される。

シナリオ選択の DK 回答者においても，意見交換後の CASI 情報なしグループでは，半々くらいという認識が減少し，反対が多数派という認識が増加する。それに対して，CASI 情報ありグループでは，1 月 CASI の調査結果に沿って，「反対が多数派」という認識は 20.0％ から 0.0％ となり消滅する[10]。

世論における多数派形成を検討し「沈黙の螺旋」理論を提唱した Noelle-Neumann（1993）は，社会における多数派を知覚する能力のことを「準統計的能力」と呼んだが，これまで確認したように，MP 参加者も「反対派が多数を占めている」ということを「準統計的能力」によって知覚していると推測される。この傾向は意見交換における議論においても確認できる。たとえば，あ

---

10　なお，$t_3$ 時点では賛成・反対・DK いずれでも二つのグループの回答は統計的に有意な差がある。ただし，シナリオ選択によるグループ区分はそれぞれの時点での回答を基にしているため，同一回答者の変化を追っているわけでは必ずしもないことに留意されたい。

第7章 熟議空間と公共圏をつなぐ

る参加者は以下のように発言している。

　　ええと，この最後のまとめの世論調査の結果を見ると，あの，最初は，積
　極的には受け入れないというのが過半数になっていて，で，情報を読んだ
　あとは，積極的に受け入れるというほうが過半数になってるので，まあ，
　すごいことだなと思いました。っていうのは，あの，何もない状態だった
　ら，みんな，多分これは多数決をとったら，受け入れないっていうほうに
　傾くだろうし，みんながこういう情報を読んだあとは，受け入れるってい
　うほうに，あの，数が移ったので。

　また，ある賛成派の参加者も1月CASIの結果について驚きを持って受け止
めている。

　　おそらく，あの，そういうふうに［注：積極的に受け入れるように］考えて
　る人というのは，世の中にあまり多くないというか，少なくとも，その，
　まあ，半数以下ではあるでしょうし，その半数以下のところが，その一，
　3割，2割なのかなというふうに自分ではイメージをしていたんですけれ
　ども，この，そのアンケートの結果を見させてもらって，それから，今日
　ここに来られてる皆さんの，あの，ま，お話というか，考えを聞かせてい
　ただいて，いや，意外と，その，私と同じように，いー，まあ，私側と言
　ったらいいんですかね，えー，の考えをしてる人っていうのは，思ったよ
　り，その，多いんだなというふうに（後略）。

　$t_2$時点ではCASI情報ありグループもCASI情報なしグループもそれぞれ半
数のセッション（それぞれ20セッション中10セッション）で，賛成派が多数を
占めていた。しかし，意見交換後の$t_3$時点では，その数は，CASI情報なし
グループでは8セッションに減ったのに対して，CASI情報ありグループでは11
セッションに増加した。ただし，意見交換で上記のような意見が多く述べられ
ているわけではなく，公共圏の意見分布の付与が議論の方向性や個々の参加者
の意見に影響を与えたか，与えたとしたらどのような経路で与えたかについて

145

はより詳細な分析をする必要があるだろう。この点は今後の検討課題としたい。


## 4  熟議空間から公共圏へ


　次に，熟議空間での結果を公共圏に伝えることによって，その結果が公共圏にどのように受け止められるかについて検討する。本節では，10月CASIにおいて，6月MPの結果を提示されたグループと1月CASIの結果を提示されたグループ，そしていずれの結果も提示されていないグループを設定し，それぞれの意見分布について比較する（図1-2，図2-12，及び詳細は第2章を参照）。

　10月CASIにおいて，熟慮前の$t_1$時点ではいずれのグループでも賛成が反対を上回っている（図7-4）。また，DK回答率が高いという点でも共通している。資料提示を経て熟慮後の$t_2$時点になると，CASI／MP情報なしグループでは，反対意見が5%程度増える。この結果は，6月MPにおけるCASI情報なしグループの傾向と整合的であるが，反対派の増加が賛成派を上回るほどではないので，賛成派が多数派のままという点が異なる[11]。

　CASI情報ありグループにおいても，6月MPでの結果と同様，DKが減り，賛成回答が増えている。つまり，世論が賛成のほうに動いたという調査結果と同じ方向に意見分布も変化したのである。MP情報ありグループでは，熟議空間の意見が反対のほうに傾いたという資料と同じ方向の意見変容が確認できる。DKが減少した分だけ，反対回答が増え，7.0ポイントリードしていた賛成派を反対派が2.9ポイント上回ったのである。ただし，6月MPでの分析結果と同様，$t_1$・$t_2$のいずれの時点でも三つのグループの意見分布は統計的に有意な差はない。

---

11　10月CASIにおけるCASI／MP情報なしグループは，調査の形式上，1月CASIの「熟慮ありグループ」と同等であるが（第5章），反対から賛成へとシフトする1月CASIの回答結果とは傾向が異なる点には注意が必要である。両者を比べると，賛成は同程度であるのに対して，10月調査ではDKが多く，反対が少ないという結果が見てとれる。調査時期が異なることで生じる時勢効果によるものか否かは現時点では明確ではない（図5-1を参照）。

第7章　熟議空間と公共圏をつなぐ

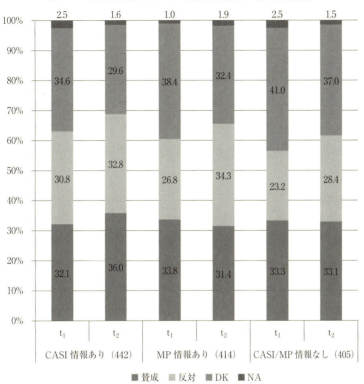

図 7-4　10月 CASI のシナリオ選択と CASI・MP 情報付与

　個人レベルでの意見変化を見てみると，$t_1$ 時点で賛成の場合，CASI 情報ありグループでの意見の一貫性（$t_2$ 時点でも賛成を選択する割合）が 81.0% と高いのに対して，MP 情報ありグループの一貫性の低さ（69.3%）は際立つ（表 7-2，統計的にも有意）。熟議空間での反対派の逆転を知った賛成派は，反対派に転向しているのかといえばそうではなく，DK に変化している。

　$t_1$ 時点で反対の場合は，MP 情報ありグループでの一貫性が高く，CASI／MP 情報なしグループの一貫性が低い。後者のグループでは，やはり DK を選ぶ割合が高くなるようであるが，一貫性については統計的に有意な差があるわけではない。DK 回答者については，CASI／MP 情報なしグループでは一貫性が高く，再度「わからない」と回答する傾向があるが，他方で，MP 情報あ

表7-2　10月CASIシナリオ選択の変化とCASI・MP情報付与

| シナリオ選択 ($t_1$) | CASI 情報あり | | | | | MP 情報あり | | | | | CASI/MP 情報なし | | | | |
|---|---|---|---|---|---|---|---|---|---|---|---|---|---|---|---|
| | シナリオ選択 ($t_2$) | | | | | シナリオ選択 ($t_2$) | | | | | シナリオ選択 ($t_2$) | | | | |
| | 賛成 | 反対 | DK | NA | N | 賛成 | 反対 | DK | NA | N | 賛成 | 反対 | DK | NA | N |
| 賛成 | 81.0 | 6.3 | 12.0 | 0.7 | 142 | 69.3 | 5.7 | 24.3 | 0.7 | 140 | 78.5 | 7.4 | 13.3 | 0.7 | 135 |
| 反対 | 8.8 | 72.8 | 16.9 | 1.5 | 136 | 7.2 | 77.5 | 15.3 | 0.0 | 111 | 5.3 | 69.1 | 25.5 | 0.0 | 94 |
| DK | 17.6 | 23.5 | 56.2 | 2.6 | 153 | 15.7 | 28.9 | 52.2 | 3.1 | 159 | 13.9 | 23.5 | 61.4 | 1.2 | 166 |
| NA | 45.5 | 9.1 | 45.5 | 0.0 | 11 | 0.0 | 50.0 | 0.0 | 50.0 | 4 | 0.0 | 10.0 | 60.0 | 30.0 | 10 |
| 全体 | 36.0 | 32.8 | 29.6 | 1.6 | 442 | 31.4 | 34.3 | 32.4 | 1.9 | 414 | 33.1 | 28.4 | 37.0 | 1.5 | 405 |

りグループはその一貫性が低く，どちらかといえば，反対の方向に多く変化したことがわかる。いずれにせよ，CASI情報ありグループもMP情報ありグループもその情報提示と同方向での意見変化の傾向が見られる。

　10月CASIにおいても多数派認知について確認していこう。賛成派から検討すると，$t_1$時点ではいずれもほぼ同様の分布を示しており，多数派，半々くらい，少数派という認知がそれぞれ3分の1ずつを占めている（図7-5）。これが資料提示に基づく熟慮後（$t_2$時点）には，統計的にも有意に異なる分布となる。CASI／MP情報なしグループでは，$t_1$時点とほぼ分布が変わらないのに対し，CASI情報ありグループでは，自分たちが多数派であるという認識が高まり，少数派であるという認識は低くなる。これは提示された調査結果と同一の方向での変化だといえる。MP情報ありグループでは，興味深いことに，自分たちが少数派であるという回答は減少し，その代わりに，「半々くらい」という回答が増加する。示された調査結果でも賛否は拮抗しているので，この変化が正しくないというわけではないが，公共圏の意見を参照した場合に比べるとその影響力は弱いように思われる。

　反対派については，そもそも$t_1$時点で自分たちが多数派であるという認識が広がっており，少数派だと考えている回答者は少ない。この結果は，6月MPでも観察されたとおり，社会において反対派が優勢であろうという認識と共通している。しかし，熟慮後の$t_2$時点になると，三つのグループの分布には統計的に有意な差が出てくる。まず，CASI／MP情報なしグループでは，自分たちが多数派であるという認識はさらに増加する。それに対して，二つの実験群では，そのような認識はむしろ減退する。CASI情報ありグループの反

第7章 熟議空間と公共圏をつなぐ

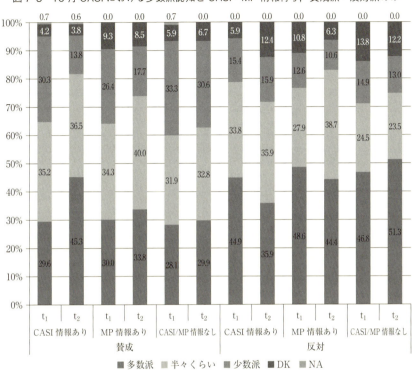

図7-5 10月CASIにおける多数派認知とCASI・MP情報付与，賛成派・反対派のみ

対派では，自分たちが多数派であると認識する人が減少し，DKが増加する。これは，賛成派へのシフトという1月CASIの結果を見たことによる影響と考えられる。他方で，賛成から反対へという意見変化の結果を提示されたMP情報ありグループでは，興味深いことに，自分たちが多数派であるという回答が減り，「半々くらい」という回答が増加している。このことは「反対派が多数」という知覚と比べて，賛否が拮抗している状況を目の当たりにしたことが影響を与えているのかもしれない。しかし，いずれのグループでも，熟慮を経ても自分たちを少数派とは位置づけていない。

最後に，$t_1$時点でのDK回答者を見ていこう（図7-6）。6月MPとは異なり，10月CASIではシナリオ選択でもDK回答者が多いため（図7-4参照），その

149

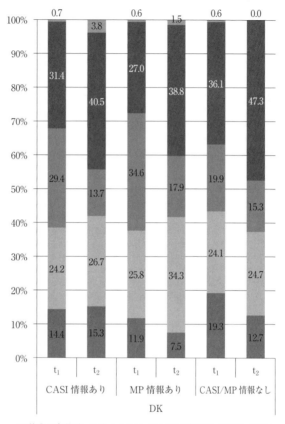

図7-6 10月CASIにおける多数派認知とCASI・MP情報付与，DK回答者のみ

■賛成が多数派　■半々くらい　■反対が多数派　■DK　■NA

認識についての検討も重要である。最も特徴的なのは，多数派認知質問に対するDK回答の多さであろう。シナリオ選択も多数派認知も「わからない」回答者が3割前後にも及ぶ。他方で，賛成が多数派であるという認識がかなり少ない。$t_1$時点での回答分布は三つのグループで多少異なっているが，先述したように，三つのグループは熟慮前には全く同じ手続きで回答をしているので，その回答の散らばりについては推測するのが難しい。そのうえで$t_2$時点への変化について確認すると，いずれのグループでもDKが増加する。資料を読んだ

ことでどちらが多数派かわからなくなったというよりは，そもそもシナリオ選択での DK 回答率自体が減少するので，政治的な関心があまりない人たちが相対的に多く残ったということを示しているだけかもしれない。

CASI／MP 情報なしグループでは，DK が増加した分だけ，賛成が多数派という意見と反対が多数派という意見が減少する。CASI 情報ありグループでは，反対が多数派であるという認識が大幅に減少する。これは 1 月 CASI 結果と整合的な方向への変化である。他方で，半々くらいという回答が増加しているものの，MP 情報ありグループでも，反対が多数派であるという認識は 1 月 CASI と同様に減少している。6 月 MP 結果は反対派へのシフトであるから，むしろ増加する可能性も考えられた。この乖離が，熟議空間での意見変容と「世の中の多数派」を区別するがゆえに発生しているのかについては，このデータからだけでは判断ができない。

## 5 おわりに

近年の熟議民主主義理論の展開で重要な視点は，ミニ・パブリックスというミクロの制度と公共政策形成というマクロな民主過程の連関の可能性である。本プロジェクトでは，そのような問題意識を共有しながら，公共圏と熟議空間の意見をそれぞれに提示するという単純な方法によって，公共圏と熟議空間をつなぐということの意味について検討することを試みた。

意見変化に着目した分析では，それぞれの調査結果資料を読んだ回答者は，それが公共圏の意見であろうが熟議空間の意見であろうが，その調査結果と同じ方向で意見を変える傾向があった。とはいえ，その傾向は決して強いものではなく，6 月 MP でも 10 月 CASI でも，外国人労働者受け入れの賛否について実験群と統制群の回答分布に統計的に有意な差はないということも再度確認しておきたい。

社会における多数派認知に着目した分析においても，それぞれの調査結果の提示は効果が認められた。もちろん，何らかの意見分布を提示しているのであるから，情報の有無で分布が変わるのは当然ではある。ただし，興味深いのは，

10月CASIにおいて，6月MP結果を見た回答者たちは，必ずしもそれを「社会の多数派」とは見なしていないと推測されることである。つまり，熟議空間の意見を公共圏に持ち込んだとき，人々はそれが「社会」とは「別の空間」の意見分布であることを認識しており，そのうえでその意見も参考にしつつ意見形成を行っているという可能性が示唆される。

　他方，何も情報がない閉鎖的な空間である場合，外国人労働者受け入れについて反対派が多数を占めているという観念的な認識が根強いことも確認された。実際には，賛否は拮抗しており，そのような認識は誤りといえる。情報提供を受けたグループは，そのような事前の認識と実際の数字との乖離を知ったことで，自分の意見を再考し，変化させたのかもしれない。

　結局のところ，公共圏に開いた熟議空間でも熟議空間に接続した公共圏でも，それぞれの意見に与するような意見変化が観察されるものの，それに扇動されるというほど大きな変化は見られない。勝ち馬に乗るバンドワゴン効果がそれほど強く見られなかったという意味では，何らかの省察が人々の間にはあったということを示唆するのかもしれない。ただし，今回の調査実験デザインでの検討では，両者の連関は，表面上はそれほど強くないというのが暫定的な結論であろう。「表面上は」と断りをつけるのは，本章の単純な分析では，情報の提示と意見変化（あるいは持続）の経路までは特定するに至っていないからである。

　本章の分析は，熟議空間と公共圏をつなぐという一つの試みであったが，重要なことは，公共圏であれ熟議空間であれ，他者の意見分布を知ることが個々人の意見形成メカニズムにおいてどのような役割を果たしているかを理論的にも実証的にもさらに検討することであろう。熟議空間であれ公共圏であれ，それぞれに回路を設定することが（そのコストに見合うほど）望ましいかは規範的な問いでもあり，個別の熟議フォーラムを熟議システムの中にいかに位置づけるかという構想とも密接に関わっている。他方で，実証的には，それぞれの結論に至ったときに考慮した側面や個別の政策意見といったことも含めた意見形成の全体像も描く必要があるし，意見交換会で調査結果がどのように議論の内容に影響を与えているかも詳らかにする必要がある。その中で，他者の情報を考慮しやすい個人がどのような属性を有しているのかについても検証すること

第 7 章 熟議空間と公共圏をつなぐ

は重要であろう。

　いずれにせよ，ミクロな熟議空間とマクロな熟議過程との関わりについて実証的な検討は端緒についたばかりである。近年の熟議民主主義の実証研究は，ミニ・パブリックスのさまざまな要素を分解し（たとえば，小グループ討論内の意見構成や討論ルールの設定など），その一つ一つが及ぼす影響を個別的に確認していく作業に移行している。そのミクロな熟議空間がその外の世界に働きかける効果についても同様に，熟議空間のどの要素がマクロな熟議過程のどの要素に影響を与えるか，そのメカニズムを設定したうえで検討していくことが重要であろう。

# 第8章　熟慮と熟議：効果の比較検証

今井　亮佑

## 1　はじめに：本章の目的

　熟議民主主義理論のいわば実証実験であるミニ・パブリックスでは通常，主題に関する客観的・中立的な情報をよく読み，一人で熟慮した上で，複数人で行う熟議に加わることを参加者に求める。それでは，ミニ・パブリックスに参加することで期待される効果は，熟慮と熟議の両方の過程を経ないと生じないのであろうか。それとも，熟議の過程がなくとも熟慮の過程を経さえすれば生じるのであろうか。このような問題関心から，本研究プロジェクトでは，一人で客観的情報を読んで「熟慮（deliberation within）」することが意識に及ぼす効果と，複数人で客観的情報をもとに「熟議（deliberation with）」することが意識に及ぼす効果とを比較検証することを，一つの目的とした（cf. Goodin 2000）。

　ミニ・パブリックスを実施し，熟慮後の時点における意識と熟議後の時点における意識を比較する。そして，熟慮後の時点でも熟議後の時点と同様に，ミニ・パブリックスに参加することで期待される意識の状態が生まれているかについて検証する——この研究目的を遂行するには，こうした手順を踏めばよいと一見思われる。しかし現実には，話はそう簡単ではない。ミニ・パブリックスの参加者全員が，実施主体の想定通りに熟慮／熟議してくれるわけでは必ずしもないからである。

155

ミニ・パブリックスの実施主体側は，主題とする政策に関する情報を提示することで参加者が熟慮しているものと期待し，熟議の場を作ることで参加者が熟議しているものと期待する。だが，ミニ・パブリックスの参加者の中に，提示された情報を適当に読み飛ばす人，他者の意見を適当に聞き流す人が少なからずいるということは想像にかたくない。つまり，実験室実験とは異なり，ミニ・パブリックスでは，参加者を熟慮／熟議の条件下に厳密に置くのは事実上不可能である。このため，単に熟慮後の時点における意識と熟議後の時点における意識とを比較するのでは，熟慮することが意識に及ぼす効果と熟議することが意識に及ぼす効果の異同について厳密に検証することはできないのである。

　ここで，検証を可能にする一つの方策と考えられるのが，熟慮／熟議することで期待される状態にどの程度近づいているかを測定した指標を作るということである。熟議民主主義理論では，政策について熟慮／熟議すれば，自分が特定の立場をとる理由や，自分とは異なる立場をとる人々の論拠について，一貫性のある説明，客観的に正確な説明ができるようになるとされている（e.g. Thompson 2008）。このため，熟慮／熟議した後の時点で行われた調査において，自分が特定の立場をとる一貫した理由をどの程度挙げることができるか，他者が異なる立場をとる理由をどの程度正確に理解できているかを測定すれば，この指標は，熟慮／熟議後に想定される状態にどの程度近づいているかを表す代理指標ということになる。そこで，熟慮／熟議したと想定される人ほどこの尺度の値が大きいという傾向が実際に認められるのか，この尺度の値が大きい人ほど，波及的に，他の意識も熟慮／熟議の効果として予期されるものに近づいているのか——これらの点について，熟慮後のデータと熟議後のデータの比較分析を通じて検証すれば，本プロジェクトの問題関心の解明につながると考えられるのである。

　本章では，熟慮／熟議することで，自分が特定の立場をとる一貫した理由をどの程度挙げることができるようになったか，他者が自分と異なる立場をとる理由をどの程度正確に理解できるようになったかを表す尺度として，「RQI（Reasoning Quality Index）」を提案する。そして，この指標を用いて，一人で熟慮することが意識に及ぼす効果と，複数人で熟議することが意識に及ぼす効果が果たして同じなのかについて検証する。

## 2　R Q I

### 2.1　先行研究

　熟議民主主義理論では，政策について熟慮／熟議すれば，自分が特定の立場をとる理由について論理的に説明できるようになり，また，他者が自分とは異なる立場をとる理由について客観的に正確な説明をできるようになるとされている。こうした，自身の立場や他者の立場の理由付けをできる度合に着目し，それを尺度化したものとして，Cappella, Price, and Nir（2002）の"Argument Repertoires（AR：論点のレパートリー）"がある。彼らは AR を，「政治的争点や《政党などの》政治的対象に対してある立場をとることについて，支持する論拠，支持しない論拠として人々が挙げられる幅」（Cappella, Price, and Nir 2002: 76）と定義した。そして，調査における自由回答をもとに，自分がある立場をとる理由及び別の立場をとらない理由として関連のある（公的議論において妥当と認められている）事柄を挙げた数，他者が自分と異なる立場をとる理由として関連のある事柄を推測して挙げた数を AR とし，「意見の質」を表す指標として分析に用いた（cf. Manosevitch 2009; Nir 2011）。

　前節で述べたとおり，本章では，自分が特定の立場をとる一貫した理由をどの程度挙げることができるか，他者が異なる立場をとる理由をどの程度正確に理解できているかを尺度化したものを鍵変数とした分析を行い，プロジェクトの問題関心の解明に取り組む。AR は，鍵変数にうってつけのように思えるが，残念ながら，本章の分析では用いることができない。本プロジェクトが実施した一連の調査では，AR を作成する際にもとにする，ある立場をとる理由を自由に記述してもらう質問を行っていないからである。

　第2章で詳述したように，1月 CASI，10月 CASI，6月 MP での調査はいずれも，タブレットを用いた CASI 形式で行った。この形式の調査に自由記述式の質問を含めるのは事実上不可能である。実際，これら調査では選択式の質問のみ行い，自由記述式の質問は一切行わなかった。このため本章では，選択式質問に対する回答をもとに，鍵変数を尺度化せねばならないのである。

本章では，以下のような考え方に基づき，自分が特定の立場をとる一貫した理由を挙げることができる度合，他者が自分と異なる立場をとる理由を正確に理解できている度合を尺度化する。

## 2.2　RQI の作成方法

投票行動研究では，なぜその政党／候補者に投票したかを尋ねる質問を行い，「その政党／候補者を支持しているから」，「自分が重要だと考える争点に対する考え方がその政党／候補者の立場と同じだから」，「現政権の実績を評価しないから」といった理由を直接引き出すことで，有権者の投票行動を規定する要因を解明する，というような分析の手法が用いられることはあまりない。どの政党／候補者に投票したかを従属変数，政党評価・候補者評価・争点態度・政権業績評価などを独立変数にとった多変量解析を行い，分析対象者全体について見た場合に，どの要因の投票選択に対する影響が統計学的に見て有意と言えるかを明らかにする，という分析の手法が一般的に用いられる。換言すれば，ある投票行動をとった根拠を，その人自身に主観的に語らせるのではなく，分析を通じて客観的に把握しようとしているのである。

この考え方は，本章における鍵変数の尺度化にも当てはまる。本章では，投票行動研究で用いられている手法を援用して，次のような形で尺度化を試みる。

まず，10 月 CASI のデータ[1] を用いて，シナリオ A（「労働力として外国人を積極的に受け入れる」）を選択した（＝0）か，シナリオ B（「労働力として外国人を積極的には受け入れない」）を選択した（＝1）かを従属変数とするロジット分析を行う。独立変数は，表8-1に示した（a）から（f）の六つの観点の重要度[2]，（A）から（F）の六つの意見に対する賛否[3]，及び各観点の重要度とその観点に対応する意見に対する賛否との交互作用項である[4]。

---

1　厳密には，外国人労働者受け入れ政策に関する情報を提示し，政策について熟慮してもらった後に行った質問に対する回答のデータである。なお，第2章で説明したとおり，10月 CASI では三つのグループに回答者を無作為に割り振るという実験的な要素を盛り込んでいる。ただ，煩瑣になるのを避けるため，本章ではこの点を考慮に入れずに分析を行う。

2　0（全く重視しなかった）から10（非常に重視した）までの11点尺度。

3　−5（反対）から+5（賛成）までの11点尺度。

第8章　熟慮と熟議：効果の比較検証

表8-1　ロジット分析結果（10月CASI，情報提示後）

| | Coef. | Std. Err. |
|---|---|---|
| **重要度** | | |
| (a) 経済成長面での影響 | −0.451*** | 0.102 |
| (b) 労働・雇用面での影響 | −0.058 | 0.110 |
| (c) 社会保障面での影響 | 0.170† | 0.093 |
| (d) 言語面での影響 | 0.045 | 0.103 |
| (e) 文化面での影響 | 0.104 | 0.105 |
| (f) 治安面での影響 | 0.042 | 0.077 |
| **賛否** | | |
| (A) 労働力として外国人を受け入れることは，今後も日本の経済成長を持続させるために不可欠である | −0.333 | 0.226 |
| (B) 労働力として外国人を受け入れると，日本人の雇用が奪われる | 0.175 | 0.198 |
| (C) 労働力として外国人を受け入れると，公的社会保障制度の財政状況の悪化を食い止められる | −0.278 | 0.177 |
| (D) 労働力として外国人を受け入れると，国際的な感覚を身に付けたグローバルな人材が育成される | −0.120 | 0.189 |
| (E) 労働力として受け入れた外国人が居住する地域では，受け入れた外国人と日本人住民との間でトラブルが発生する | 0.235 | 0.213 |
| (F) 労働力として外国人を受け入れると，犯罪が増加する | −0.460* | 0.192 |
| **交互作用** | | |
| (a)×(A) | −0.050 | 0.033 |
| (b)×(B) | 0.034 | 0.028 |
| (c)×(C) | 0.009 | 0.026 |
| (d)×(D) | −0.008 | 0.026 |
| (e)×(E) | −0.037 | 0.027 |
| (f)×(F) | 0.095*** | 0.022 |
| （定数項） | 1.187† | 0.672 |
| Number of obs | 730 | |
| LR chi2 (18) | 509.56 | |
| Pseudo R2 | 0.504 | |

† p<.10　* p<.05　** p<.01　*** p<.001

4　表8-1を見ると，統計的に有意な独立変数が少ないが，これは，交互作用項を多数投入しているためである。事実，重視の度合ごとに（A）から（F）の各態度が従属変数に及ぼす影響の大きさを計算すると次のようになる。（A）については重要度が「1」以上，（C）については「1」から「9」まで，（D）については「5」以上の回答者の間では10%水準で負で有意である。また，（B）については重要度が「3」以上，（F）については「7」以上の回答者の間では10%水準で正で有意である（（E）のみ，重要度にかかわらず非有意）。

159

独立変数にとる六つの意見に対する賛否は，態度であると同時に，シナリオ選択の根拠とも捉えうる。「労働力として外国人を受け入れることは，今後も日本の経済成長を持続させるために不可欠である（と思うから，積極的に受け入れるシナリオＡが望ましい）」，「労働力として外国人を受け入れると，日本人の雇用が奪われる（と思うから，積極的には受け入れないシナリオＢが望ましい）」[5]というように，回答者がこれらの意見に対する賛否をシナリオ選択と結びつけて表明していると想定されるからである。そして，六つの観点の重要度及び交互作用項を投入することで，各根拠の重要度を重み付けしている。このため，このロジット分析を通じて，外国人労働者を積極的に受け入れる／積極的には受け入れないというそれぞれの立場をとる理由付けに関する，分析対象者全体に見られる傾向を明らかにできる。

次に，このロジット分析の回帰式（表8-1参照）に各独立変数の実測値[6]を代入することで，シナリオＡもしくはＢを選択した全回答者について「1」を選択する予測確率（$\hat{y}_l$）を計算する。そして，シナリオＡを選択した（つまり，従属変数が「0」である）回答者に関しては，予測選択確率$\hat{y}_l$を1から引く。この値——シナリオＡ選択者に関しては$1-\hat{y}_l$，シナリオＢ選択者に関しては$\hat{y}_l$——は，シナリオ選択の根拠となりうる六つの観点の重要度，六つの意見に対する賛否が，実際のシナリオ選択と一貫して合致する妥当なものであった場合，つまり客観的に妥当な根拠を多く挙げられた場合に大きくなる。こうして，シナリオＡもしくはＢを選択した人が，自らの選択の妥当な根拠を一貫して挙げられる程度を表す数値が求められる[7]。

これと同じロジックを用いることで，他者が自分とは異なる立場をとる理由

---

5 他の4項目については，「労働力として外国人を受け入れると，公的社会保障制度の財政状況の悪化を食い止められる（と思うから，シナリオＡが望ましい）」，「労働力として外国人を受け入れると，国際的な感覚を身に付けたグローバルな人材が育成される（と思うから，シナリオＡが望ましい）」，「労働力として受け入れた外国人が居住する地域では，受け入れた外国人と日本人住民との間でトラブルが発生する（と思うから，シナリオＢが望ましい）」，「労働力として外国人を受け入れると，犯罪が増加する（と思うから，シナリオＢが望ましい）」となる。

6 各独立変数がDK/NAの回答者には「0」を与える。

第 8 章　熟慮と熟議：効果の比較検証

をどの程度正確に理解できているかについても尺度化できる。第 2 章で紹介したとおり，本プロジェクトが行った各調査では，「あなたが選ばなかったシナリオ＊を支持する人の立場に立って考えてみてください。シナリオ＊を支持する人は，そのシナリオを選んだ際，以下の六つの事柄について，それぞれどの程度重視したと思いますか」，「あなたが選ばなかったシナリオ＊を支持する人の立場に立って考えてみてください。今後の日本における外国人労働者受け入れ政策に関する次にあげる意見に対して，シナリオ＊を支持する人はどのような立場をとっていると思いますか」という，自分と異なる政策的立場をとる人の思考を推測して答えてもらう質問も行っている。ここで，六つの観点の重要度に関する推測[8]，六つの意見に対する賛否に関する推測[9]，及びそれらを掛け合わせて作成した変数の値を表 8-1 のロジット分析の回帰式に代入すると，推測に基づく「1」の予測選択確率 $\hat{g}_l$ を求めることができる。従属変数が「0」をとるシナリオ A を選択した回答者に関しては，自分が選ばなかったシナリオ B を選択した回答者について推測していることから，$\hat{g}_l$ が「1」に近ければ，自分が選ばなかったシナリオ B を支持する人の考えを正しく理解しているということになる。他方，従属変数が「1」をとるシナリオ B を選択した回答者に関しては，逆に $\hat{g}_l$ が「0」に近ければ，自分が選ばなかったシナリオ A を支持する人の考えを正しく理解しているということになる[10]。そこで，シナリオ B を選択した回答者及びシナリオ選択が DK/NA であった回答者の，シナリオ A 選択者の態度に関する推測に基づいて算出した予測選択確率 $\hat{g}_l$ を 1 か

---

7　Cappella, Price, and Nir（2002）は，複数の理由の間の一貫性も AR の構成要素となりうるとしているものの，実際の尺度化に際し，一貫性は考慮に入れていない。RQI は論拠の一貫性を反映していることから，この点では AR よりも RQI のほうが優れていると言えるだろう。

8　0（全く重視しなかったと思う）から 10（非常に重視したと思う）までの 11 点尺度。

9　−5（反対だと思う）から ＋5（賛成だと思う）までの 11 点尺度。

10　シナリオ選択が DK/NA であった回答者に関しては，シナリオ A を支持する人の立場に立って考えてみてもらった回答と，シナリオ B を支持する人の立場に立って考えてみてもらった回答の二つがある。前者の回答に基づいて算出した予測選択確率は「0」に近いほど，後者の回答に基づいて算出した予測選択確率は「1」に近いほど，自分が選ばなかったシナリオを支持する人の考えを正しく理解しているということになる。

ら引く。この値——シナリオ A 選択者（・DK/NA 選択者）に関しては $\hat{g}_l$，シナリオ B 選択者（・DK/NA 選択者）に関しては $1-\hat{g}_l$——は，シナリオ選択の根拠となりうる六つの観点の重要度，六つの意見に対する賛否について，自身が選ばなかったシナリオを支持する人がとる態度を一貫して正しく理解できている場合に大きくなる。こうして，自分とは異なる政策選好を持つ人がそのような立場をとる理由を正しく理解できている程度を表す数値が求められる。

　以上の方法に基づいて算出した値から，シナリオ A に関して理由付けできる度合を表す変数（RQI-A）と，シナリオ B に関して理由付けできる度合を表す変数（RQI-B）を作成する[11]。すなわち，シナリオ A 選択者の，自らの選択の妥当な根拠を一貫して挙げられる程度を表す数値（$1-\hat{y}_l$），B 選択者及び DK/NA 選択者の，自分とは異なる政策選好を持つ人（A 選択者）がそのような立場をとる理由を正しく理解できている程度を表す数値（$1-\hat{g}_l$）を RQI-A とする。同様に，シナリオ B 選択者の，自らの選択の妥当な根拠を一貫して挙げられる程度を表す数値（$\hat{y}_l$），A 選択者及び DK/NA 選択者の，自分とは異なる政策選好を持つ人（B 選択者）がそのような立場をとる理由を正しく理解できている程度を表す数値（$\hat{g}_l$）を RQI-B とするのである[12]。

　言い換えれば，シナリオ A 選択者にとっての RQI-A と，B 選択者にとっての RQI-B は，自分が特定の立場をとる一貫した理由を挙げることができている度合を表す指標ということになる。また，シナリオ A 選択者及び DK/NA 選択者にとっての RQI-B と，B 選択者及び DK/NA 選択者にとっての RQI-A は，他者が異なる立場をとる理由を正確に理解できている度合を表す指標ということになる[13]。

---

11　RQI-A，RQI-B という形で指標化するのは，シナリオ選択が DK/NA であった回答者に関しては，自らの選択の妥当な根拠を一貫して挙げられる程度を表す数値を求めることができないためである。

12　今井・日野・千葉（2017）は，2016 年春に行われた Web パネル調査のデータ分析を通じて，RQI が AR と同じ概念を測定した尺度であることを実証的に確認した。

13　本来であれば，分析に用いる 1 月 CASI，10 月 CASI，6 月 MP での調査の各データについて，RQI-A・RQI-B の基本統計量を示すべきであるが，紙幅の関係から断念した。

第8章 熟慮と熟議：効果の比較検証

# 3 分 析

　以上の手続きに基づき作成した RQI を用いて，一人で客観的情報を読んで熟慮することが及ぼす影響と，複数人で客観的情報をもとに熟議することが及ぼす影響について，三つの視角から比較検証する[14]。

## 3.1 熟慮／熟議が RQI に及ぼす影響の検証

　まず検討するのは，回答者が一人で熟慮／複数人で熟議することが RQI に及ぼす影響についてである。前節で述べたとおり，RQI は，熟慮／熟議することの効果として期待されることがどの程度実現しているかを表す指標であると考えている。より具体的には，自分が特定の立場をとる一貫した理由を挙げる，他者が自分と異なる立場をとる理由を正確に理解するということがどの程度できているかを測定した指標であると想定している。このため，政策について一人で熟慮／複数人で熟議することに効果があるならば，熟慮／熟議するよう促すという刺激が効いた回答者ほど，熟慮／熟議した後の RQI の値が大きいという傾向が認められるはずである。

　ここで，刺激の効き具合を表す変数として，「政策に関する知識量の変化」に着目する。1 月 CASI，10 月 CASI，6 月 MP での調査のいずれにおいても，回答者に提示する外国人労働者受け入れ政策に関する客観的情報の中に含まれる事項の理解度を問う質問（6 問）を，情報提示の前後に（6 月 MP での調査に関しては意見交換会後にも）行っている[15]。これらの設問に対する正答数（政策

---

14　本節の分析では，"response set bias" を除去するため，六つの観点の重要度がすべて DK/NA であった回答者，六つの意見に対する賛否がすべて DK/NA であった回答者，六つの観点の重要度に関する推測がすべて DK/NA であった回答者，六つの意見に対する賛否に関する推測がすべて DK/NA であった回答者は除外した。該当するのは，1 月 CASI の 175 名，10 月 CASI の 256 名，6 月 MP での調査の 5 名である。

15　以下では，「情報提示」と「熟慮」，「意見交換会」と「熟議」という表現を互換的に用いる。

163

に関する知識量）の情報提示前／意見交換会前から後にかけての増加は，提示された客観的情報の内容について回答者が一人で熟慮／複数人で熟議して，情報を正しく理解した結果として生じたものと想定される[16]。このため，情報提示前／意見交換会前から後にかけての，政策に関する知識量の変化という変数は，熟慮／熟議するよう促す刺激の効き具合を表していると考えられる。ここから，次のような関係が成り立つとの予測が立てられる。

熟慮／熟議の効果として期待されることの実現には熟慮のみで十分ということであれば，熟慮前から熟慮後にかけて知識量が増えた（つまり，熟慮を促すという刺激が効いた）人ほど熟慮後における RQI の値が大きいという関係が成り立つ一方で，熟議前から熟議後にかけて知識量が増えた（つまり，熟議を促すという刺激が効いた）人ほど熟議後における RQI の値が大きいという関係は成り立たない。他方，実現には熟慮のみでは不十分であり熟議も必要ということとであれば，熟議前から熟議後にかけて知識量が増えた人ほど熟議後における RQI の値が大きいという関係が成り立つはずである。

そこで，熟慮／熟議することが RQI に及ぼす影響を検証するために，次のような分析を行う。すなわち，熟慮後／熟議後の時点での RQI-A・RQI-B の値を従属変数，熟慮後／熟議後におけるシナリオ選択パターンを表すダミー変数[17]，熟慮前／熟議前から熟慮後／熟議後にかけての知識量の変化，そしてシ

---

16　本章で分析する 1 月 CASI，10 月 CASI，6 月 MP での調査のそれぞれにおける，知識量の変化の基本統計量は下記のとおりである。やはり，外国人労働者受け入れ政策に関する熟慮の機会を与えなかった 1 月 CASI の統制群に比べ，熟慮の機会を与えた 1 月 CASI の実験群，10 月 CASI，6 月 MP での調査（熟慮前後のパネル，熟議前後のパネル）のほうが，平均値が大きい（つまり，熟慮前／熟議前に比べ熟慮後／熟議後のほうが正答数が多い）という結果になっている。

| | N | 平均値 | 標準偏差 | 最小値 | 最大値 |
|---|---|---|---|---|---|
| 1 月 CASI・統制群 | 332 | − 0.033 | 0.934 | − 3 | 3 |
| 1 月 CASI・実験群 | 363 | 1.223 | 1.526 | − 5 | 6 |
| 10 月 CASI | 1005 | 0.957 | 1.588 | − 5 | 6 |
| 6 月 MP での調査（熟慮前後のパネル） | 275 | 1.756 | 1.397 | − 2 | 6 |
| 6 月 MP での調査（熟議前後のパネル） | 275 | 0.316 | 0.866 | − 4 | 3 |

なお，分析に投入する際には，最小値 0，最大値 1 となるようにリスケールを施している。

ナリオ選択パターンと知識量の変化の交互作用項を独立変数にとった，通常の最小二乗法（OLS）による回帰分析である。分析にかけるのは，1月 CASI の統制群，1月 CASI の実験群[18]，10月 CASI，6月 MP での調査（熟慮前後のパネル，熟議前後のパネル）という5種類のデータである。6月 MP での調査（熟慮前後のパネル）に加えて1月 CASI の実験群，10月 CASI も分析の対象とするのは，6月 MP 参加者における熟慮が代表性を備えた回答者における熟慮と同じか否かを確認するためである。また，1月 CASI の統制群も分析の対象とするのは，政策に関する知識量が刺激の効き具合を表す変数としての妥当性を備えているか否かを確認するためである[19]。

　この分析において，独立変数「知識量の変化」の係数は，シナリオ選択がDK/NA であった回答者の間で，知識量の変化が RQI の値に及ぼす影響の大きさを表す。「知識量の変化」と「A 選択×知識量の変化」の係数の和は，RQI-A の値を従属変数にとった分析においては，シナリオ A 選択者が自身の立場の理由付けをできる度合に知識量の変化が及ぼす影響の大きさを，RQI-B の値を従属変数にとった分析においては，シナリオ A 選択者が B 選択者の理由付けを正確に推測できる度合に知識量の変化が及ぼす影響の大きさを，それぞれ表す。同様に，「知識量の変化」と「B 選択×知識量の変化」の係数の和は，RQI-B の値を従属変数にとった分析においては，シナリオ B 選択者が自

---

17　これを統制変数として投入するのは，熟慮後／熟議後の質問でどちらのシナリオを選択するか自体が RQI の大きさに影響を及ぼしている可能性があるためである。

18　第2章で詳述したとおり，1月 CASI の統制群はエネルギー政策に関する情報の提示を受け，同政策について熟慮したグループ，実験群は外国人労働者受け入れ政策に関する情報の提示を受け，同政策について熟慮したグループである。

19　1月 CASI において，外国人労働者受け入れ政策に関する情報の提示を受けなかった（エネルギー政策に関する情報の提示を受けた）統制群の回答者に関しては，正解の情報に触れていない以上，情報提示前から後にかけて知識量が変化したとしても，それはランダムに生じたものということになる。言い換えれば，情報提示前から後にかけての，政策に関する知識量の変化という変数は，1月 CASI の統制群においては何の意味も持たない。このため，政策に関する知識量が刺激の効き具合を表す変数としての妥当性を備えているのであれば，情報提示前から提示後にかけて知識量が増えた人ほど提示後における RQI の値が有意に大きいという関係が，1月 CASI の統制群では成り立たず，実験群でのみ成り立つはずである。

身の立場の理由付けをできる度合に知識量の変化が及ぼす影響の大きさを，RQI-A の値を従属変数にとった分析においては，シナリオ B 選択者が A 選択者の理由付けを正確に推測できる度合に知識量の変化が及ぼす影響の大きさを，それぞれ表す。

この分析に関して注目するのは，独立変数「知識量の変化」の係数，「知識量の変化」と「A 選択×知識量の変化」の係数の和，「知識量の変化」と「B 選択×知識量の変化」の係数の和の影響がそれぞれ正で有意かどうかである。

1 月 CASI の統制群の分析においてはこれらの影響が統計的に有意ではない。これに対し，1 月 CASI の実験群，10 月 CASI，6 月 MP での調査（熟慮前後のパネル）の分析においては正で有意である。こうした分析結果が得られた場合，政策に関する知識量の変化が，熟慮を促すという刺激の効き具合を表す変数としての妥当性を備えていることになる。

1 月 CASI の実験群，10 月 CASI，6 月 MP での調査（熟慮前後のパネル）の分析で共通してこれらの正で有意な影響が確認された場合，6 月 MP 参加者における熟慮は，代表性を備えた回答者における熟慮と同じと言える。

1 月 CASI の実験群，10 月 CASI，6 月 MP での調査（熟慮前後のパネル）の分析においては，これらの正で有意な影響が確認された。しかし，6 月 MP での調査（熟議前後のパネル）の分析においては，有意な影響が認められない。この場合，熟慮／熟議の効果として期待されることは，熟慮のみで実現するということになる。これに対し，6 月 MP での調査（熟議前後のパネル）の分析において正で有意な影響が確認された場合は，熟議の過程があって初めて，ミニ・パブリックスに期待されることが実現するということになる。

OLS による回帰分析の結果は表 8-2 のとおりである。上段が RQI-A を従属変数にとった分析の結果，下段が RQI-B を従属変数にとった分析の結果である。この表で注目すべきは，「知識量の変化の影響」と書かれた部分である。「A 選択者」の行には，独立変数「知識量の変化」と「A 選択×知識量の変化」の係数の和，有意水準，標準誤差が，「B 選択者」の行には，独立変数「知識量の変化」と「B 選択×知識量の変化」の係数の和，有意水準，標準誤差が，「DK/NA 選択者」の行には，独立変数「知識量の変化」の係数，有意水準，標準誤差が，それぞれ示してある。ここから読みとれる分析結果の要点は，次

第8章　熟慮と熟議：効果の比較検証

### 表8-2　熟慮／熟議がRQIに及ぼす影響（OLS）

| (RQI-A) | 1月CASI 統制群 Coef. | Std. Err. | 1月CASI 実験群 Coef. | Std. Err. | 10月CASI Coef. | Std. Err. | 6月MP 熟慮前後 Coef. | Std. Err. | 6月MP 熟議前後 Coef. | Std. Err. |
|---|---|---|---|---|---|---|---|---|---|---|
| 知識量の変化 | −0.142 | 0.459 | 0.548** | 0.205 | 0.318** | 0.118 | 0.939*** | 0.268 | −0.033 | 0.561 |
| 事後・シナリオA選択 | 0.275 | 0.284 | 0.419* | 0.173 | 0.311*** | 0.092 | 0.838*** | 0.224 | 0.218 | 0.269 |
| 事後・シナリオB選択 | −0.066 | 0.255 | −0.112 | 0.172 | −0.059 | 0.091 | 0.395 † | 0.233 | −0.048 | 0.278 |
| A選択×知識量の変化 | −0.181 | 0.620 | −0.329 | 0.297 | −0.234 | 0.165 | −1.188*** | 0.330 | −0.323 | 0.619 |
| B選択×知識量の変化 | 0.253 | 0.560 | 0.223 | 0.294 | 0.223 | 0.163 | −0.454 | 0.341 | 0.219 | 0.636 |
| （定数項） | 0.643** | 0.209 | 0.289* | 0.119 | 0.435*** | 0.065 | 0.178 | 0.188 | 0.786** | 0.244 |
| Number of obs | 332 | | 363 | | 1005 | | 275 | | 275 | |
| F | (5,326)=3.58 | | (5,357)=12.50 | | (5,999)=19.41 | | (5,269)=4.35 | | (5,269)=0.97 | |
| Adj R-squared | 0.038 | | 0.137 | | 0.084 | | 0.058 | | −0.001 | |
| 知識量の変化の影響 | | | | | | | | | | |
| 　A選択者 | −0.322 | 0.417 | 0.219 | 0.215 | 0.084 | 0.115 | −0.250 | 0.192 | −0.356 | 0.263 |
| 　B選択者 | 0.111 | 0.320 | 0.772*** | 0.210 | 0.541*** | 0.113 | 0.485* | 0.211 | 0.186 | 0.300 |
| 　DK/NA選択者 | −0.142 | 0.459 | 0.548** | 0.205 | 0.318** | 0.118 | 0.939*** | 0.268 | −0.033 | 0.561 |

| (RQI-B) | Coef. | Std. Err. | Coef. | Std. Err. | Coef. | Std. Err. | Coef. | Std. Err. | Coef. | Std. Err. |
|---|---|---|---|---|---|---|---|---|---|---|
| 知識量の変化 | −0.514 | 0.426 | 0.353 † | 0.202 | 0.042 | 0.113 | 0.338 | 0.281 | −0.699 | 0.600 |
| 事後・シナリオA選択 | −0.512 † | 0.264 | 0.020 | 0.170 | −0.148 † | 0.089 | −0.031 | 0.234 | −0.153 | 0.288 |
| 事後・シナリオB選択 | −0.232 | 0.237 | 0.293 † | 0.169 | 0.072 | 0.087 | 0.159 | 0.244 | −0.141 | 0.297 |
| A選択×知識量の変化 | 1.035 † | 0.576 | −0.017 | 0.294 | 0.252 | 0.159 | 0.052 | 0.345 | 0.422 | 0.663 |
| B選択×知識量の変化 | 0.611 | 0.520 | −0.389 | 0.290 | 0.046 | 0.158 | −0.357 | 0.357 | 0.384 | 0.681 |
| （定数項） | 0.939*** | 0.194 | 0.488*** | 0.118 | 0.665*** | 0.062 | 0.642** | 0.196 | 1.078*** | 0.261 |
| Number of obs | 332 | | 363 | | 1005 | | 275 | | 275 | |
| F | (5,326)=1.58 | | (5,357)=1.88 | | (5,999)=7.12 | | (5,269)=2.22 | | (5,269)=0.71 | |
| Adj R-squared | 0.009 | | 0.012 | | 0.030 | | 0.022 | | −0.005 | |
| 知識量の変化の影響 | | | | | | | | | | |
| 　A選択者 | 0.521 | 0.387 | 0.336 | 0.213 | 0.294** | 0.111 | 0.390 † | 0.201 | −0.276 | 0.281 |
| 　B選択者 | 0.097 | 0.298 | −0.036 | 0.208 | 0.088 | 0.109 | −0.019 | 0.221 | −0.314 | 0.321 |
| 　DK/NA選択者 | −0.514 | 0.426 | 0.353 † | 0.202 | 0.042 | 0.113 | 0.338 | 0.281 | −0.699 | 0.600 |

† p<.10　*p<.05　**p<.01　***p<.001

の4点にまとめられる。

　第1に，政策に関する知識量の変化が，熟慮を促すという刺激の効き具合を表す変数としての妥当性を備えている，ということである。外国人労働者受け入れ政策に関する熟慮の機会を与えなかった1月CASIの統制群に関しては，RQI-A・RQI-Bのどちらを従属変数にとった分析においても，シナリオ選択のパターンにかかわらず，知識量の変化が従属変数に及ぼす影響は統計的に有

意ではない。外国人労働者受け入れ政策について熟慮していない以上，政策に
関する知識が増えたとしても，それはランダムに生じた結果であり，RQIの
値には影響していないのである。これに対し，外国人労働者受け入れ政策に関
する熟慮の機会を与えた1月CASIの実験群，10月CASI，6月MPでの調査
（熟慮前後のパネル）では共通して，シナリオB支持者及びDK/NA選択者の
間で，知識量が高まるほど熟慮後のRQI-Aの値も大きくなるという有意な傾
向が現れている。また，10月CASIの実験群と6月MPでの調査（熟慮前後の
パネル）では，シナリオA支持者及びDK/NA選択者の間で，知識量の変化
とRQI-Bの正で有意な関係が見てとれる[20]。つまり，提示された客観的情報
の内容について回答者が一人で熟慮した結果知識量が高まるほど，自分が支持
しないシナリオに関する熟慮後のRQIの値が大きくなるということである。
これらの結果は，政策に関する知識量の変化がたしかに熟慮を促すという刺激
の効き具合を測定した変数となっていることを示唆するのである。

　第2に，6月MPの参加者が意見交換会前に行った熟慮は，代表性を備えた
CASI調査の回答者が行った熟慮と，質的に同じと考えられる，ということで
ある。これは，客観的情報を提示して熟慮を促すという全く同じ刺激を与えた
1月CASIの実験群，10月CASI，そして6月MPでの調査（熟慮前後のパネ
ル）の三つにおいて，知識量の変化とRQIの間に同様の有意な関係が現れて
いることから言える。

　第3に，政策に関する客観的情報をもとに一人で熟慮して知識を得ると，自
分と異なる立場をとる人の論拠を客観的に正確に説明できるようになる，とい
うことである。先に1点目で指摘したように，熟慮前から熟慮後にかけて政策
に関する知識量が増えるほど熟慮後のRQIの値が大きくなるという有意な関
係は，RQI-Aに関してはシナリオB選択者及びDK/NA選択者の間で，RQI-
Bに関してはシナリオA選択者及びDK/NA選択者の間でのみ認められる。
言い換えれば，知識量が増えたとしても，自分が支持するシナリオに関する
RQIの値には影響しない一方で，知識量が増えるほど，自分が支持しないシ

---

20　1月CASIの実験群の分析では，シナリオA支持者における知識量の変化の影響がp＝
　　0.115と，両側10%の有意水準にわずかに届かなかった。

ナリオに関する RQI の値は大きくなるということである。政策について熟慮することは，自分が特定の立場をとる理由について論理的に説明できるようになるという効果は生まない。その一方で，他者が自分とは異なる立場をとる理由について客観的に正確な説明をできるようになるという効果は生むのである[21]。

そして第4に，熟慮に加えて熟議をしたとしても，自分が特定の立場をとる一貫した理由を挙げることができる度合が強まったり，他者が自分と異なる立場をとる理由を正確に理解できている度合がさらに強まったりすることはない，ということである。6月 MP での調査（熟議前後のパネル）の分析結果を見ると，知識量の変化は，シナリオ選択パターンに関わらず，RQI-A にも RQI-B にも有意な影響を及ぼしていない。

つまり，自分とは異なる立場をとる人々がなぜそのような立場をとるのかについて客観的に正確な説明ができるようになるために，複数人で行う熟議は必ずしも必要ではなく，一人で行う熟慮だけで十分だということである。熟慮／熟議の効果として期待されることは熟慮のみで実現するということを，分析結果は示唆するのである。

### 3.2 熟慮／熟議が自身と異なる立場をとる人への好感度に及ぼす影響の検証

このように，熟慮することで自分と異なる立場をとる人の論拠を客観的に正確に説明できるようになることが，派生的に他の態度にも影響を及ぼすことが想定される。そうした態度の一つとして考えられるのが，自身と異なる立場をとる人への好感度である。一般に，自分と政策的立場が相容れない人々に対する好感度は低くなりがちである。しかし，自分と異なる政策的立場をとる人々がなぜそのような立場をとるのか正しく理解できていれば，そうした人々に対

---

21　今井・日野・千葉（2017）では，知識量の変化が RQI に及ぼす影響に関するシナリオ選択のパターンごとの差異については検討しなかった。そこで，同論文で用いた Web パネル調査のデータに本章と同じモデルを適用し，再分析してみた。そうしたところ，熟慮前から熟議後にかけて政策に関する知識量が増えるほど熟慮後の RQI の値が大きくなるという有意な関係が，RQI-A に関してはシナリオ B 選択者及び DK/NA 選択者の間で，RQI-B に関してはシナリオ A 選択者及び DK/NA 選択者の間でのみ認められるという，本章と全く同じ結果が得られた。

しても寛容になると考えられる。このため，他者が自分と異なる政策的立場を支持する理由を正しく理解できている人は，理解できていない人に比べ，理由がわかっている分だけ好感度が相対的に低くならないとの予測が立てられる。

　本プロジェクトが実施したすべての調査において，情報提示前後（及び意見交換会後）に，「ここにあげる人々に対するあなたのお気持ち（好感度）をおうかがいします。『好感が持てない』という場合を0，『好感が持てる』という場合を10，『中立』という場合を5として，あなたのお気持ちに最も近い数字を0から10の中からお選びください」という質問を行い，「労働力として外国人を積極的に受け入れる」を支持する人々，「労働力として外国人を積極的には受け入れない」を支持する人々それぞれに対する好感度を11件法で尋ねている。先に述べた予測が妥当であるならば，次のような傾向が，熟慮後・熟議後のデータにおいて認められるはずである。シナリオB支持者の中でも，RQI-Aが大きい人ほど，「労働力として外国人を積極的に受け入れる」を支持する人々に対する好感度が相対的に高い。シナリオA支持者の中でも，RQI-Bが大きい人ほど，「労働力として外国人を積極的には受け入れない」を支持する人々に対する好感度が相対的に高い，という傾向である。実際にそのような傾向が確認されるのであろうか。熟慮後のRQIと好感度の関係と，熟議後のRQIと好感度の関係は，同じなのであろうか。

　本項では，10月CASI，6月MPでの調査（熟慮前後のパネル，熟議前後のパネル）という3種類のデータを用いて次のような分析を行うことで，この点の検証を試みる。従属変数は，シナリオAを支持する人々，シナリオBを支持する人々それぞれに対する好感度である。独立変数には，従属変数のラグ（熟慮前／熟議前の好感度），事後（熟慮後／熟議後）のシナリオ選択パターン，RQI，シナリオ選択パターンとRQIの交互作用項をとり，通常の最小二乗法（OLS）でパラメータを推定する。

　分析結果は表8-3のとおりである。この表で注目すべきは，「RQIの影響」と書かれた部分である。A選択者の行には，独立変数「RQI」と「A選択×RQI」の係数の和，有意水準，標準誤差が，B選択者の行には，独立変数「RQI」と「B選択×RQI」の係数の和，有意水準，標準誤差が，DK/NA選択者の行には，独立変数「RQI」の係数，有意水準，標準誤差が，それぞれ示し

第 8 章　熟慮と熟議：効果の比較検証

表 8-3　熟慮／熟議が自身と異なる立場をとる人への好感度に及ぼ
　　　　す影響（OLS）

| 10 月 CASI | シナリオ A 支持者<br>好感度 | | シナリオ B 支持者<br>好感度 | |
|---|---|---|---|---|
| | Coef. | Std. Err. | Coef. | Std. Err. |
| 従属変数のラグ | 0.386*** | 0.027 | 0.394*** | 0.027 |
| 事後・シナリオ A 選択 | 0.077* | 0.035 | −0.052 | 0.034 |
| 事後・シナリオ B 選択 | 0.002 | 0.029 | −0.053 | 0.041 |
| RQI-A（事後） | 0.175*** | 0.032 | ——— | |
| A 選択×RQI-A | 0.044 | 0.046 | ——— | |
| B 選択×RQI-A | −0.108** | 0.040 | ——— | |
| RQI-B（事後） | ——— | | 0.038 | 0.037 |
| A 選択×RQI-B | ——— | | 0.006 | 0.045 |
| B 選択×RQI-B | ——— | | 0.149** | 0.052 |
| （定数項） | 0.226*** | 0.027 | 0.280*** | 0.031 |
| Number of obs | 932 | | 932 | |
| F（6,925） | 195.97 | | 84.72 | |
| Adj R-squared | 0.557 | | 0.351 | |
| RQI の影響 | | | | |
| 　A 選択者 | 0.220*** | 0.033 | 0.045[†] | 0.025 |
| 　B 選択者 | 0.068** | 0.023 | 0.188*** | 0.037 |
| 　DK/NA 選択者 | 0.175*** | 0.032 | 0.038 | 0.037 |

[†] $p<.10$　*$p<.05$　**$p<.01$　***$p<.001$

てある。予測が妥当であるならば、シナリオ A 支持者に対する好感度を従属
変数にとった分析では、B 選択者における RQI の影響（つまり、独立変数
「RQI」と「B 選択×RQI」の係数の和）が正で有意となるはずである。また、シ
ナリオ B 支持者に対する好感度を従属変数にとった分析では、A 選択者にお
ける RQI の影響（独立変数「RQI」と「A 選択×RQI」の係数の和）が正で有意
となるはずである。

　表 8-3 を見ると、10 月 CASI、6 月 MP での調査（熟慮前後のパネル）では、
そうした傾向を確認できる。熟慮後の、自分が支持しないシナリオに関する
RQI の値が大きい人ほど、そのシナリオを支持する人々に対する好感度が相
対的に高くなるという傾向が現れているのである[22]。しかし、6 月 MP での調
査（熟議前後のパネル）の分析結果からは、そのような傾向を見てとることは

171

表 8-3（つづき） 熟慮／熟議が自身と異なる立場をとる人への好感度に及ぼす影響（OLS）

| 6月MP・熟慮前後 | シナリオ A 支持者<br>好感度 | | シナリオ B 支持者<br>好感度 | |
|---|---|---|---|---|
| | Coef. | Std. Err. | Coef. | Std. Err. |
| 従属変数のラグ | $0.711^{***}$ | 0.040 | $0.490^{***}$ | 0.050 |
| 事後・シナリオ A 選択 | $-0.011$ | 0.071 | $-0.203^{\dagger}$ | 0.121 |
| 事後・シナリオ B 選択 | $-0.099$ | 0.073 | $-0.016$ | 0.121 |
| RQI-A（事後） | 0.017 | 0.064 | —— | |
| A 選択×RQI-A | 0.105 | 0.080 | —— | |
| B 選択×RQI-A | 0.071 | 0.082 | —— | |
| RQI-B（事後） | —— | | $-0.080$ | 0.125 |
| A 選択×RQI-B | —— | | 0.192 | 0.136 |
| B 選択×RQI-B | —— | | 0.113 | 0.137 |
| （定数項） | $0.155^{**}$ | 0.060 | $0.318^{**}$ | 0.113 |
| Number of obs | 264 | | 264 | |
| F (6,257) | 131.62 | | 37.20 | |
| Adj R-squared | 0.749 | | 0.452 | |
| RQI の影響 | | | | |
| A 選択者 | $0.121^{*}$ | 0.049 | $0.112^{*}$ | 0.054 |
| B 選択者 | $0.087^{\dagger}$ | 0.051 | 0.032 | 0.056 |
| DK/NA 選択者 | 0.017 | 0.064 | $-0.080$ | 0.125 |

$^{\dagger}$ p<.10　$^{*}$p<.05　$^{**}$p<.01　$^{***}$p<.001

できない。熟議後の，自分が支持しないシナリオに関する RQI の大きさは，そのシナリオを支持する人々に対する好感度に有意な影響を及ぼしていないのである。

　前項の分析では，政策に関して客観的情報をもとに熟慮することで，自分と異なる立場をとる人の論拠を正確に説明できるようになる，ということを明ら

---

22　今井・日野・千葉（2017）で用いた Web パネル調査のデータで表 8-3 と同じ分析を行ってみた。シナリオ B 支持者に対する好感度を従属変数にとった分析では，シナリオ A 支持者における RQI-B の好感度に及ぼす有意な影響は認められなかった。これに対し，シナリオ A 支持者に対する好感度を従属変数にとった分析では，シナリオ B 支持者の中でも RQI-A の値が大きい人ほど好感度が相対的に高いという，10 月 CASI や 6 月 MP での調査（熟慮前後のパネル）と同様の傾向が確認された。

第8章 熟慮と熟議：効果の比較検証

表8-3（つづき）　熟慮／熟議が自身と異なる立場をとる人への好感
度に及ぼす影響（OLS）

| 6月MP・熟議前後 | シナリオA支持者 好感度 | | シナリオB支持者 好感度 | |
|---|---|---|---|---|
| | Coef. | Std. Err. | Coef. | Std. Err. |
| 従属変数のラグ | 0.477*** | 0.041 | 0.444*** | 0.056 |
| 事後・シナリオA選択 | 0.214** | 0.080 | −0.086 | 0.099 |
| 事後・シナリオB選択 | 0.156* | 0.074 | 0.042 | 0.099 |
| RQI-A（事後） | 0.213** | 0.076 | —— | |
| A選択×RQI-A | −0.093 | 0.093 | —— | |
| B選択×RQI-A | −0.249* | 0.087 | —— | |
| RQI-B（事後） | —— | | 0.011 | 0.104 |
| A選択×RQI-B | —— | | 0.054 | 0.117 |
| B選択×RQI-B | —— | | 0.063 | 0.118 |
| （定数項） | 0.107 | 0.069 | 0.286** | 0.091 |
| Number of obs | 264 | | 264 | |
| F (6,257) | 78.54 | | 27.82 | |
| Adj R-squared | 0.639 | | 0.380 | |
| RQIの影響 | | | | |
| A選択者 | 0.120* | 0.055 | 0.065 | 0.055 |
| B選択者 | −0.036 | 0.042 | 0.074 | 0.057 |
| DK/NA選択者 | 0.213** | 0.076 | 0.011 | 0.104 |

*$p<.05$　**$p<.01$　***$p<.001$

かにした。本項では，そのことがひいては，自分と立場が相容れない人々に対
する好感度の低下を弱めることにつながるとの分析結果を得た。つまり，自分
と異なる政策的立場をとる人々に対し寛容になるという効果を，熟議は生じさ
せないが熟慮は生じさせるということを，この分析結果は示しているのである。

### 3.3　熟慮／熟議が他者の視点取得の度合に及ぼす影響の検証

　第1項で明らかにしたように，政策について熟慮することは，自分と異なる
立場をとる人の論拠を客観的に正確に説明できるようになるという効果を生み
出す。こうして，自分と立場が相容れない人の考え方を理解すると，より一般
的に他者を理解し，受け入れることができるようになる――言い換えれば「他
者の視点取得（perspective taking）」[23]ができるようになる――とされている。

このため，RQI とこの他者の視点取得との間には，理論的には次のような関係性が成り立つと予測される。自分が選ばなかったシナリオを支持する人の考え方についてよく理解できている人ほど，他者の視点取得の度合が高くなると考えられる。このため，シナリオ A 選択者に関しては RQI-B，シナリオ B 選択者に関しては RQI-A，DK/NA 選択者に関しては RQI-A と RQI-B の値が大きい人ほど，他者の視点取得の度合も高くなるはずである。本項では，この予測の妥当性を，10 月 CASI 及び 6 月 MP での調査（熟慮前後パネル，熟議前後パネル）の分析を通じて検証する。

　本章で分析する 10 月 CASI，6 月 MP での調査では，海外における先行研究で用いられている他者の視点取得に関する質問項目を参考に作成した次のような質問を，情報提示前後及び意見交換会後に組み込んだ。「人を批判する前に，自分自身がその人の立場だったらどうだろうかと想像することは大事である」，「どの問題にも賛否両論があるはずなので，両方の立場について考えるように心がけることは大事である」，「何かものごとを決める前に，反対の立場にいる人の意見に注意を向けることは大事である」という意見についてどう思うか，「そう思う」と「そうは思わない」を両極とする 5 件法で答えてもらうという質問である。本章では，熟慮後／熟議後に尋ねられたこれらの質問に対する回答を足し合わせた変数[24]を他者の視点取得の度合を表す尺度とし，OLS による回帰分析の従属変数にとる。独立変数として投入するのは，従属変数のラグ（熟慮前／熟議前における他者の視点取得の度合），熟慮後／熟議後における RQI-A・RQI-B，シナリオ選択のパターン，RQI とシナリオ選択のパターンとの交互作用項である。

---

23　第 2 章の脚注 12 で述べた理由から，一般的には「視点取得」という訳があてられることの多い "perspective taking" という用語に対し，本章では「他者の視点取得」という訳をあてる。

24　基本統計量と Cronbach's alpha は下記のとおりである（最小値 0，最大値 1）。

| | N | 平均値 | 標準偏差 | $\alpha$ |
|---|---|---|---|---|
| 10 月 CASI（熟慮後） | 977 | 0.849 | 0.187 | 0.905 |
| 6 月 MP・熟慮後 | 275 | 0.893 | 0.129 | 0.835 |
| 6 月 MP・熟議後 | 274 | 0.919 | 0.114 | 0.824 |

第8章　熟慮と熟議：効果の比較検証

表8-4　熟慮／熟議が他者の視点取得の度合に及ぼす影響（OLS）

| | 10月 CASI | | 6月 MP・熟慮前後 | | 6月 MP・熟議前後 | |
|---|---|---|---|---|---|---|
| | Coef. | Std. Err. | Coef. | Std. Err. | Coef. | Std. Err. |
| 従属変数のラグ | 0.541*** | 0.026 | 0.694*** | 0.044 | 0.751*** | 0.037 |
| 事後・シナリオA選択 | −0.008 | 0.041 | −0.005 | 0.076 | 0.006 | 0.057 |
| 事後・シナリオB選択 | −0.031 | 0.042 | −0.102 | 0.078 | −0.006 | 0.054 |
| RQI-A（事後） | 0.017 | 0.028 | 0.080* | 0.040 | −0.033 | 0.037 |
| RQI-B（事後） | 0.023 | 0.031 | −0.092 | 0.069 | 0.019 | 0.041 |
| A選択×RQI-A | 0.040 | 0.041 | −0.105* | 0.053 | 0.033 | 0.048 |
| B選択×RQI-A | 0.042 | 0.036 | −0.014 | 0.054 | 0.050 | 0.044 |
| A選択×RQI-B | 0.010 | 0.038 | 0.107 | 0.076 | −0.040 | 0.047 |
| B選択×RQI-B | 0.008 | 0.043 | 0.106 | 0.076 | −0.037 | 0.047 |
| （定数項） | 0.354*** | 0.035 | 0.295*** | 0.073 | 0.256*** | 0.058 |
| Number of obs | 925 | | 270 | | 270 | |
| F | (9,915)=60.09 | | (9,260)=29.66 | | (9,260)=46.66 | |
| Adj R-squared | 0.365 | | 0.490 | | 0.604 | |
| **RQI-A の影響** | | | | | | |
| 　A選択者 | 0.057† | 0.030 | −0.025 | 0.034 | 0.000 | 0.030 |
| 　B選択者 | 0.058** | 0.022 | 0.065† | 0.037 | 0.017 | 0.023 |
| 　DK/NA選択者 | 0.017 | 0.028 | 0.080* | 0.040 | −0.033 | 0.037 |
| **RQI-B の影響** | | | | | | |
| 　A選択者 | 0.033 | 0.022 | 0.014 | 0.030 | −0.021 | 0.024 |
| 　B選択者 | 0.031 | 0.031 | 0.014 | 0.031 | −0.018 | 0.024 |
| 　DK/NA選択者 | 0.023 | 0.031 | −0.092 | 0.069 | 0.019 | 0.041 |

† p<.10　* p<.05　** p<.01　*** p<.001

　シナリオ A 選択者における RQI-B の従属変数に対する影響を表す，変数
「RQI-B」と「A 選択×RQI-B」の係数の和，シナリオ B 選択者における
RQI-A の従属変数に対する影響を表す，変数「RQI-A」と「B 選択×RQI-A」
の係数の和，DK/NA 選択者における RQI-A・RQI-B の従属変数に対する影
響を表す，変数「RQI-A」・「RQI-B」の係数がそれぞれ正で有意である場合，
先に述べた予測が妥当ということになる。

　分析の結果は表8-4 のとおりである。この表で注目すべきは，下段にまとめ
た「RQI-A の影響」・「RQI-B の影響」と書かれた部分である。後者を見ると，
分析した三つのデータのいずれにおいても，シナリオ A 選択者，DK/NA 選
択者の間で，RQI-B が従属変数に及ぼす影響は統計的に有意でないことがわ

かる。これに対し，前者を見ると，10月CASIと6月MPでの調査（熟慮前後のパネル）の分析におけるB選択者の行，6月MPでの調査（熟慮前後のパネル）の分析におけるDK/NA選択者の行には，影響が統計的に有意であることを示す印がついている。すなわち，熟慮後の時点でシナリオBを支持した人や，6月MPでの熟慮後の時点で支持するシナリオを決められなかった人のうち，シナリオAを支持する人の論拠を正確に理解できていた人ほど，他者の視点取得の度合が高いという傾向があることが明らかとなったのである[25]。

　他者が自分とは相容れない立場をとる理由を正しく理解するようになると，より一般的な他者の視点取得の度合も高くなる。ただし，これは熟議の過程ではなく熟慮の過程で生じる。これが，本項の分析結果の要点である。

# 4　おわりに

　本章の目的は，一人で客観的情報を読んで熟慮することが意識に及ぼす効果と，複数人で客観的情報をもとに熟議することが意識に及ぼす効果について比較検証することにあった。この検証を可能にするべく，RQIという指標を考案した。これは，熟慮後／熟議後の時点で，自分が特定の立場をとる一貫した理由をどの程度挙げることができるか，他者が異なる立場をとる理由をどの程度正確に理解できているかを指標化したものである。そして，熟慮／熟議がRQIに及ぼす影響，RQIが自身と異なる立場をとる人への好感度に及ぼす影響，RQIが他者の視点取得の度合に及ぼす影響について分析した。その結果明らかになったことは次の3点である。

　(1) 調査の途中で，外国人労働者受け入れ政策に関する情報を提示し，それについて熟慮するよう促した1月CASI（実験群），10月CASI，6月MPでの調査（熟慮前後のパネル）では，熟慮前から熟慮後にかけて政策に関する知識量が増えた人ほど，熟慮後の時点において，他者が自分と異なる立場をとる理

---

25　今井・日野・千葉（2017）でも，シナリオB選択者・DK/NA選択者の間でRQI-Aが従属変数に及ぼす影響が正で統計的に有意という同様の結果を得ている。

由をより正確に理解しているという傾向が見られた。これに対し，6月MPに
おいて政策に関する熟議を行う前後に答えてもらった調査（熟議前後のパネル）
では，熟議前から熟議後にかけての政策に関する知識量の変化と，熟議後の時
点における RQI との間に，有意な関係性は認められなかった。

(2) 熟慮後にある政策的立場をとる人の中でも，自分と異なる立場をとる人
の論拠を正確に理解できている人ほど，考え方が相容れない人々に対する好感
度が相対的に高くなるという傾向が，10月 CASI，6月 MP での調査（熟慮前
後のパネル）では確認された。立場の異なる人に対する理解が寛容さにつなが
っているということをうかがわせる結果である。しかしながら，熟議後の時点
では，これと同様の有意な関係性は認められなかった。

(3) 同じく10月 CASI，6月 MP での調査（熟慮前後のパネル）において，
熟慮後の時点でシナリオ B を支持した人やどちらのシナリオを支持するか決
めきれなかった人のうち，シナリオ A を支持する人の論拠を正しく理解でき
ていた人ほど，他者の視点取得の度合が高いという傾向が確認された。しかし
ながら，6月 MP での調査（熟議前後のパネル）の分析では，これと同様の有
意な関係性は認められなかった。

本プロジェクトが実施した一連の調査に基づくこれらの分析結果からは，次
のような含意が引き出せる。ミニ・パブリックスに参加することの効果として
期待されること，言い換えれば熟慮／熟議することの効果として予期されるこ
とは，複数人で熟議するという過程がなくても，一人で客観的情報を読んで熟
慮するという過程を経さえすれば実現する，ということである。

# 第9章 結 論

田中 愛治・川出 良枝・井柳 美紀・西澤 由隆

## 1 実証分析の視点から本書を振り返る

これまで本書で主に論じてきたのは，民意を探る方法として，熟慮を促して回答者の意見を尋ねる CASI 型世論調査と，熟議を通して参加者の意見を尋ねるミニ・パブリックスとを実証的（経験的）に比較することであった。たしかに，第1章で述べた通りミニ・パブリックスを推進する研究者がミニ・パブリックスに期待しているのは，民意測定の方法として有用であることのみでなく，政治システムの構成員（または市民）のニーズを反映させる民主主義を実現するための制度として機能することでもある。しかし，本書では，その熟議民主主義を推進する運動論としてのミニ・パブリックスの意義と役割については視野には入れたものの，正面から実証分析の対象とはせず，民意を探る方法としてのミニ・パブリックスの側面に焦点を当てて，CASI 調査と比較して実証的に分析してきた。そこで，この結論では規範的理論のインプリケーションについても再び視野に入れて議論し直しておきたい。

本書を振り返ると，最初の二つの章は，本研究プロジェクトの位置づけを示している。第1章「序論」では本プロジェクトの目的とその背景について述べ，民意を測定する方法論として，熟慮を通して民意を探る CASI 調査と熟議を通して民意を探るミニ・パブリックスを比較する意義を示し，さらに本研究プロジェクトの概観を述べた。第2章「調査の概要」では，本研究プロジェクトに

における調査の全体像を詳細に述べ，具体的にどのように Web 方式世論調査を
パイロット・スタディとして活用し，本調査としてどのように CASI 方式世論
調査（1 月 CASI および 10 月 CASI）ならびにミニ・パブリックス（6 月 MP）を
実施したのか，すべての調査研究の個々の過程のステップを詳細に示した。

　第 3 章「ミニ・パブリックスにおける発話の分析」では，熟議を通して民意
を測定しようとした 6 月 MP のデータ分析を行った。6 月 MP における参加者
全体の傾向を見ると，平均発話量は男性のほうが女性より多く，年齢の高い年
代のほうが多く発話する傾向がある（40 代は例外）が，小中学校卒業者のほう
が高校や短大・専門学校卒業者より多く発話し，大学・大学院卒業者を若干上
回っていることが示されている。「外国人労働者受け入れ」のシナリオ選択で
は，発話量の少ない人ほど熟議前（$t_2$）と熟議後（$t_3$）のアンケートでシナリオ
選択が変わりやすく，意見を述べた人ほどシナリオ選択が一貫していて変わら
なかったという傾向があった。また，グループの中で自分が多数派だと感じた
人ほど発話回数が多く，少数派と感じた人ほど発話回数が少なかった。

　われわれは，この 6 月 MP への参加者 331 名全員の発話の記録をテキスト
ファイルに起こして，内容分析（content analysis）も言説分析（discourse anal-
ysis）もできるようにデータは整えたが，本書を執筆している時点では，40 グ
ループに分かれ熟議をした 331 名全員の発話データの分析をすべては完了して
いない。しかし，この熟議における非常に豊富な発話内容のテキストデータ
（参加者一人あたりの平均発話文字数が約 4400 字であり，331 名分で約 145 万字相当
のテキストデータ）の特徴をつかむために，熟議をした 40 グループの中から熟
議のパターン別に特徴が顕著な 8 グループを選び，彼らの発話内容を DQI
（Discourse Quality Index）指標を用いて分析した。

　この発話内容のテキストデータ分析により，6 月 MP への参加者の熟議の内
容によって，「外国人労働者受け入れ」のシナリオ選択がどのように変化した
のか，その傾向を探ることが可能となった。熟議への参加者は，各グループで
どのように熟議をしたのかによって，熟議の質（DQI の数値）が変わる。たと
えば，熟慮と熟議のために用意された資料に頻繁に言及したグループでは客観
的に熟議が進んだと推測でき，参加者が他の参加者への敬意・好意を示す頻度
が高かった。逆に，発話量が多いグループでも，資料に言及せず，関連する観

第9章 結 論

点に触れていない場合は他の参加者への好感度が上がらない傾向があった。

第3章における分析によって，これら熟議における発話の豊富なテキストデータをさらに深く分析していけば，グループごとにどの程度まで熟議が深まったかということと，「外国人労働者受け入れ」に賛成か反対かのどちらかに傾く傾向があるかということとの相関を見るなど，さまざまな分析が可能になり，より幅広い知見を導くことが可能になると考えている。

第4章から第6章までは，1月 CASI と6月 MP とを比較し，また，6月 MP と10月 CASI における回答者または参加者の意見がどのように変わったのかを，詳細に分析している。三つの章では，1月 CASI の結果と6月 MP の結果を比較し，いずれにおいても熟慮の前（$t_1$）と熟慮後（$t_2$）のアンケートの比較によって熟慮の効果を測定している。さらに，6月 MP では参加者は熟慮後のアンケート（$t_2$）の後に，約8名のグループに分かれて熟議を行ってから再度アンケート（$t_3$）をとっているので，熟議の効果を熟慮の効果と区別して測定できた。また，第5章と第6章では，1月 CASI と6月 MP それぞれの6カ月後の追跡郵送調査（パネル調査）（$t_4$）における回答者・参加者の意見変容も測定した。

まず，第4章「知識の獲得」を振り返ろう。「外国人労働者受け入れ」に関する知識は，CASI 調査の回答者ならびにミニ・パブリックスの参加者が考えを深め，意見変容が起こる基礎となると考えられるので，この章では1月 CASI と6月 MP のデータ分析を基に，熟慮と熟議が知識の獲得にどれだけ貢献しているかを実証的に探った。1月 CASI を分析すると，「外国人労働者受け入れ」の資料を読んで熟慮したサンプルでは，熟慮前（$t_1$）から熟慮後（$t_2$）へ知識量は明確に増加しているが，その資料を読まずに「エネルギー政策」に関する資料を読んだ「熟慮なし」のサンプルは，「外国人労働者受け入れ」に関する争点知識はほとんど変化がなく，熟慮の効果が明確に見られる。ただし，情報提示による熟慮は正答率を高め，DK 率を減らすが，誤答率を減らす効果はほとんどない。つまり，熟慮は「知らないこと」について新たな知識を与える効果はあるが，誤った知識を修正する効果はないことが示唆される。

続いて，6月 MP の結果の分析を進めると，熟慮前（$t_1$）から熟慮後（$t_2$）へ知識量の増加のパターンは1月 CASI とほぼ同じであるが，熟議後（$t_3$）への

知識量の変化は明らかに小さい。つまり，知識の獲得に関しては熟慮があれば十分な効果が得られ，熟議の効果は薄いということである[1]。ただし，個々の回答者・参加者（個人レベル）の分析をさらに行うと，熟議の効果として誤答の修正率が高くなっていることがわかる。すなわち，熟議は正しい知識を提供する効果は薄いが，事実の誤った理解をしている人々が他者と熟議をすることによって，自分の知識の誤りに気づかされるという効果があることが示唆される。

　次に，第5章「意見変化」を振り返る。1月CASIの回答者は「外国人労働者受け入れ」に関して何も資料を見ていない時点（$t_1$）では，約3割の回答者が受け入れに賛成であった。関連する資料を見て熟慮をした回答者（「熟慮あり」）（$t_2$）の意見はほとんど変わらないが，関連資料の提示を受けず熟慮をしなかった回答者（「熟慮なし」）（$t_2$）は賛成が若干減っている。また，「熟慮あり」「熟慮なし」ともに6カ月後の追跡郵送調査（$t_4$）では賛成が約1割減るが，それでも「熟慮あり」のほうが「熟慮なし」よりも賛成が5%程多く，熟慮の効果が若干残っていると解釈できる。

　6月MPのデータで「外国人労働者受け入れ賛成」の割合は，2016年1月にMP参加者をリクルートするために実施した郵送調査（$t_0$）の回答者4282名では約27%だが，6月MP参加者331名に絞ると同じ時点（$t_0$）で32%超となる。6月MP参加者は熟議のテーマが「外国人労働者受け入れ」とは知らされていなかったので，このテーマに関心のある人々が多く集まるという自己選出の歪み（self-selection bias）は除去されていることに留意されたい。さらに，6月MP参加者の「賛成」は熟慮前（$t_1$）に40%超に増えており，熟慮後（$t_2$）は42%，熟議を経ても43%弱にとどまるので，熟議の効果は認められない。他方，「反対」は熟慮前（$t_1$）の37%超から熟慮後（$t_2$）の36%強と変化がないが，熟議後（$t_3$）には44%超と約8%増加し，統計的に有意な差が示されて

---

[1]　熟慮の後に熟議が知識の獲得に付け加える余地が少なくなるのは，天井効果（ceiling effect）——たとえば，知識の獲得量がそれ以上増えない限界に近づけば，後から与えた刺激の効果は薄くなる——と呼ばれる現象による可能性があることは，われわれも認識している。

いる。熟議が「受け入れ」に関して慎重な態度を醸造している可能性が示唆される。さらに6カ月後の追跡郵送調査の回答者に絞って見ると、6月MP参加者は「反対」が熟慮後（$t_2$）36％弱から熟議後（$t_3$）45％強に増加するが、6カ月後（$t_4$）には38％弱に減少している。したがって、熟議直後には「反対」の態度が増加しても、6カ月経てばほぼ元の状態に戻るということが示唆される。

第6章「民主的態度の形成」では、ミニ・パブリックスに関する理論的な先行研究を踏まえて、1月CASIの回答者および6月MPの参加者が熟慮・熟議の前後のアンケートの回答において、視点取得と外国人労働者に対する排外意識にどのような影響を及ぼすのかを実証的に検証した。

まず、視点取得について見ると、1月CASIでは異なる意見を持つ他者の立場に立つ傾向は、「外国人労働者受け入れ」に関する資料を読んだ「熟慮あり」サンプルよりも、「エネルギー政策」に関する資料を読んだ「熟慮なし」のサンプルのほうが視点取得の平均が高くなっていた。6月MPでは参加者全員が「外国人労働者受け入れ」に関する資料を読んで熟慮した後で熟議をしているが、熟慮後（$t_2$）では視点取得の平均値は上がらず、熟議後（$t_3$）に上がっている。すなわち、熟慮のみでなく、熟議を経て初めて視点取得にプラスの効果が現れ、民主的態度を高めることにつながると解釈できる。

次に、外国人労働者に対する排外意識については、1月CASIの分析から「熟慮あり」のサンプルで熟慮前（$t_1$）よりも熟慮後（$t_2$）排外意識が低下しており、熟慮の効果が認められる。6月MPの分析では、熟議後（$t_3$）に初めて排外意識が低下しており、熟議の効果も認められる。しかし、それぞれの6カ月後の追跡郵送調査（$t_4$）では、それぞれ排外意識が高まってしまっている。この外国人労働者に対する排外意識の高まりは、「熟慮なし」の1月CASI回答者でも、6月MPへの非参加者でも同様に見られるので、2016年1月から2017年1月にかけての期間に、日本社会全体で外国人労働者に対する排外意識が高まるような状況が生まれていた（いわゆる時代状況の影響の発生）と推論できる。しかし、6月MPの参加者は、非参加者に比べて排外意識の高まりが弱いので、熟議が排外意識の高まりを抑制していると解釈することができよう。

第7章「熟議空間と公共圏をつなぐ」では、ミニ・パブリックスにおける熟

議をより大きい政治システムにつなぐ仕組みとして，本プロジェクトが取り組んだ二つの実験的な試みについて報告している。そこでは，二つの課題に応えるために2種類の分析をした。

第1の課題として，公共圏の意見を熟議空間に伝達し，熟議において公共圏の意見が果たす役割について検討するために，6月MPの参加者に1月CASIの結果を周知した場合としなかった場合の比較分析をした。両者とも熟慮後・熟議前 $(t_2)^2$ には受け入れ賛成が多くなるが，熟議後 $(t_3)$ ではCASI情報ありのグループは賛成が多いままだが，CASI情報なしグループでは反対が多数派になる。6カ月後の郵送追跡調査 $(t_4)$ では，CASI情報ありのグループは賛成が多数派にとどまるが，CASI情報なしグループでは反対が多数派のままであった。

6月MPの参加者の自分の意見が多数派か少数派かという認識に関しては，外国人労働者受け入れに賛成派と反対派の区別をし，CASI情報の「ある」と「なし」でも分けるので，四つのパターンを分析した。賛成派では熟慮後 $(t_2)$ には自らを多数派と思う参加者は多くないが，さらにCASI情報ありのグループは熟議後 $(t_3)$ には自らを少数派と思う参加者は大幅に減少する一方で，CASI情報なしのグループでは自らが多数派と思う参加者の比率がある程度増加する。これに対し，反対派では，自らの意見を多数派だと思っている比率がもともと高く，熟慮後 $(t_2)$ から熟議後 $(t_3)$ にかけての変化を見ると，CASI情報ありのグループでは自分たちが多数派だと思い続けている参加者は大幅に減り，「賛否が半々くらいだ」と思うようになる。だが，CASI情報なしグループでは比率はほとんど変化せず，自分たちが多数派だと思い続けている。上述のように，公共圏の人々の意見分布を知ることが，熟議に参加する人々の思い込みを訂正する可能性があり，熟議空間に閉じこもって意見交換をするだけでは得られない効果があることが示唆されたといえよう。

第2の課題は，熟議空間での熟議後の意見分布を公共圏に伝え，公共圏にお

---

2 6月MPの参加者のグループの半数に1月CASIの意見分布の情報を実験刺激として示したタイミングは，熟慮後・熟議前 $(t_2)$ と熟議 $(t_3)$ の間である（熟議の最中に手元に置いて見てもらう資料に入れた）。すなわち，熟慮後 $(t_2)$ とは実験刺激直前 $(t_2)$ を指す。

第9章 結 論

いて熟議空間の果たす役割を検討することである。すなわち，10月CASIの回答者に6月MPの参加者の意見分布を伝えるのだが，その分析では，(a)「外国人労働者受け入れ」に関する資料のみ読んで熟慮を行ったグループ（統制群），と資料を読んだ上で (b) 熟議空間の人々の意見分布 (6月MP) を伝えたグループ（実験群），ならびに (c) 公共圏の他の人々の意見分布 (1月CASI結果) を伝えたグループ（実験群）の三つを比較した[3]（図1-2，図2-12参照）。10月CASIの熟慮前 ($t_1$) はいずれのグループも受け入れ賛成が反対よりも多いが，熟慮後 ($t_2$) にはいずれのグループもDKが減り反対が増えるものの，反対が賛成を上回ったのは (b) 6月MPの意見分布を伝えられたグループのみであった。

　次に，10月CASIの回答者が自己の立場を多数派と認識しているのかに関しては，受け入れ賛成派と反対派とで異なる反応を示している。賛成派の中では，(a) 1月CASIの情報も6月MPの情報もないグループではほとんど変化しないが，(b) 6月MP情報を伝えたグループは自分たちが少数派であるという認識が減り，賛否は半々くらいという認識が増える。(c) 1月CASI情報ありのグループでは自分たちが多数派であるという認識が増え，少数派という認識は減る。これに対し，反対派の中では熟慮前 ($t_1$) に自分たちは多数派だという認識がもともと強いのだが，(a) 1月CASIや6月MPの情報がないグループではその傾向がさらに強まる。しかし，(b) 6月MP情報ありのグループも (c) 1月CASI情報ありのグループも共に自分たちが多数派だと思う回答者の比率は減少するが，自分たちが少数派だと考える回答者の比率は増加しない。すなわち，受け入れに反対の人々は全般的に自分たちが少数派だとは考えたがらないが，公共圏や熟議空間の人々がどう考えているかを知って熟慮すれば，自分たちが多数派であるという認識はやわらぐことが示唆される。

　以上の結果を見ると，公共圏で熟慮をして世論調査 (10月CASI) に回答した人々は，熟議空間で意見交換をした人々 (6月MP) の意見分布を必ずしも

---

3 10月CASIの回答者のうち (b) と (c) の二つの実験群の回答者には，6月MPもしくは1月CASIの情報は提示した資料の中に組み込んだので，この実験刺激の影響は熟慮後 ($t_2$) のみに表れる設計になっている。

社会の縮図とは考えていないが，何らかの参考にしているということが示唆される。かえって，公共圏の他の人々（1月CASI）の意見分布の影響をより強く受けるようである。

第8章「熟慮と熟議：効果の比較検証」は，熟慮と熟議の効果を実証的に測定しようという試みである。一般にミニ・パブリックスではテーマとなっている政策または争点に関する資料を読んで熟慮してから，他者との熟議を行うが，熟慮の前（$t_1$）と後（$t_2$）での意見の変化を測定しておいてから熟議の後（$t_3$）の意見変化を測定することができれば，熟慮の効果と熟議の効果を区別して実証的に測定することが可能となる。われわれの研究プロジェクトでは，今井亮佑がこの測定を行うためにRQIという尺度を考案した。第8章ではRQIを用いて次の三つの分析を行った。

第1に，回答者が一貫した理由を持ってシナリオを選んでいるか，また他者が異なるシナリオを選択する理由を正確に理解しているかをRQI尺度で測定することを通して，熟慮と熟議がRQIに影響を与える程度を分析した。その結果，1月CASI，6月MP，10月CASIでの調査では，熟慮前（$t_1$）から熟慮後（$t_2$）にかけて外国人労働者受け入れに関する知識量が増えた人ほど，熟慮後（$t_2$）の時点において，他者が自分と異なる立場をとる理由をより正確に理解している傾向が見られた。これに対し，6月MPにおいて熟慮後・熟議前（$t_2$）から熟議後（$t_3$）にかけてのこのテーマに関する知識量の変化と，熟議後（$t_3$）の時点におけるRQIとの間に，有意な関連は認められなかった。すなわち，熟議をしても自分と異なる立場を他者がとる理由の理解が深まらないということをこの分析は示唆している。

第2に，自分と異なる立場をとる他者への好感度に関しての分析では，6月MP，10月CASIの分析では，熟慮後（$t_2$）に自分と異なる立場をとる人の論拠を正確に理解できている人ほど，考え方が相容れない人々に対する好感度が相対的に高くなるという傾向を示したが，熟議後（$t_3$）にはその傾向は認められなかった。この分析結果も，熟議が立場の異なる他者への好感度の向上に貢献しておらず，熟慮のほうが貢献していることを示唆している。

第3に，熟慮と熟議の効果として議論されてきた概念に他者の「視点取得」の度合があげられるが，この視点取得に関して6月MP，10月CASIのデータ

第9章 結 論

を分析した結果，熟慮後（$t_2$）の時点で外国人労働者を積極的には受け入れない政策を選択した人やどちらとも決めきれなかった人のうち，積極的に受け入れる政策を支持する人の論拠を正しく理解できていた人ほど，視点取得の度合が高いという傾向が確認された。しかしながら，6月MPの分析においては熟慮後（$t_2$）と熟議後（$t_3$）に関して，有意な関連は認められなかった。したがって，熟慮によって視点取得は促されるが，熟議がそれに加えて効果を持つとは考えにくいのである[4]。

　上述のように，第3章から第8章までの分析を通して，熟慮の効果と熟議の効果を比較すると，「外国人労働者受け入れ」に関する知識の獲得，受け入れに関する意見変容，他者の「視点取得」などに関しては，熟慮がそれらを促進するが，熟議が熟慮の上に加えるものはあまりないように見える。しかしながら，第4章では誤った知識を持っている人々に誤りを気づかせるには熟慮は効果が薄く，熟議の効果が高いということが示唆されている。また，第6章からは，熟議が視点取得を促し，外国人労働者への排外意識の抑制に効果があることが示唆されている。逆に，第5章では熟議は熟慮よりも参加者の意見変容を促すが，外国人労働者受け入れには慎重な態度を醸造する傾向を示唆しており，一概に熟議がつねに政策上のリベラルな選択肢を支持する態度を醸造する傾向（いわゆるリベラル・バイアス）があるとは認められない。このように，本書で述べてきた厳密な調査デザインによる実証分析の結果は，一概に熟議が熟慮よりも優れているとは言えないが，同時に熟慮があれば熟議は不要とも言いきれない，ということになる。ただし，民意の測定の方法としては，ミニ・パブリックスを通してのみ得られる民意の測定の利点と従来から考えられてきた点の多くを，CASI調査による熟慮を通しても十分に実現できるということが，実証的な検証を通して示唆されたといえよう。

---

4　第2章と第8章の注で述べた理由により，ここでは「視点取得」と「他者の『視点取得』」は相互互換的に用いている。

## 2 規範理論の視点から本書を振り返る

本プロジェクトが予定した実証的な調査・実験は，本書の執筆時点ではすべて終了している。ここで本プロジェクトのもう一つの柱である規範理論・政治思想の立場から，熟議の効用と熟慮の効果をあらためて振り返ってみたい。

本研究の成果は多数あれども，政治思想の立場からあらためて見直すと，なかでも最も本質的な成果の一つは，「熟慮（deliberation within himself/herself）」と「熟議（deliberation with other people）」との関係を，相補う側面と同時に対立する側面の双方で浮かび上がらせた点にある。一般にいわゆる熟議デモクラシーとして捉えられているものの中に，個人が可能な限り多様かつ正確な情報を綿密に考察する熟慮の側面と，さまざまな意見や価値を持つ他者との間で討議するという熟議の側面が混在しており，熟慮の効果を測る CASI 調査と熟慮と熟議の機会を提供するミニ・パブリックスとを組み合わせることで，「熟慮」と「熟議」のそれぞれの特性が明確になったといえる。以下，2.1 でこの両者の関係をもっぱらデモクラシーにおける「熟慮」の意味という観点から，2.2 では「熟議」の意味という観点から明らかにする。

### 2.1 「熟慮」の可能性

熟慮と熟議とを比較する場合，最初に思い至るのは，前者は後者の代替物となるのではないかという視点である。熟議を実施するには，今回の 6 月 MP もそうであったように，世論調査を目的とする以上，人員構成・時間配分など，厳格なルールに基づいた運営が必要であり，かなりのコストがかかる。かといって，単純な質問項目のみによる既存の世論調査では必ずしも市民のニーズをすくい上げられるわけではない。こうした世論を知るためには，CASI 調査のような手法で，市民に「熟慮」の機会を提供すればよい。本研究の結果は，熟慮の機会を提供する CASI 調査にはさらなる改善の余地はあるにせよ，熟慮したグループが排外意識を低下させるなど（第6章4節），熟慮の機会の提供が十分実り多いものである可能性を示唆している。しかしながら，もう一歩掘り下

げて考えるなら，熟慮のメリットは，果たして手間暇を省いてサンプルの代表性を確保するという点だけなのか，本格的な熟議が難しい場合の次善の策であるだけなのか，という疑問も出てくる。

　熟議デモクラシーの立場をとる理論家は，熟議に冷淡な民主主義理論家として，しばしば，ルソーの名前を挙げる。ルソーの考えるデモクラシーとは，「個人は社会全体にとって何が良いかを自分自身で考察し，その後集会に行き，一般意志と一致するよう投票する」とまとめられるのである（Gutmann and Thompson 2004: 4）。

　こうした評価を生んだのはルソーの『社会契約論』（1762）第2編第3章の以下の記述である。「もしも，人民が十分情報を得て討議し（délibérer），市民たちは事前にお互いの間で交流することがなければ，無数に小さな差異があるだけで，それらはつねに一般意志をもたらし，討議（délibération）はつねに良いものとなる」（Rousseau 1964: 371）。もしも，上の条件が満たされないまま討議が行われれば，市民は党派や部分的な結社をつくり，無数の小さな差異が党派に収斂し，そのうちの一つの党派が他を圧倒する事態となる。そうなると，集計されるのは無数の差異ではなく，（主流派と少数派の間の）一つの大きな差異となる。「もはや一般意志は存在せず，優位に立つ意見は特殊な意見に過ぎない」（Rousseau 1964: 372）。

　ここでは，ルソーの主張内容にあわせて討議と訳したが，たしかにこの一節はルソーの熟議デモクラシーに対する消極的な姿勢を示しているようにも読みとれる。ただし，条件を満たせば，政治的意思決定の際の討議そのものは排除されていないなど，多義的であることも事実である。だが，われわれとしては，ルソーがここで課している一般意志の二つの条件，すなわち，第1に，市民が十分な情報を得ていること，第2に，少なくともある段階までは，市民はお互いの間で交流しないこと，という条件に注目しよう。

　この二つの条件は，本研究が措定した「熟慮」の意味を明確に示す。2条件を敷衍すれば，次のようになる。まず，市民が何らかの課題に対して意見を形成するためには，可能な限り多角的な視点を含み，また可能な限り正確な情報が与えられる必要がある。次に，意見形成に際して，他人と討議することがつねに良い結果をもたらすものではなく，自分だけで静かに内省する時間も負け

ず劣らず重要である。

　とくに，第2の側面を強調するのは，ルソーに特徴的である。それは，社会の中で，道徳的な自律性（moral autonomy）を確立することがいかに困難か，という問題に連動するからである。他人の意見に接することは他人に強く影響されることと表裏一体であり，それは社会を構成する多数意見への埋没という危険を伴う。よほど強靱な意志や圧倒的な知性の持ち主でもなければ，自分の内心の声は当人にとってもか細いもので，それがある程度形になるまでには，むしろ外部の声を遮断し，孤独な内省の時間が必要なのではないか。今回の熟議の場においても，多数派の意見を前に自分の意見を引っ込めたり，理路整然と語る者に圧倒され沈黙を余儀なくされるという事象は，第3章4節で指摘されるように，十分あり得たことであろう。もちろん，そうしたいわば「引っ込み思案」な市民が，ただ狭い自分だけの世界に閉じこもることを推奨しているわけではない。判断にあたって考慮すべき多様な意見や正確なデータを情報として提供し，それに基づいた吟味を促す「熟慮」の仕組みが既存のデモクラシーに組み込まれれば，市民がより成熟した判断を自ら導くための一助になる。その意味で，今回の CASI 調査は大きな可能性を秘めているし，本書で熟慮という概念を用いる際に依拠した Goodin（2003）が提唱する「反省的デモクラシー（reflective democracy）」も，他者の立場を一人で想定問答するという強い条件を課すものであるが，熟慮の可能性を押し広げるものである。

　とはいえ，熟慮がいかに独自の価値を持っているとしても，十分な情報を基に静かに一人で考えるということは，他者と積極的に交流し，意見を戦わせることとつねに矛盾・対立するわけではない。その点で，前述のグッディンは，熟議の可能性を切り捨てすぎる傾向が問題である。「情報」の場合は一方向で提供されるのに対し，生身の人間との間の交流の双方向性は代替できない貴重な要素である。今回の6月 MP は熟慮と熟議を明確に区別した設計となっているので，熟慮後（$t_2$）と熟議後（$t_3$）の効果を厳密に測定できるようになった。熟慮に熟議という要素を加えたミニ・パブリックスが，いくつかの点で，熟慮単独の場合と比べ効果が高いということもデータからは示唆された。その詳細は2.2に譲るとして，ここでは，熟慮と熟議の両者に共通する一つの問題，すなわち，意見の持続性という問題に簡単に言及しておこう。

第 9 章　結　論

　熟慮単独の場合と比べれば，6 月 MP の経験を経た者のほうが，そこで獲得した意見を持続的に保持しているという傾向がみられたにせよ，全体としてみれば，いずれもその持続性はあまり高くはなかった。このことは，6 月 MP 終了後の外国人労働者をめぐる社会情勢の変化や，参加者の元からの意見がすでに十分熟慮された結果の意見であった可能性などによっても説明できよう。

　しかし，そうした説明に加えて，あえて次のような視点も提起できるだろう。すなわち，一回の，しかも人工的に設定された約 4 時間（2 時間 15 分間の熟議と前後の説明や調査）というイベントで決定的な意見変化が起きなかったことのほうが，むしろ健全であったのではないか，という視点である。そうした劇的変化があった場合，誘導や，最悪の場合洗脳の疑義が生じる。別の言い方をすれば，このような結果は，今回の試みが，その綿密なプランによりそうした危険を可能な限り回避し得たことを示すものである。

　熟慮の機会も熟議の機会も，それが多様な形で市民の日常に組み込まれるべきであり，意見の変化も一方向ではなく，多方向に揺れ動くのが自然である。そうした試行錯誤の過程によって，デモクラシーは少しずつ，とはいえ着実に深化していく。本研究の意義は，そうした地道な歩みにとっての，ささやかではあるが貴重な一歩であったといえるであろう。

## 2.2　「熟議」の可能性

　本研究では民意を測定する方法として，実施に多大なコストがかかるミニ・パブリックスによらずとも，一般的に実施可能である CASI 調査によってかなりの程度まで計測可能であることが示された。しかし，このことはミニ・パブリックスに限定されない広い意味での熟議民主主義の意義，あるいは熟議システム論が主張するような熟議民主主義の社会全体への重層的な広がりの意義を否定するものではないだろう。

　前項で確認したように民主主義社会において，市民一人一人が自分自身の意見を表明するための前提として十分な知識をもって熟慮することは不可欠であるが，政治社会が異質な価値観を持つ他者との共存によって成立するものである限り，規範理論が提示するように集計民主主義にはとどまらない，熟議のプロセスを伴った民主主義の構想は重要な課題であり続けるだろう。本調査の目

的はあくまで世論を汲み取る方法としてのミニ・パブリックスであり，それを越えたさまざまな形の熟議民主主義の可能性を検討するものではないが，今回のいくつかのデータ分析からは，広い意味での熟議民主主義の可能性を読みとることも可能であろう。

　たとえば，熟議によって自己の意見が明確に位置づけられるようになることや，熟慮だけではなく熟議を経たほうが意見がより安定することや（第5章，参照），あるいは自分の事実に関する誤解を熟慮では訂正できないが熟議では訂正できる可能性などが示唆されている（第4章，参照）。資料やデータを通して熟慮することも可能だが，他方で，対面型のフェイス・トゥ・フェイスの熟議を通して獲得された自己の意見は前者のそれとは質的に異なる深化した意見とみてとることができるかもしれない。たとえば，今回の調査では，熟議を経ると排外意識が抑制される可能性が示されている（第6章，参照）。また，本調査の別のデータには，熟議において態度変化が起きたケースとして，理由付けや資料の提示がなされた場合の多さが指摘されたことや（第3章，参照），討議を経ると視点取得が高まることも指摘されるなど，熟議の効果が示されている（第6章，参照）。

　また，第4章から第8章までの各章で，熟慮が人々の知識獲得や視点取得，また意見変容，他者への理解の深まりなどに関してかなり高い効果を示しており，熟慮の後に熟議を行っても付加するものはあまりないという結論を示唆している（とくに第8章，参照）。しかし本研究プロジェクトで実施した6月MPは時間的には約4時間（熟議自体は2時間15分間）と短いものであったので，多くのミニ・パブリックス研究者からは「熟議の時間が短すぎるので，その効果がデータに出ていないのではないか。本来のミニ・パブリックスでは2〜4日をかけて熟議を行うので，参加者は食事も一緒に何度かとって1日半くらい経つと互いに打ち解けてくるのである」[5]という批判が出てくるだろう。異な

---

5　2017年度日本政治学会研究大会（2017年9月23〜24日，於：法政大学）における分科会「熟議に関する規範研究と実証研究の架橋－外国人労働者受け入れをめぐって－」において，フロアの方々からのコメントでもご指摘いただいた。記して謝意を表したい。同時に，同分科会で討論者を務められた田村哲樹・名古屋大学教授の貴重なコメントにも謝意を表したい。

## 第 9 章 結 論

る立場をとる熟議の他の参加者に対する好感度が 6 月 MP の後では低下しているが，1 泊 2 日以上かけて熟議をすれば異なる分析結果が得られたのかもしれない。その意味で，本書の実証分析自体が，熟議の可能性を否定するものではないだろう。

さらに，今回の実験は，熟議民主主義の広がりには，いくつかの前提条件が必要となるであろうことをも示唆している。たとえば，ミニ・パブリックスへの参加者は男性や高学歴者が多くなる点など，討議へのコミットメントの意欲を持つ層と相対的にそうでない層があることが明らかとなった。ジェンダー，学歴，年齢，所得など，多様な人々による熟議が市民社会にとって望ましいという立場からみれば，多様な人々の参加を促す方法や市民的資質の涵養について考える必要が生じるだろう。あるいは女性の発言が少ないなど発言者が偏った点や少数派は発言を控える傾向がある点からは，熟議民主主義を今後広げていくうえで，誰もが討論に参加し，自分自身の意見を表明できるという，いわば熟議する文化や環境を育てていくというある種のシティズンシップ教育の必要性を指摘することにもつながっていくであろう。

また，熟議に参加することの教育的効果や波及効果があった可能性も推察される。たとえば今回の 6 月 MP の参加者のうち意見交換会に「満足した」「ある程度満足した」と回答した者が 85% を超えるという高い数値が示されたのだが[6]，この点は興味深い。これらの人々は，熟議への参加後，日常生活において MP のテーマについて家族や知人と熟議したのか。熟議はその後に広がりをみせたのか。つまり今回の 6 月 MP は熟議する機会を広めることに多少なりとも寄与したのだろうか。また日頃議論しない問題について議論すること

---

6　第 2 章の脚注 43 において，MP 参加者が「意見交換会に満足しているか」などの感想を意見交換会後のアンケート調査で尋ねたことが記されており，第 2 章では結果を提示しなかったが，それを集計すると本文の通りとなった。具体的には，アンケートの質問内容は「あなたは，本日の意見交換会に満足していますか，それとも満足していませんか。あなたのお気持ちに最も近いものをお選びください。」というものであり，これへの回答は以下の内訳となった。「満足している」136 名，「ある程度満足している」147 名，「どちらとも言えない」33 名，「あまり満足していない」12 名，「満足していない」1 名，「わからない」2 名，「答えたくない」0 名。

で，公的問題への関心を若干でも持つようになるなどの効果があったのだろうか。Ackerman and Fishkin（2004）は「熟議の日」を選挙前に設けることを提言したが，このような熟議がどれほどの頻度で行われれば，熟議の文化は広がるのだろうか。本研究は熟議システム論を念頭に置くものではないが，熟議民主主義の「システム的転回」についての可能性を示唆するものであろう。

　ところで，熟議型世論調査としてわれわれが実施した6月MPは，世論調査という性格上，母集団の縮図となる人々を静岡県内から集め，意見交換会において参加者全員が対等に議論できる環境を人工的に作り出して実施するものであり，そのコストは膨大であった。たとえば，県内全域から定刻に全員が集合して調査を開始すること一つとっても容易なことではなかったし，参加者同士の対等な討論のために机の配置や環境づくりにも細心の注意が払われたし，あるいは複数のグループ同士の接触を避けるなどの配慮もさまざまに行われたのである。このように，ミニ・パブリックスは厳密な世論調査としては頻繁に実施するのは決して容易なことではなく，規範理論を実証研究へと架橋することのそう容易ではないジャンルであると思われる。ただし，熟議民主主義は熟議型世論調査に限定されるものではなく，熟議システム論が日常をも含む広い意味での熟議の社会における広がりを目指すように，さまざまな方法や場において実践できるものであり（第6章の「おわりに」参照），今回の調査が示唆する熟議の効果は今後の熟議の可能性について実証的に示すという側面を持つものだったと言えるのではないだろうか。

# 3　規範的政治理論と実証政治分析の架橋を目指して

　本書がここまで述べてきた内容を振り返ると，熟慮を経てから市民のニーズを測定するCASI調査の方法論と，熟議を通して市民のニーズを探ろうとするミニ・パブリックスを比較して，詳しく分析すると，熟慮を通して市民のニーズを探る方法論（CASI調査）が，従来の単純な世論調査に比べてかなり妥当性も信頼性も高い形で実現できることがわかってきた。同時に，熟慮の効果と熟議の効果を比較すると，従来はミニ・パブリックスの効果と考えられてきた

第9章 結 論

利点も，厳密に分析すれば熟議に先立つ熟慮によってもたらされる効果であることも示唆された（第8章，参照）。その意味では，民意の測定という視点から考えれば，熟慮を通して民意の測定をする CASI 調査が実施できれば，ミニ・パブリックスにおける熟議を実施してその後に民意を測定しようとするよりも，CASI 調査のほうがサンプルの代表性は高く（第2章，第5章，参照），実施のコストが低いため，好ましいと言えよう。

　しかしながら，本プロジェクトの実験・調査を通して，熟慮だけでは難しく，熟議を通してこそ達成できる効果もあることがわかってきた。繰り返しになるが，事実に対する思い込みの是正（第4章参照）や，排外意識の抑制（第6章参照）において熟議の効果が確認できている。したがって，一概に，CASI 調査（熟慮）とミニ・パブリックス（熟議）のどちらが優れているかを決めることは困難であり，そのような結論を導くことは避けるべきであろう。

　また，熟議民主主義を達成するためのシステム的転回を視野に入れるならば第6章の最終段落，ならびに本章2.2で指摘しているように，ミニ・パブリックスで短期的に養った民主的態度を，普段どのように保持していくのかという長期的な視点が重要であろう。そのためには，人工的に創設された場での熟議・討議・意見交換会だけでなく，市民が普段過ごしている日常生活における会話や人々との交流にも着目した新たな視点からの研究も必要になるであろう。

　さらに付言すれば，前節で指摘したように，本研究の6月 MP ではミニ・パブリックスとしては時間的に短すぎるという批判はあろう。そのことを前向きに受け止めれば，今後は世界各地で行われていくであろう数日かけるミニ・パブリックスの実施の際に，まず資料提示の前（$t_1$）と，資料を読んで熟慮した後で熟議が始まる直前（$t_2$）と，さらに熟議の後（$t_3$）のタイミングで，ミニ・パブリックス参加者に対する意見聴取のアンケート調査を行い，その結果を分析すれば，たとえば2〜4日をかけて実施する熟議がもたらす効果を正確に測定できるのではないだろうか。さらに，6カ月または1年後に追跡郵送調査をすれば，熟議が態度変容に長期的な影響を与えているのかも測定できるだろう。そのような前向きの提案をして，本書がささやかであっても，今後のミニ・パブリックスの研究，ならびに熟議民主主義研究に貢献できればと願っている。

また，言うまでもなく，われわれは自由民主主義の健全な発展と維持のために各民主主義システムの構成員がそのシステムにニーズや意見をインプットすることが必要だと考えているので，従来からの全国規模の無作為抽出の世論調査も重要であると考えており，より良い世論調査の進展にも本書が貢献することができれば，本望である。

# エピローグ

田中　愛治

　本書の第1章から第9章までで，本書の目的であった熟議を重視するミニ・パブリックスの効用と，熟慮を通して民意を測定しようとする CASI 調査の効果について分析し，論考することにおいて，十分ではないにしても，われわれの初期の目的は達成したと考えている。

　ここでは，編者一人の文責において本書の学術研究上の目的から逸脱してでも，本書をまとめた上での感想を述べてみたい。熟議を促すミニ・パブリックスを実際に実施してみて感じたことは，参加者のマナーが大変に良かったということである。ミニ・パブリックスの一形態である討論型世論調査を実施してきた先輩である曽根泰教教授からアドバイスをいただいて，6月 MP の参加者の方には「他の参加者を論破したり，批判したりしないように。自分の主張を他の参加者に押しつける場ではなく，他の方の意見を聞いて，自分の考えを振り返る機会として，この意見交換会をとらえてください」とお願いしたところ，331 名の参加者の中にそのお願いを無視したり，ルールを破って人の批判をしたり，人の話を遮って一人でしゃべり続けるような方はいなかったと報告を受けている（私たち，調査主体である研究者は熟議の場である意見交換会の部屋には入らずに，外で待機していた）。

　第2章から第8章までの報告で，より成熟したデモクラシーを運営するために必要とされる人々の態度について熟慮と熟議それぞれがもたらす効果を，今回学ぶことができて，その収穫は大きかった。実際に熟議を行った現場に立ち会った経験を通して，このマナーを守ることができれば，本書が実証的に示した通り，熟慮と熟議を通して，他者への理解も深まり，自己の事実認識の誤り

を正すこともでき，他者の視点も理解できるようになり，主張の異なる相手に対しても（敵意を持つことなく）好意を持つことができるであろうと想像できた。

　しかし同時に，今後の日本を含む先進民主主義国において，国民もしくは市民のすべてが果たしてこれだけマナーに則って，意見交換（熟議）をしていくことができるのだろうかという不安も残った。国内外を問わず昨今の政治の現実に，論争相手の話を無視し相手の話を遮って自己主張を続ける者，事実を歪曲または虚偽を捏造する者が現れてきたと感じるのは筆者だけではないだろう。もし熟議の場にマナーを守らない参加者が現れれば，熟議民主主義理論の理想を破壊することになるだろう。だからこそ，理性的な独りでの熟慮と公正な制度によってコントロールされた熟議を行う重要性が増すといえる。

　そのために，CASI調査の方法論上のさらなる洗練とミニ・パブリックスのあり方のよりいっそうの工夫が必要になろう。CASI調査にも回答者がコンピュータ・リテラシーの高い人に偏る傾向があるなど解決すべき課題は多々ある。また，ミニ・パブリックスにおいても公平な熟議の場を実現するために数々のルールや準備を講じる必要があると同時に，熟議の場のコントロールも行き過ぎれば参加者の自由闊達な議論を抑制しかねない懸念も残る。したがって，熟慮を通しての民意を測定する努力も，熟議民主主義理論が掲げる理想の熟議の環境を構築する努力も，双方ともに克服すべき多くの課題が待ちうけていることを覚悟する必要があろう。

　それゆえに，真摯に「民意を探る」努力を怠るわけにはいくまい。従来からの世論調査も無視することはできないし，熟慮を通して民意を探るCASI調査，熟議を通して民意を探るミニ・パブリックスの効果も理解が深まりつつある。熟慮と熟議を尊重する社会および政治システムの構築・維持が，今後の政治学に課せられた大きな使命であると感じる次第である。

# 謝　辞

　本書が基づいている研究プロジェクトは，平成25年度〜29年度・文部科学省科学研究費・基盤（S）の研究プロジェクト「市民のニーズを反映する制度構築と政策形成の政治経済学」（課題番号：25220501）として過去5年間実施してきたものである。上記の科学研究費補助金がなければ，本書に記した研究成果をあげることは全く不可能であった。その研究支援に深い謝意を表したい。

　同時に，本研究プロジェクトに対して申請時から採択後の実施過程においてもつねに支援を惜しまなかった早稲田大学の政治経済学術院事務所，研究推進部，および研究支援センター，ならびに早稲田アカデミック・ソリューションズの皆様の献身的な支えがなければ，本研究は実現できなかった点も記して，感謝の意を述べたい。同時に，ミニ・パブリックスの会場を提供してくださった静岡大学の皆様には，特段のご配慮をいただいたことに深く感謝している。大阪大学の吉川徹教授には，タブレットPCの共同利用をご快諾くださり，さまざまな助言をくださったことに深く感謝している。とくに，慶應義塾大学の曽根泰教教授にはミニ・パブリックスの理論的背景と実施に関するアドバイスをいただいたことが，本プロジェクトの成功に結びついたと考えており，特段のお礼を申しあげたい。

　また，本書の執筆に関わってはいなくとも，さまざまな場面で本プロジェクトの遂行を後押しし支援してくださったプロジェクト・メンバーと研究補助者の方々（阿部慶徳，荒井紀一郎，飯田健，内田智，小川寛貴，加藤言人，小西秀樹，坂井亮太，品田裕，清水和巳，Willy Jou，田畑真一，田部井滉平，中西俊夫，中村理，船木由喜彦，三村憲弘，村上剛，劉凌，山本瑞葉の皆様）のご協力に感謝している。とりわけプロジェクトの推進を献身的に支えてくださった清水和巳教授

（早稲田大学現代政治経済研究所長）のご尽力には，感謝の言葉も見つからない。さらには科学研究費・基盤（S）の運営事務を支えてくださった荘田茜，幸田光世，寺澤郁美さんらの献身的な貢献がなければ，本プロジェクトの遂行も，本書の執筆も全く不可能であった。

　以上，すべての皆様のご協力，ご尽力に心からお礼を申し上げたい。


　2017 年 11 月 6 日

執筆者を代表して

田中　愛治

# 参 考 文 献

**日本語文献**

今井亮佑・日野愛郎・千葉涼 (2017)「熟慮の質に関する指標化の試み——Reasoning Quality Index（RQI）と Argument Repertoire（AR）の比較を通して」『レヴァイアサン』第61号，61-93頁。

エネルギー・環境の選択肢に関する討論型世論調査実行委員会 (2012)『エネルギー・環境の選択肢に関する討論型世論調査調査報告書』。

小須田翔・齋藤純一 (2017)「規範研究から見たミニ・パブリックスの実験」，2017年度日本政治学会研究大会，報告論文。

齋藤純一 (2012)「デモクラシーにおける理性と感情」齋藤純一・田村哲樹編『アクセス デモクラシー論』日本経済評論社，158-190頁。

篠原一 (2004)『市民の政治学——討議デモクラシーとは何か』岩波書店。

篠原一編 (2012)『討議デモクラシーの挑戦——ミニ・パブリックスが拓く新しい政治』岩波書店。

清水和巳・河野勝編著 (2008)『入門 政治経済学方法論』東洋経済新報社。

曽根泰教・柳瀬昇・上木原広修・島田圭介 (2013)『「学ぶ，考える，話し合う」討論型世論調査——議論の新しい仕組み』ソトコト新書。

田中愛治 (1990)「アメリカ政治行動論発展の基礎——ミシガン学派発展の基礎」『人文・社会科学論集』（東洋英和女学院大学）創刊号，3-16頁。

田中愛治 (2006)「変わるアメリカの世論調査」『よろん——日本世論調査協会報』第98号，8-12頁。

田辺俊介編著 (2011)『外国人へのまなざしと政治意識——社会調査で読み解く日本のナショナリズム』勁草書房。

田畑真一 (2011)「熟議デモクラシーにおけるミニ・パブリックスの位置づけ——インフォーマルな次元での熟議の制度化」須賀晃一・齋藤純一編『政治経済学

の規範理論』勁草書房，253-272 頁。

田村哲樹（2017）『熟議民主主義の困難——その乗り越え方の政治理論的考察』ナカニシヤ出版。

中村二朗・内藤久裕・神林龍・川口大司・町北朋洋編（2009）『日本の外国人労働力——経済学からの検証』日本経済新聞出版社。

永吉希久子（2012）「日本人の排外意識に対する分断労働市場の効果」『社会学評論』第 63 巻 1 号，19-35 頁。

濱田国佑（2010）「移民」田辺俊介編著『外国人へのまなざしと政治意識——社会調査で読み解く日本のナショナリズム』勁草書房，43-67 頁。

日野愛郎・田中愛治編（2013）『世論調査の新しい地平——CASI 方式世論調査』勁草書房。

柳瀬昇（2015）『熟慮と討議の民主主義理論——直接民主制は代議制を乗り越えられるか』ミネルヴァ書房。

山田真裕・飯田健（2009）「有権者の情報処理」山田真裕・飯田健編『投票行動研究のフロティア』おうふう，113-140 頁。

横山智哉・稲葉哲郎（2016）「政治的会話の橋渡し効果——政治的会話が政治参加を促進するメカニズム」『社会心理学研究』第 32 巻 2 号，92-103 頁。

渡部幹・船木由喜彦（2008）「実験——それは比較すること」清水和巳・河野勝編『入門 政治経済学方法論』東洋経済新報社，93-117 頁。

## 欧文文献

Ackerman, Bruce and James S. Fishkin（2004）*Deliberation Day,* Yale University Press. 川岸令和・谷澤正嗣・青山豊訳（2014）『熟議の日——普通の市民が主権者になるために』早稲田大学出版部。

Althaus, Scott L.（1998）"Information Effects in Collective Preferences," *American Political Science Review,* 92: 545-558.

Anderson, Elizabeth（2006）"The Epistemology of Democracy," *Episteme,* 3(1-2): 8-22.

Baccaro, Lucio, André Bächtiger, and Marion Deville（2014）"Small Differences that Matter: The Impact of Discussion Modalities on Deliberative Outcomes," *British Journal of Political Science,* 46(3): 551-566.

Bächtiger, André, Susumu Shikano, Seraina Pedrini, and Mirjam Ryser（2009）

参 考 文 献

"Measuring Deliberation 2.0: Standards, Discourse Types, and Sequenzializa-
tion," Paper presented at the General Conference of European Consortium
for Political Research, at Universität Potsdam, Potsdam, September 10-12,
2009.

Bartels, Larry M. (1996) "Uninformed Votes: Information Effects in Presidential
Elections," *American Journal of Political Science*, 40: 194-230.

Betz, Hans-Georg and Stephan Immerfall eds. (1998) *The New Politics of the
Right: Neo-Populist Parties and Movements in Established Democracies*,
Macmillan.

Campbell, Angus, Philip E. Converse, Warren E. Miller, and Donald E. Stokes
(1960) *The American Voter*, Wiley.

Cappella, Joseph N., Vincent Price, and Lilach Nir (2002) "Argument Repertoire
as a Reliable and Valid Measure of Opinion Quality: Electronic Dialogue Dur-
ing Campaign 2000," *Political Communication*, 19: 73-93.

Cohen, Joshua (1989) "Deliberation and Democratic Legitimacy," in Alan Hamlin
and Philip Pettit eds., *The Good Polity: Normative Analysis of the State*, Wi-
ley-Blackwell: 17-34.

Converse, Philippe E. (1964) "The Nature of Belief Systems in Mass Public," in
David E. Apter ed., *Ideology and Discontent*, Free Press: 206-261.

Curato, Nicole, and Marit Böker (2016) "Linking Mini-publics to the Deliberative
System: A Research Agenda," *Policy Sciences*, 49(2): 173-190.

Dalton, Russell J. (2008) *Citizen Politics: Public Opinion and Political Parties in
Advanced Industrial Democracies*, Chatam House.

Davis, Mark H. (1983) "Measuring Individual Differences in Empathy: Evidence
for a Multidimensional Approach," *Journal of Personality and Social Psychol-
ogy*, 44(1): 113-126.

Delli Carpini, Michael X., and Scott Keeter (1996) *What Americans Know about
Politics and Why It Matters*, Yale University Press.

Downs, Anthony (1957) *An Economic Theory of Democracy*, Harper & Row.

Dryzek, John S. (2010) *Foundations and Frontiers of Deliberative Governance*,
Oxford University Press.

Farrar, Cynthia, James S. Fishkin, Donald P. Green, Christian List, Robert C.

Luskin, and Elizabeth Levy Paluck (2010) "Disaggregating Deliberation's Effects: An Experiment within a Deliberative Poll," *British Journal of Political Science*, 40(2): 333-347.

Felicetti, Andrea, Simon Niemeyer, and Nicole Curato (2016) "Improving Deliberative Participation: Connecting Mini-publics to Deliberative Systems," *European Political Science Review*, 8(3): 427-448.

Fetzer, Joel S. (2000) *Public Attitudes toward Immigration in the United States, France, and Germany*, Cambridge University Press.

Fiorina, Morris P. (1981) *Retrospective Voting in American National Elections*, Yale University Press.

Fishkin, James (1995) *The Voice of the People*, Yale University Press.

Fishkin, James (2009) *When the People Speak: Deliberative Democracy and Public Consultation*, Oxford University Press. 曽根泰教監訳・岩木貴子訳 (2011) 『人々の声が響き合うとき――熟議空間と民主主義』早川書房。

George, Alexander L. and Anderew Bennett (2005) *Case Studies and Theory Development in the Social Science*, MIT Press. 泉川泰博訳 (2013) 『社会科学のケース・スタディ――理論形成のための定性的手法』勁草書房。

Goodin, Robert E. (2000) "Democratic Deliberation Within," *Philosophy and Public Affairs*, 29(1): 81-109.

Goodin, Robert E. (2003) *Reflective Democracy*, Oxford University Press.

Grönlund, Kimmo, Kaisa Herne, and Maija Setälä (2015) "Does Enclave Deliberation Polarize Opinions?" *Political Behavior*, 37(4): 995-1020.

Gutmann, Amy and Dennis F. Thompson (2004) *Why Deliberative Democracy?* Princeton University Press.

Habermas, Jurgen (1992) *Faktiziät und Geltung: Beiträge zur Diskursthorie und des demokratiscen Rechtsstaats*, Suhrkamp. 河上倫逸・耳野健二訳 (2002, 2003) 『事実性と妥当性 (上・下)』未來社。

Habermas, Jurgen (2008) *Ach, Europa*, Suhrkamp Verlag. 三島憲一・鈴木直・大貫敦子訳 (2010) 『ああ、ヨーロッパ』岩波書店。

Hainmueller, Jens and Daniel J. Hopkins (2014) "Public Attitudes Toward Immigration," *Annual Review of Political Science*, 17: 225-249

Hayes, Andrew F. and Klaus Krippendorff (2007) "Answering the Call for a

参 考 文 献

Standard Reliability Measure for Coding Data," *Communication Methods and Measures*, 1(1): 77-89.

Himmelroos, Staffan and Henrik Serup Christensen (2014) "Deliberation and Opinion Change: Evidence from a Deliberative Mini-public in Finland," *Scandinavian Political Studies*, 37(1): 41-60.

Hirschman, Albert O. (1994) "Social Conflicts as Pillars of Democratic Market Society," *Political Theory*, 22(2): 203-218.

Jacobs, Lawrence R, Fay Lomax Cook, and Michael X. Delli Carpini (2009) *Talking Together: Public Deliberation and Political Participation in America*, University of Chicago Press.

Karpowitz, Christopher F., Tali Mendelberg, and Lee Shaker (2012) "Gender Inequality in Deliberative Participation," *American Political Science Review*, 106: 533-547.

Kelley, Stanley Jr. and Thad W. Mirer (1974) "Simple Act of Voting," *American Political Science Review*, 68: 572-591.

Krippendorff, Klaus (2012) *Content Analysis: An Introduction to its Methodology*, Sage.

Lafont, Cristina (2015) "Deliberation, Participation, and Democratic Legitimacy: Should Deliberative Mini-publics Shape Public Policy?" *The Journal of Political Philosophy*, 23(1): 40-63.

Lau, Richard R. and David P. Redlawsk (1997) "Voting Correctly," *American Political Science Review*, 91: 585-599.

Lau, Richard R. and David P. Redlawsk (2006) *How Voters Decides*, Cambridge University Press.

Lazarsfeld, Paul F., Bernard Berelson, and Helen Gaudet (1944, 1948) *The People's Choice*, Columbia University Press. 有吉公介監訳 (1978)『ピープルズ・チョイス──アメリカ人と大統領選挙』芦書房。

Lodge, Milton and Marco R. Steenbergen, with Shawn Brau (1995) "The Responsive Voter: Campaign Information and the Dynamics of Candidate Evaluation," *American Political Science Review*, 89: 309-326.

Lodge, Milton and Patrick Stroh (1993) "Inside the Mental Voting Booth: An Impression-Driven Model of Candidate Evaluation," in Shanto Iyenger and William J. McGuire eds., *Explorations in Political Psychology*, Duke University Press.

Lodge, Milton, Kathleen M. McGraw, and Patrick Stroh (1989) "An Impression-Driven Model of Candidate Evaluation," *American Political Science Review*, 83: 399–419.

Lubbers, Marcel, Merove Gijsberts, and Peer Scheepers (2002) "Extreme Right-wing Voting in Western Europe," *European Journal of Political Research*, 41 (3): 77–102.

Manosevitch, Edith (2009) "The Reflective Cue: Prompting Citizens for Greater Consideration of Reasons," *International Journal of Public Opinion Research*, 21: 187–203.

Mansbridge, Jane, James Bohman, Simone Chambers, David Estlund, Andreas Føllesdal, Archon Fung, Lafont Cristina, Bernard Manin, and José Luis Martí (2010) "The Place of Self-interest and the Role of Power in Deliberative Democracy," *The Journal of Political Philosophy*, 18 (1): 64–100.

Mansbridge, Jane, James Bohman, Simone Chambers, Thomas Christiano, Archon Fung, John R. Parkinson, Dennis F. Thompson, and Mark E. Warren (2012) "A Systemic Approach to Deliberative Democracy," in John Parkinson and Jane Mansbridge eds., *Deliberative Systems: Deliberative Democracy at the Large Scale*, Cambridge University Press: 1–26.

Mutz, Diana C. (2006) *Hearing the Other Side: Deliberative versus Participatory Democracy*, Cambridge University Press.

Mutz, Diana C. (2008) "Is Deliberative Democracy a Falsifiable Theory?" *Annual Review of Political Science*, 11 (1): 521–538.

Myers, C. Daniel and Tali Mendelberg (2013) "Political Deliberation," in Leonie Huddy, David O. Sears, and Jack S. Levy eds., *The Oxford Handbook of Political Psychology, 2nd Edition*, Oxford University Press.

Niemi, Richard G. and Herbert F. Weisberg eds. (1976) *Controversies in American Voting Behavior*, W. H. Freeman.

Niemi, Richard G. and Herbert F. Weisberg eds. (1984) *Controversies in Voting Behavior, 2nd Edition*, CQ Press.

Niemi, Richard G. and Herbert F. Weisberg eds. (1993) *Controversies in Voting*

参 考 文 献

*Behavior, 3rd Edition,* CQ Press.

Niemi, Richard G. and Herbert F. Weisberg eds.（2001）*Controversies in Voting Behavior, 4 th Edition,* CQ Press.

Niemi, Richard G., Herbert F. Weisberg, and David C. Kimball eds.（2011）*Controversies in Voting Behavior, 5 th Edition,* CQ Press.

Nir, Lilach（2011）"Motivated Reasoning and Public Opinion Perception," *Public Opinion Quarterly,* 75: 504-532.

Noelle-Neumann, Elisabeth（1993）*The Spiral of Silence: Public Opinion, Our Social Skin,* University of Chicago Press. 池田謙一・安野智子訳（2013）『沈黙の螺旋理論——世論形成過程の社会心理学』北大路書房。

Page, Benjamin I. and Robert Y. Shapiro（1992）*The Rational Public: Fifty Years of Trends in Americans' Policy Preferences,* The University of Chicago Press.

RePass, David E.（1971）"Issue Salience and Party Choice," *American Political Science Review,* 65: 389-400.

Rousseau, Jean-Jacques（1964）*Du Contrat Sociale,* in *Œuvres Complètes,* vol. 3, Gallimard.

Setälä, Maija, Kimmo Grönlund, and Kaisa Herne（2010）"Citizen Deliberation on Nuclear Power: A Comparison of Two Decision-Making Methods," *Political Studies,* 58(4): 688-714.

Steenbergen, Marco R., André Bächtiger, Markus Spörndli, and Jürg Steiner（2003）"Measuring Political Deliberation: A Discourse Quality Index," *Comparative European Politics,* 1(1): 21-48.

Steiner, Jürg（2012）*The Foundations of Deliberative Democracy: Empirical Research and Normative Implications,* Cambridge University Press.

Steiner, Jürg, André Bächtiger, Markus Spörndli, and Marco R. Steenbergen（2004）*Deliberative Politics in Action: Cross-National Study of Parliament Debates,* Cambridge University Press.

Sullivan, John L., James E. Piereson, and George E. Marcus（1978）"Ideological Constraint in the Mass Public: A Methodological Critique and Some New Findings," *American Journal of Political Science,* 22: 233-249.

Sunstein, Cass R.（2001）*Designing Democracy: What Constituents Do,* Oxford

University Press. 那須耕介編・監訳（2012）『熟議が壊れるとき——民主政と憲法解釈の統治理論』勁草書房。

Thompson, Dennis F. (2008) "Deliberative Democratic Theory and Empirical Political Science," *Annual Review of Political Science,* 11: 497-520.

Traugott, Michael (2003) "Can We Trust the Polls?: It All Depends," Brookings on-line, Sunday, June 1, 2003 [https://www.brookings.edu/articles/can-we-trust-the-polls-it-all-depends/ --Access Date on September 19, 2017].

Ugarriza, Juan E. and Didier Caluwaerts eds. (2014) *Democratic Deliberation in Deeply Divided Societies: From Conflict to Common Ground,* Springer.

Van der Brug, Wouter, Meindert Fennema, and Jean Tillie (2000) "Anti-immigrant Parties in Europe: Ideological or Protest Vote?" *European Journal of Political Research,* 37(1): 77-102.

Young, Iris Marion (2000) *Inclusion and Democracy,* Oxford University Press.

Zaller, John R. (1992) *The Nature and Origins of Mass Opinion,* Cambridge University Press.

# 事項索引

## ア　行

RQI（Reasoning Quality Index）
27, 28, 156-58, 161-77, 186
意見の一貫性　110, 113, 120-22, 140,
147
意見変化　27, 76, 93, 107-11, 113,
115, 117, 118, 120, 122, 123, 136,
138, 141, 147-49, 151, 152, 182, 186,
191
1月CASI　23, 24, 26, 27, 29, 30, 32,
35, 36, 39, 41, 47-52, 61, 62, 64, 65,
76, 95-101, 103, 104, 107-109, 111,
112, 115, 120-22, 124-26, 128, 129,
131-33, 136-39, 143-46, 149, 151,
157, 162-68, 176, 180-86
印象駆動モデル　18
エネルギー政策　22, 24, 32, 38, 39,
41, 47, 58, 60, 65, 96, 108, 110, 125,
131, 165, 181, 183
エリー調査　3, 16

## カ　行

効果の持続性　64-66, 118, 126, 132

好感度　47, 66, 76, 77, 86-89, 169-73,
176, 177, 181, 186, 193
公共圏　8, 14, 24, 26, 27, 31, 32, 50,
61, 62, 64, 77, 88, 135-37, 139, 141,
145, 146, 148, 151, 152, 183-86

## サ　行

サーベイ・リサーチ・メソッド
15-17
自己選出の歪み　135, 182
システム的転回　7, 13, 15, 135, 194,
195
実験群　23, 24, 26, 32, 65, 66, 137,
148, 151, 164-68, 176, 185
視点取得　9, 27, 37, 39, 47, 52, 66,
123-28, 131-33, 173-77, 183, 186,
187, 192
　　他者の──　37, 39, 47, 52, 66,
173-77
10月CASI　23, 26, 27, 29, 33, 35, 38,
39, 61-63, 95, 136, 137, 146-52,
157-59, 162-68, 170-72, 174-77,
180, 181, 185, 186
集団極化　12, 71
熟議過程　11, 128, 131, 132, 153

熟議空間　27, 31, 32, 50, 61, 62, 64,
135-37, 139, 141, 146, 147, 151-53,
183-85
熟議システム　7, 13, 14, 135, 152,
191, 194
熟議的転回　2, 6, 7, 9
熟議の日　194
熟議フォーラム　6, 10, 11, 13, 135,
152
熟議民主主義理論　ii, 2, 135, 151,
155-57, 198
準統計的能力　144
少数派認識　72, 74, 144
情報過程　11, 12
信頼性検定　75, 77, 82, 83
政治的洗練度　18
正当化　7-12, 75, 77, 78, 80, 84, 85,
122
制度的転回　6, 7, 10, 15
全米大統領選挙調査　16
争点知識　93, 94, 97-104, 122, 181
争点投票論争　16, 17

## タ　行

態度の安定性　113
代表性　61, 135, 165, 166, 168, 189,
195
多数派認知　142, 143, 148-51
立場表明　85-89
知識　27, 35, 38, 47, 51, 93, 94, 96-
104, 110, 122, 123, 126, 130, 163-69,
176, 177, 181, 182, 186, 187, 191,

192
──獲得　98, 99, 102, 126, 130,
192
──修正　98, 99, 102
中範囲の理論　93
調査モード　121
沈黙の螺旋理論　144
DQI（Discourse Quality Index）
12, 27, 77, 78, 89, 90, 180
統制群　23, 24, 26, 27, 32, 65, 66, 137,
138, 151, 164-67, 185
討論型世論調査（DP）　i, ii, 2, 3, 6,
13, 43, 45, 123, 124, 197
討論過程　11, 12

## ナ　行

認知心理学　4, 5, 17, 18

## ハ　行

排外意識　27, 124, 125, 128-33, 183,
187, 188, 192, 195
反省的デモクラシー　190
バンドワゴン効果　152
ヒューリスティックス　18

## マ　行

ミシガン学派　16
民主的態度　27, 93, 94, 123, 133, 183,
195
無作為抽出　ii, 13, 15, 16, 19, 24, 53,

57, 135, 196

モデレータ　43, 45, 46, 48, 51-53, 67, 75-77, 82, 84, 87, 88

物語　77, 78, 81

## ヤ　行

郵送調査　24, 29, 35, 41, 42, 44, 45, 52-61, 64-66, 108, 111, 113, 114, 117, 118, 120-22, 126-28, 130, 139, 181-83, 195

追跡——　24, 29, 64-66, 121, 122, 139, 181-83, 195

よりよい市民　27, 123, 133

## ラ　行

リベラル・バイアス　121, 187

理由付け　27, 75, 77, 84-89, 157, 160, 162, 165, 166, 192

6月MP　24, 26, 27, 29, 33, 35, 38, 40-46, 48, 52-62, 64, 65, 94, 95, 99-105, 107, 113, 114, 116, 118-21, 124, 127, 130-33, 136-43, 146, 148, 149, 151, 152, 157, 162-77, 180-95, 197

論点のレパートリー　123, 157, 161, 162

# 人名索引

## A

Ackerman, B.　194
Althaus, S.　17
Anderson, E.　11

## B

Bächtiger, A.　77, 122
Bartels, L.　17
Betz, H.　21

## C

Campbell, A.　16
Cohen, J.　6, 10
Converse, P.　16

## D

Delli Carpini, M.　17
Downs, A.　4
Dryzek, J.　13, 14

## F

Fetzer, J.　22
Fiorina, M.　17
Fishkin, J.　2, 6, 17, 27, 94, 107, 122,
123, 133, 194

## G

Goodin, R.　5, 155, 190
Gutmann, A.　7, 9, 189

## H

Habermas, J.　6, 9, 13
Hainmueller, J.　21
濱田国佑　22
Hirschman, A.　7

## K

Karpowitz, C.　11

## L

Lafont, C.　135
Lau, R.　18
Lodge, M.　4, 17, 18
Lubbers, M.　21

## M

Mansbridge, J.　7, 13, 14, 123
Mendelberg, T.　11, 93, 94, 122
Myers, C. D.　93, 94, 122

## N

永吉希久子　22
中村二朗　20

## P

Page, B.　17

## R

RePass, D.　16

## S

Rousseau, J.-J.　189, 190

曽根泰教　43, 45, 46, 197, 199
Steenbergen, M. R.　17, 77
Steiner, J.　12, 77
Sullivan, J.　17
Sunstein, C.　12

## T

田村哲樹　13, 192

## V

Van der Brug, W.　21

## Y

Young, I.　11, 78

## Z

Zaller, J.　18

# 執筆者紹介 (執筆順)

**田中 愛治** (たなか あいじ)〔編者。プロローグ，第1・9章，エピローグ〕
オハイオ州立大学政治学部博士課程修了，Ph. D.（政治学）。青山学院大学法学部
教授などを経て，
現在：早稲田大学政治経済学術院教授（現代政治分析）
主著：『世論調査の新しい地平——CASI 方式世論調査』（勁草書房，2013 年，共編
　　　著），『政治学（補訂版）』（有斐閣，2011 年，共著）など。

**齋藤 純一** (さいとう じゅんいち)〔第1章〕
早稲田大学大学院政治学研究科博士課程単位取得退学。横浜国立大学経済学部教授
などを経て，
現在：早稲田大学政治経済学術院教授（政治理論）
主著：『公共性』（岩波書店，2000 年），『不平等を考える——政治理論入門』（ちく
　　　ま新書，2017 年）など。

**古城 佳子** (こじょう よしこ)〔第1章〕
プリンストン大学政治学部博士課程修了，Ph. D.（政治学）。國學院大学法学部助
教授などを経て，
現在：東京大学大学院総合文化研究科教授（国際関係論）
主著：『政治学（補訂版）』（有斐閣，2011 年，共著），『経済的相互依存と国家——
　　　国際収支不均衡是正の政治経済学』（木鐸社，1996 年）など。

**小須田 翔** (こすだ しょう)〔第1章〕
現在：早稲田大学大学院政治学研究科博士後期課程（政治理論）

今井 亮佑（いまい りょうすけ）〔第 2・8 章〕
東京大学大学院法学政治学研究科修士課程修了，修士（法学）。首都大学東京都市
教養学部教授，早稲田大学現代政治経済研究所主任研究員などを経て，
現在：崇城大学総合教育センター教授（政治行動論）
主著：『選挙サイクルと投票行動──「中間選挙」としての参院選の意義』（木鐸社，
　　　近刊予定），『原発政策を考える 3 つの視点──震災復興の政治経済学を求め
　　　て③』（早稲田大学出版部，2013 年，共著）など。

千葉 涼（ちば りょう）〔第 3 章〕
早稲田大学大学院政治学研究科博士後期課程満期退学。
現在：早稲田大学現代政治経済研究所次席研究員（政治学，ジャーナリズム論）

日野 愛郎（ひの あいろう）〔第 3 章〕
エセックス大学政治学部博士課程修了，Ph. D.（政治学）。首都大学東京都市教養
学部准教授などを経て，
現在：早稲田大学政治経済学術院教授（選挙研究，比較政治）
主著：*New Challenger Parties in Western Europe: A Comparative Analysis*
　　　（Routledge, 2012），『世論調査の新しい地平──CASI 方式世論調査』（勁草
　　　書房，2013 年，共編著）など。

山﨑 新（やまざき あらた）〔第 4・7 章〕
早稲田大学大学院政治学研究科博士後期課程単位取得退学，博士（政治学）。早稲
田大学現代政治経済研究所次席研究員などを経て，
現在：武蔵野大学法学部講師（政治心理学）
主著：『世論調査の新しい地平──CASI 方式世論調査』（勁草書房，2013 年，共
　　　著）など。

横山 智哉（よこやま ともや）〔第 4・5・6 章〕
一橋大学大学院社会学研究科博士後期課程修了，博士（社会学）。
現在：立教大学社会学部助教（社会心理学）
主著：「ミニ・パブリックスにおける市民間の討議が寛容性に及ぼす効果──『外
　　　国人労働者の受け入れ政策』を争点として」『レヴァイアサン』61 号（2017

執筆者紹介

年，共著）など。

**遠藤 晶久**（えんどう まさひさ）〔第5・7章〕
早稲田大学大学院政治学研究科博士後期課程単位取得退学，博士（政治学）。早稲
田大学政治経済学術院助手などを経て，
現在：高知大学人文社会科学部講師（政治過程論）
主著：*Generational Gap in Japanese Politics: A Longitudinal Study of Political
Attitudes and Behaviour*（Palgrave Macmillan, 2016，共著），「熟議を条件
付けるイデオロギー対立——反論提示実験による検証」『レヴァイアサン』
61号（2017年，共著）など。

**川出 良枝**（かわで よしえ）〔第9章〕
東京大学大学院法学政治学研究科博士課程修了，博士（法学）。東京都立大学法学
部教授などを経て，
現在：東京大学大学院法学政治学研究科教授（政治思想）
主著：『主権と自由（岩波講座 政治哲学 第1巻）』（岩波書店，2014年，共編著），
『政治学（補訂版）』（有斐閣，2011年，共著）など。

**井柳 美紀**（いやなぎ みき）〔第9章〕
東京大学大学院法学政治学研究科博士課程修了，博士（法学）。宮城教育大学教育
学部准教授などを経て，
現在：静岡大学人文社会科学部教授（政治思想）
主著：『政治学』（東京大学出版会，2012年，共著），『主権と自由（岩波講座 政治
哲学 第1巻）』（岩波書店，2014年，共著）など。

**西澤 由隆**（にしざわ よしたか）〔第9章〕
イエール大学政治学部博士課程修了，Ph. D.（政治学）。明治学院大学法学部助教
授などを経て，
現在：同志社大学法学部教授（政治過程論）
主著：*Electoral Survey Methodology: Insight from Japan on Using Computer As-
sisted Personal Interviews*（Routledge, 2016，共編著），『55年体制下の政治
と経済——時事世論調査データの分析』（木鐸社，2001年，共著）など。

熟議の効用，熟慮の効果
政治哲学を実証する

2018 年 3 月 20 日　第 1 版第 1 刷発行

編　者　田　中　愛　治

発行者　井　村　寿　人

発行所　株式会社　勁　草　書　房
112-0005 東京都文京区水道 2-1-1　振替 00150-2-175253
（編集）電話 03-3815-5277／FAX 03-3814-6968
（営業）電話 03-3814-6861／FAX 03-3814-6854
大日本法令印刷・松岳社

©TANAKA Aiji 2018

ISBN978-4-326-30266-6　Printed in Japan

〈(社)出版者著作権管理機構　委託出版物〉
本書の無断複写は著作権法上での例外を除き禁じられています。
複写される場合は，そのつど事前に，出版者著作権管理機構
（電話 03-3513-6969、FAX 03-3513-6979、e-mail: info@jcopy.or.jp）
の許諾を得てください。

＊落丁本・乱丁本はお取替いたします。

http://www.keisoshobo.co.jp

――――― 勁草書房の本 ―――――

# 世論調査の新しい地平
CASI 方式世論調査
## 日野愛郎・田中愛治 編
本当の民意にアプローチしよう。社会的に好ましい解答をするといった従来の世論調査の弱点を克服した最先端の調査。　4600 円

# 熟議が壊れるとき
民主政と憲法解釈の統治理論
## キャス・サンスティーン　那須耕介 編・監訳
「理想の統治システム」を疑え！　俊英サンスティーンが「民主的熟議」と「司法の正義」の暗部に深くメスを入れる。　2800 円

# 熟議の理由
民主主義の政治理論
## 田村哲樹
民主主議理論の熟議的転回とは？　「分断された社会」なればこそ，「なぜ民主主義なのか」と問わねばならない。　2800 円

# 外国人へのまなざしと政治意識
社会調査で読み解く日本のナショナリズム
## 田辺俊介 編著
日本人は外国人をどう思っているのか？　グローバル化で生じた新たな争点に対する世論を詳細なデータを用いて分析。　2500 円

表示価格は 2018 年 3 月現在。
消費税は含まれておりません。